ANJA NUSSBAUM

The Right to Die

Strafrechtliche Abhandlungen · Neue Folge

Herausgegeben von Dr. Eberhard Schmidhäuser
em. ord. Professor der Rechte an der Universität Hamburg

und Dr. Dr. h. c. (Breslau) Friedrich-Christian Schroeder
ord. Professor der Rechte an der Universität Regensburg

in Zusammenarbeit mit den Strafrechtslehrern der deutschen Universitäten

Band 128

The Right to Die

Die rechtliche Problematik der Sterbehilfe in den USA und ihre Bedeutung für die Reformdiskussion in Deutschland

Von

Anja Nußbaum

Duncker & Humblot · Berlin

Zur Aufnahme in die Reihe empfohlen von
Professor Dr. Joachim Herrmann, Augsburg

Die Deutsche Bibliothek – CIP-Einheitsaufnahme

Nußbaum, Anja:
The right to die : die rechtliche Problematik der Sterbehilfe in den USA und ihre Bedeutung für die Reformdiskussion in Deutschland / von Anja Nußbaum. – Berlin : Duncker und Humblot, 2000
(Strafrechtliche Abhandlungen ; N.F., Bd. 128)
Zugl.: Augsburg, Univ., Diss., 1999
ISBN 3-428-09945-1

Fremddatenübernahme und Druck:
Berliner Buchdruckerei Union GmbH, Berlin
Printed in Germany

ISSN 0720-7271
ISBN 3-428-09945-1

Gedruckt auf alterungsbeständigem (säurefreiem) Papier
entsprechend ISO 9706 ♾

Meiner Großmutter Elisabeth

Vorwort

Die vorliegende Arbeit wurde im Wintersemester 1998/99 von der Rechtswissenschaftlichen Fakultät der Universität Augsburg als Dissertation angenommen. Das Manuskript konnte vor Drucklegung noch einmal aktualisiert werden; die Literatur wurde teilweise bis Frühjahr 1999 berücksichtigt.

Bei meinem verehrten Doktorvater Herrn Professor Dr. Joachim Herrmann möchte ich mich für die wohlwollende Betreuung und vielfältige Unterstützung ganz herzlich bedanken. Die gemeinsamen Gespräche gaben mir stets wertvolle Anregungen bei der Erstellung dieser Arbeit. Mein besonderer Dank gilt auch Herrn Professor Dr. Wilfried Bottke für die zügige Erstellung des Zweitgutachtens.

Der Fordham University in New York schulde ich Dank für die großzügige Ermöglichung eines längeren Forschungsaufenthaltes. Für fruchtbare Diskussionen bedanke ich mich besonders bei Herrn Professor Dr. Benjamin C. Zipurski und Herrn Professor James L. Kainen. Ganz herzlich bedanke ich mich auch bei meinen Freunden für die vielen anregenden Gespräche und die eifrige Hilfe beim Korrekturlesen. Die Dissertation ist meiner Großmutter Elisabeth Nußbaum gewidmet, die mich auf meinem Weg immer ermutigt hat.

Herrn Professor Dr. Friedrich-Christian Schroeder und Herrn Professor Dr. Eberhard Schmidhäuser bin ich für die Aufnahme der Arbeit in die Reihe „Strafrechtliche Abhandlungen N.F." sehr dankbar.

Berlin, im Juni 1999 *Anja Nußbaum*

Inhaltsverzeichnis

3. Teil

Die Rechtslage in den USA

Abkürzungsverzeichnis

Die amerikanischen Abkürzungen folgen weitgehend dem von der *Harvard Law Review Association* herausgegebenen *The Bluebook. A Uniform System of Citation*, 15. Auflage 1991. Die deutschen Abkürzungen folgen dem üblichen Gebrauch. Die in den Fußnoten verwendeten Abkürzungen für Buchtitel und Zeitschriften ergeben sich aus dem Literaturverzeichnis.

A.2d	Atlantic Reporter, Second Series
AMA	American Medical Association
Art.	Article
Cal.	California
Cal. App.	California Appellate Reports
Cal. Rptr.	West's California Reporter
cert.	certiorari
Cir.	Circuit
Co.	Company
Comm'n	Commission
Conn.	Connecticut
Ct. App.	Court Appellate
Ctr.	Center
D.	District Court (Federal)
D. C.	District of Columbia
Dep't	Department
Dist. Ct.	District Court
ed.	edition
et al.	et alii
f., ff.	folgende, fortfolgende
F.2d	Federal Reporter, Second Series
F.3d	Federal Reporter, Third Series
Fla.	Florida
Fn.	Footnote
F. Supp.	Federal Supplement
Ga.	Georgia
Hosp.	Hospital
Ill.	Illinois
Inc.	Incorporated

Ind.	Indiana
J.	Judge; Justice; Journal
JAMA	Journal of the American Medical Association
Kan.	Kansas
Ky.	Kentucky
L.J.	Law Journal
L. Rev.	Law Review
Mass.	Massachusetts
Me.	Maine
Med.	Medicine
Mich.	Michigan
Michigan Comp. Laws	Michigan Compiled Laws
Mich. Ct. Cl.	Michigan Court of Claims Report
Mich. Stat. Ann.	Michigan Statutes Annotated
Minn.	Minnesota
Miss.	Mississippi
Mo.	Missouri
N.E.2d	North Eastern Reporter, Second Series
Neb.	Nebraska
N.J.	New Jersey
N.J. Super.	New Jersey Superior Court Report
No(s).	Number(s)
N.Y.	New York
N.Y.2d	New York Reports, Second Series
N.Y.S. 2d	West's New York Supplement, Second Series
N.W.2d	North Western Reporter, Second Series
Or.	Oregon
Reh'g	Rehearing
Sch.	School
S.Ct.	Supreme Court Reporter
sec(s)	section(s)
S.D.N.Y.	U.S. Court of Appeals for the Second Circuit, New York
S.E.2d	South Eastern Reporter, Second Series
So.2d	Southern Reporter, Second Series
sub nom.	sub nomine
Sup. Ct.	Supreme Court (State)
Supp.	Supplement
tbl.	table
U.	University
U.S.	United States Reports, Supreme Court (federal); United States
v.	versus

vol.	volume
Wall.	Wallace
Wash.	Washington
WL	West Law

Einleitung

Die Problematik der Sterbehilfe wird sowohl in Deutschland als auch in den USA von Medizinern, Juristen und Ethikern, aber auch der breiten Öffentlichkeit mit zunehmender Heftigkeit diskutiert.[1] Im Vordergrund standen hierbei zunächst die Themen der Selbsttötung und der passiven Sterbehilfe, während nunmehr Fragen der Beteiligung an der Selbsttötung und der aktiven Sterbehilfe in den Mittelpunkt rücken. Zentraler Aspekt jeder rechtlichen Diskussion ist das Spannungsverhältnis zwischen dem Recht des Einzelnen auf Selbstbestimmung und den Rechten der Gesellschaft auf Lebenserhaltung, welches hier unmittelbare existentielle Bedeutung erlangt. Die rechtliche Diskussion ist sowohl in den USA als auch in Deutschland von der Frage geprägt, ob und in welchem Umfang die Verfassung bzw. das Grundgesetz ein *right to die* (Recht auf Sterben) enthält und damit dem Einzelnen das Recht auf Entscheidungsfreiheit über die Umstände des eigenen Todes und auf Sterbehilfe gewähren kann.

Auf den ersten Blick erscheint die strafrechtliche Situation in den USA gegenüber der rechtlichen Lage in Deutschland wesentlich restriktiver, denn gesetzlich ist schon die Beteiligung an der Selbsttötung in fast allen Bundesstaaten der USA unter Strafe gestellt. Dies scheint im Widerspruch zu der weitverbreiteten Ansicht zu stehen, daß die Behandlung der Sterbehilfe in den USA liberaler erfolge. Eine genauere Analyse der bestehenden Rechtspraxis beider Staaten zeigt jedoch, daß die amerikanische Rechtsprechung in den letzten zwanzig Jahren eine stetige Ausweitung des subjektiven Rechtes auf passive Sterbehilfe und neuerdings auch der Beteiligung an der Selbsttötung vorgenommen hat und damit den Patienten ein weitgehendes Recht auf Selbstbestimmung in medizinischen Angelegenheiten eingeräumt hat, während in Deutschland unter Anwendung zum Teil gewagter dogmatischer (Unterlassens-) Konstruktionen dem Sterbehelfer letztendlich doch eine Bestrafung droht. Spannungen zwischen den strafrechtlichen Regelungen und deren tatsächlicher Durchsetzung treten damit in beiden Staaten auf. Dies führt zu der Kernfrage, ob nicht die amerikanische Verfassung bzw. das deutsche Grundgesetz eine für Gesetzgeber und Rechtsprechung verbindliche Rechtsgarantie auf Selbsttötung bzw. auf bestimmte Fallgruppen der Sterbehilfe enthält und damit ein verbindlicher Maßstab für die strafrechtliche Behandlung der Thematik ist.

---

1 Vgl. für die USA: Weigend / Künschner, Landesbericht USA, in Eser / Koch, Materialien zur Sterbehilfe, S. 671 ff.; vgl. für Deutschland: Koch, Landesbericht Bundesrepublik Deutschland, in Eser / Koch, Materialien zur Sterbehilfe, S. 31 ff.

Der Text der amerikanischen Verfassung enthält nicht unmittelbar ein *right to die*. Jedoch versteht die Bundesverfassung den in ihr enthaltenen Katalog von Grundrechten nicht als abschließend.[2] Basierend auf der von naturrechtlichem Denken geprägten Entstehungsgeschichte erklärt der 9. Zusatzartikel (*amendment*) vielmehr ausdrücklich, daß „die Aufzählung bestimmter Rechte in der Verfassung nicht als Ausschluß oder Verkürzung anderer Rechte anzusehen ist".[3] Die (höchsten) Gerichte in zahlreichen Bundesstaaten haben seit Beginn der 70er Jahre nunmehr in ständiger Rechtsprechung ein Recht auf passive Sterbehilfe in dem ebenfalls ungeschriebenen Recht auf Privatsphäre des 14. Zusatzartikels und im amerikanischen *Common Law* verankert. Obwohl diese Rechtsprechung bisher nicht vom U.S. Supreme Court direkt bestätigt worden ist, hat sich die Diskussion in den letzten fünf Jahren bereits darauf verlagert, ob nicht sogar eine Rechtsgarantie auf Wahl der Umstände des eigenen Todes und der Hilfe zur Selbsttötung aus dem 14. Zusatzartikel abgeleitet werden kann.[4] Einige Vertreter der Lehre sehen ein solches Recht des Einzelnen auch im Recht auf freie Religionsausübung des 1. Zusatzartikels etabliert.[5] Parallel hierzu erhebt sich die Frage, ob die gesetzliche Grenze zwischen der straffreien passiven Sterbehilfe und der strafbewehrten Beteiligung an der Selbsttötung vom Gesetzgeber nicht willkürlich getroffen worden ist und deshalb gegen das Gleichheitsgebot des 14. Zusatzartikels verstößt.[6] Viele Stimmen in der Literatur lehnen hingegen jede verfassungsrechtliche Etablierung eines *right to die* strikt ab.[7]

Während in der Vergangenheit die verfassungsrechtlichen Fragen eines *right to die* sorgfältig vermieden wurden, haben in den letzten fünf Jahren zunächst die Ge-

---

2 Weigend, Landesbericht Vereinigte Staaten von Amerika, in Eser / Koch, Schwangerschaftsabbruch, S. 1027; zum geistesgeschichtlichen Hintergrund der amerikanischen Grundrechtsverbürgungen, vgl. Giegerich, Privatwirkung der Grundrechte in den USA, S. 53 ff.

3 Weigend, Landesbericht Vereinigte Staaten von Amerika, in Eser / Koch, Schwangerschaftsabbruch, S. 1027; zur Entstehungsgeschichte des 9. Zusatzartikels, vgl. Giegerich, Privatwirkung der Grundrechte in den USA, S. 84 ff.

4 MacBride, 68 Temple L. Rev. 755, 793 (1995); Note, 105 Harv. L. Rev. 2021, 2023 (1992); Sloss, 48 Stan. L. Rev. 937 (1996); Neeley, 28 Akron L. Rev. 53, 76 (1994); Tucker / Buman, 18 Seattle U. L. Rev. 485, 508 (1995); Tarnow, 4 Elder L.J. 407, 407 (1996); Benton, 20 N.Y.U. L. Rev. 767, 772 (1994); Gabel, 22 Fla. St. U.L. Rev. 369, 387 (1994); für eine Freigabe der aktiven Sterbehilfe: Risley, 20 Ohio N.U. L. Rev. 597, 605 (1994).

5 Previn, Geo. L.J. 589 f. (1996); Gifford, 40 UCLA L. Rev. 1545 (1993); siehe auch Dworkin, Life's Dominion, S. 179–241 (1993): Dworkin argumentiert, daß den Fragen des Schwangerschaftsabbruchs und der Sterbehilfe religiöse Fragen zugrunde liegen; auf den 1. Zusatzartikel geht er jedoch nur im Zusammenhang mit der Problematik des Schwangerschaftsabbruchs ein.

6 Note, 105 Harv. L. Rev. 2021, 2027 (1992); MacBride, 68 Temple L. Rev. 755, 796 ff. (1995).

7 Kamisar, 23 Hastings Center Rep. 32, 33–40 (1993); ders., 72 U. Det. Mercy L. Rev. 735, 737 (1995); Marzen et al., 24 Duq. L. Rev. 1, 100 (1985); Tsarouhas, 20 Ohio N.U. L. Rev. 793, 807 ff. (1994); Larson, 18 Seattle U. L. Rev. 509, 519 (1995); Shih, 63 Fordham L. Rev. 1245, 1246 (1995); Kreimer, 44 Am. U. L. Rev. 803, 809–810 (1995); The New York Task Force on Life and the Law, When Death is Sought, S. 68; dies. Supplement, S. 1 ff.

richte der Bundesstaaten, dann im Jahr 1997 auch der Supreme Court zu dieser Problematik direkt Stellung genommen. Hiermit wurde eine der umstrittensten methodischen Fragen des amerikanischen Verfassungsrechtes virulent, in welchem Umfang überhaupt ungeschriebene (*non-textual*) sogenannte unbenannte Verfassungsrechte bestehen, und in welcher Weise sie von der Judikative etabliert und gegenüber den bundesstaatlichen Gesetzgebern geltend gemacht werden können.[8]

Damit trat der grundlegende verfassungsrechtliche Konflikt offen zutage, ob es innerhalb der Kompetenz der Judikative liegen soll, über die generelle Strafbarkeit von Fallgruppen der Sterbehilfe zu urteilen, oder ob dies dem Gesetzgeber überlassen bleiben soll. Dieser Konflikt verschärfte sich dadurch, daß sich die Gesetzgeber zahlreicher Bundesstaaten gerade in den letzten fünf Jahren der Thematik der Sterbehilfe angenommen haben, dabei jedoch diametralen Zielen und Vorgehensweisen folgten. So wurden in einigen Bundesstaaten Gesetzesentwürfe zur direkten Volksabstimmung vorgelegt, welche unter bestimmten Umständen die Beteiligung an der Selbsttötung zumindest für Ärzte von Strafe freistellten.[9] Im Staat Oregon erreichte ein entsprechender Gesetzesentwurf in einem Referendum im November 1997 endgültig die erforderliche Mehrheit und trat daraufhin in Kraft.[10] Andere Bundesstaaten verabschiedeten hingegen noch im Jahr 1995 gesetzliche Regelungen, welche die Hilfe zur Selbsttötung ausdrücklich unter Strafe stellten.[11] Damit gewannen die Forderung nach einer einheitlichen rechtlichen Behandlung der Sterbehilfe in allen amerikanischen Bundesstaaten und der Ruf nach einer verfassungsrechtlichen Etablierung eines *right to die* durch die Judikative immer mehr an Bedeutung.

Auch in Deutschland rückt die Frage einer verfassungsrechtlichen Etablierung der Rechte auf Suizid und auf Sterbehilfe immer mehr in den Mittelpunkt. Hierbei mehren sich die Stimmen, welche eine Verankerung einer solchen Rechtsgarantie im deutschen Grundgesetz für rechtlich möglich und für geboten halten. In Deutschland existieren bisher nur wenige gerichtliche Entscheidungen zu Fragen der Sterbehilfe, die darüber hinaus von einer einheitlichen und konsistenten Lösung weit entfernt sind. Eine inhaltliche Behandlung der Thematik durch das Bundesverfassungsgericht liegt bisher nicht vor. Damit werden die Erfahrungen in den USA, insbesondere die umfangreiche Rechtsprechung zu den (verfassungsrechtlichen) Rechten des Patienten, auch für die deutsche Diskussion und das Bemühen um eine angemessene rechtliche Behandlung der Sterbehilfe interessant. Zudem gilt die amerikanische Verfassung als Grundmuster vieler westlichen Verfassungen, da sie die älteste immer noch in Kraft befindliche Verfassung der westlichen Welt

8 Vgl. Weigend, Landesbericht Vereinigte Staaten von Amerika, in Eser / Koch, Schwangerschaftsabbruch, S. 1027.

9 Die Gesetzesentwürfe der Bundesstaaten Washington, Kalifornien und Oregon werden im einzelnen in Teil 3 (A II) dargelegt.

10 Vgl. Taylor, Suicide Watch, Internetdokument auf Server www.abcnews.com (Taylor, 1998).

11 Z. B. Iowa und Rhode Island, vgl. hierzu auch Teil 3 (A II).

ist und auf ein westlich geprägtes Wertesystem und ein aufgeklärtes Menschenbild rekurriert.[12]

Die amerikanische Verfassung enthält nur wenige begrifflich klar umrissene Tatbestände, die methodisch als Obersätze eines Subsumtionsschlusses dienen können.[13] Vielmehr wird die Verfassung als *„living constitution"* verstanden, welche mittels des amerikanischen *case law* kontinuierlich fortgebildet wird.[14] Der Judikative kommen damit im Verfassungsrecht sowie im gesamten Rechtssystem weitreichende Kompetenzen und eine hohe Flexibilität bei der Schaffung und Mitgestaltung neuer Rechte zu. In der deutschen Tradition des *civil law* steht hingegen das Denken in rechtlichen Kategorien und einer durchgängigen Rechtssystematik im Vordergrund.[15] Vor- wie Nachteile beider Rechtsverständnisse zeigen sich auch bei der Problematik der Sterbehilfe und führen zu der grundlegenden Frage, ob und in welchem Umfang es Aufgabe der Gerichte ist, rechtliche Regelungen an veränderte gesellschaftliche Wirklichkeiten anzupassen und damit zugleich eine politische Funktion wahrzunehmen.

In dieser Arbeit soll die amerikanische Rechtslage zu Problemen der Sterbehilfe analysiert und zudem überprüft werden, in welchem Maße die weitreichenden Erfahrungen in den USA für die deutsche Diskussion fruchtbar gemacht werden können. Eine unumstrittene Lösung der Problematik kann es hierbei aufgrund der zugrundeliegenden schwierigen moralischen und rechtlichen Grundsatzfragen nicht geben. Deshalb werden auch die inhaltlichen und methodischen Schwierigkeiten in den USA beim rechtlichen Umgang mit der Problematik der Sterbehilfe aufgezeigt. Im Zentrum der Analyse steht dabei die Frage, ob die amerikanische Verfassung ein *right to die* enthält und es damit der Judikative obliegt, diese Rechtsgarantie – gegebenenfalls auch gegen den Gesetzgeber – verbindlich zu etablieren und durchzusetzen.

Nach einer kurzen Problemstellung und Definition der wesentlichen Begriffe im ersten Teil, werden die deutsche Rechtslage und die deutsche Auseinandersetzung mit der Thematik im zweiten Teil schwerpunktorientiert dargelegt werden. Dieser Überblick soll nicht dazu dienen, den Leser in alle rechtliche Einzelheiten einzuführen, sondern vor allem diejenigen ungelösten Probleme im deutschen Recht hervorheben, für deren Klärung die amerikanische Rechtslage fruchtbar gemacht werden kann. Im dritten Teil wird die rechtliche Problematik der Sterbehilfe und der Selbsttötung in den USA ausführlich dargestellt, um deren Bedeutung für die deutsche Diskussion im abschließenden vierten Teil rechtsvergleichend aufzuzeigen.

---

12 Vgl. Brugger, Persönlichkeitsentfaltung, S. 2 ff.; vgl. auch Fraenkel, Das amerikanische Regierungssystem, S. 26 ff.

13 Klette, JuS 1976, S. 8 (9).

14 A.a.O.

15 Vgl. Wagner, ZaöR 1996, S. 178 (202).

1. Teil

Problemstellung und Definition der wesentlichen Begriffe

Vor dem Hintergrund des raschen technischen Fortschritts, der in den letzten zwanzig Jahren auf dem Gebiet der medizinischen Technik erzielt wurde, stellen sich Probleme des Sterbens und der Sterbehilfe immer dringender. Einerseits ist es ein unbestrittener Verdienst des medizinischen Fortschritts, daß heute Krankheiten gute Heilungschancen haben, welche früher einem Todesurteil gleichkamen, und daß die Lebenserwartung in allen westlichen Ländern steigt.[1] Andererseits werden Menschen unter massivem Einsatz technischer Hilfsmittel am Leben erhalten, obwohl sie die künstliche und oft schmerzhafte Verlängerung ihres Lebens nicht wünschen oder sich in einem permanent vegetativen Zustand befinden.[2] Deshalb stellt sich die Frage, wie diese Kehrseite der sogenannten Apparatemedizin rechtlich zu behandeln ist und inwieweit dem Patienten Hilfe im und zum Sterben geleistet werden darf.[3]

Mit dem Tod eines Menschen endet auch sein strafrechtlicher Lebensschutz. Wann der Tod eines Menschen festgestellt werden kann, ist heftig umstritten, weil das Sterben einen kontinuierlichen Prozeß darstellt. Damit ist eine normative Konvention unabdingbar.[4] Der Todeszeitpunkt wurde lange anhand des irreversiblen Ausfalls der Atmung und der Herztätigkeit bestimmt.[5] Nach der ersten Herztrans-

---

1 Muschke, Gesetzliche Regelungen der Sterbehilfe?, S. 1; Fritsche, Ärztlich-ethische Aspekte zur Ambivalenz der Lebensverlängerung, S. 3 (4 ff.).

2 Der Wandel und der veränderte Umgang mit der Medizin zeigt sich schon am Anteil der Personen, welche in einem Krankenhaus versterben. In den USA verstarben vor fünfzig Jahren circa 20 Prozent aller Patienten, heute jedoch fast 80 Prozent aller Patienten in einem Krankenhaus. (MacBride, 68 Temple L. Rev. 755, 795 (1995); Risley, 20 Ohio N.U. L. Rev. 597, 606 (1994)). In Deutschland lag der Anteil der Patienten, welche im Krankenhaus verstarben im Jahr 1968 bei 44,2 Prozent, im Jahr 1982 bei 70 Prozent und im Jahr 1985 bereits bei 90 Prozent. (Muschke, Gesetzliche Regelung der Sterbehilfe?, S. 4). Zu den medizinischen Kriterien eines vegetativen Status, vgl. Schmidt / Madea, MedR 1998, 406 (407).

3 Vgl. Muschke, Gesetzliche Regelung der Sterbehilfe?, S. 1 f.

4 Tröndle in Tröndle / Fischer, Vor § 211 Rn. 3b; Kühl in Lackner / Kühl, Vor § 211 Rn. 4 m. w. Nachw.

5 President's Commission for the Study of Ethical Problems in Medicine and Biomedical and Behavioral Research, Defining Death: A Report on the Medical, Legal and Ethical Issues in the Determination of Death (1981), abgedruckt in Beauchamp / Veatch, Ethical Issues, S. 6 ff. (1996). Tröndle in Tröndle / Fischer, Vor § 211 Rn. 3.

plantation, durchgeführt von dem südafrikanischen Chirurgen Barnard im Jahr 1967 konnte diese Definition jedoch nicht aufrechterhalten werden.[6] Schon 1968 wurde deshalb von einem Ad-hoc-Committee der Harvard Medical School der Hirntod als maßgebendes Todeskriterium vorgeschlagen.[7] Der Hirntod wird definiert als „das irreversible Erloschensein der Gesamtfunktion des Großhirns, des Kleinhirns und des Hirnstammes bei einer durch kontrollierte Beatmung noch aufrechterhaltenen Herz- und Kreislauffunktion".[8] Die Hirntodkonzeption hat sich mittlerweile weltweit durchgesetzt und ist rechtlich in Deutschland sowie in allen Bundesstaaten der USA anerkannt.[9]

In den Mittelpunkt der Diskussion rückte zu Beginn der 90er Jahre jedoch die Frage, ob ein Patient nicht bereits dann für tot erklärt werden kann, wenn die Großhirnrinde – nicht aber notwendigerweise auch der Hirnstamm – irreversibel zerstört ist.[10] Begründet wird diese Ansicht damit, daß auf der Großhirnrinde die Zentren für Wahrnehmung, Erinnerung und Motorik lokalisiert sind, welche das Bewußtsein und damit auch das Menschsein ausmachten, während der Hirnstamm nur die vegetativen Funktionen des Körpers steuere.[11] Diese Ansicht wird jedoch in der medizinischen Ethik heftig bekämpft und hat sich rechtlich weder in Deutschland noch in den USA durchgesetzt.[12] Nach ganz herrschender Meinung in Deutschland sowie in den USA muß ein Ausfall des Gesamthirns (Hirnrinde und Hirnstamm) eingetreten sein, um den Tod eines Patienten definitiv festzustellen.[13] Somit können sich bis zu diesem Zeitpunkt in beiden Ländern rechtliche Fragen der Sterbehilfe stellen.

Der Begriff der Sterbehilfe und der eines Rechtes auf Wahl der Umstände des eigenen Todes (*right to die*) werden in der Diskussion zwar häufig, jedoch nicht mit einheitlichen Konnotationen verwandt. Abzugrenzen ist zunächst die *Hilfe im Sterben* von den Formen der *Hilfe zum Sterben*. Unter *Hilfe im Sterben* werden diejenigen Maßnahmen verstanden, durch die Schmerzen gelindert und der Sterbevor-

---

6 Füllmich, Der Tod im Krankenhaus, S. 2.

7 Ad-Hoc-Committee of the Harvard Medical School, 205 JAMA 337 (1968); vgl. hierzu auch Magnusson, 6 Pac. Rim L. & Pol'y 1, 41 (1997); Tröndle in Tröndle / Fischer, Vor § 211 Rn. 3a.

8 Bundesärztekammer, Kriterien des Hirntodes mit Entscheidungshilfen zur Feststellung des Hirntodes, DÄBl. 1986, S. 2940 ff.

9 Für die USA: President's Commission for the Study of Ethical Problems in Medicine and Biomedical and Behavorial Research, Defining Death, in Beauchamp / Veatch, Ethical Issues, S. 6 ff. (1996); für Deutschland: Tröndle in Tröndle / Fischer, Vor § 211 Rn. 3a; Kühl in Lackner / Kühl, Vor § 211 Rn. 4 m. w. Nachw.; Schneider, Tun und Unterlassen, S. 202.

10 In den USA: Veatch, 23 Hastings Center Rep. 18, 23 (1993); Smith, 71 Cornell L. Rev. 850, 851 (1986); in Deutschland: Funck, MedR 1992, S. 182, 185 ff.

11 Funck, MedR 1992, S. 182, (185 m. w. Nachw.).

12 Vgl. Magnusson, 6 Pac. Rim L. & Pol'y 1, 42 (1997).

13 Martino, 41 N.Y.L. Sch. L. Rev. 285, 287 (1996) m. w. Nachw.; in Deutschland: vgl. Tröndle in Tröndle / Fischer, Vor § 211 Rn. 3a m. w. Nachw.; Horn in SK, § 212 Rn. 5 m. w. Nachw.

gang erleichtert wird, ohne ein lebensverkürzendes Risiko auszulösen.[14] Die *Hilfe im Sterben* ist moralisch ein selbstverständliches Gebot der Humanität[15] und somit in Deutschland wie in den USA rechtlich erlaubt.

Die begriffliche Fassung der Fallgruppen und Rechte innerhalb der *Hilfe zum Sterben* ist jedoch vor allem in den USA schwierig und nicht einheitlich. In den USA findet sich der Begriff des *right to die* in zahlreichen Gerichtsentscheidungen,[16] wobei manche Gerichte und Autoren ein *right to die* lediglich als Synonym für ein Recht auf Nichtaufnahme oder auf Abbruch von medizinischen Behandlungsmaßnahmen verwenden.[17] Sowohl in der deutschen als auch in der amerikanischen Diskussion umfaßt der Begriff des *right to die* aber mindestens die folgenden vier Rechte, welche wie folgt kurz definiert und unterschieden werden sollen:[18]

1. Das Recht auf passive Sterbehilfe (*right to passive euthanasia*):

   Eine lebensverlängernde Behandlungsmaßnahme wird auf Wunsch des Patienten nicht aufgenommen oder abgebrochen, so daß der Tod aufgrund der (natürlichen) Krankheit des Patienten eintritt (*right to withdrawel or withholding of treatments* oder *right to refuse medical treatments*).

   Von deutschen Gerichten wird die passive Sterbehilfe auf die Fälle beschränkt, in denen unmittelbare Todesnähe vorliegt. In den anderen Fällen wird vom Abbruch einer ärztlichen Maßnahme gesprochen, und es werden seitens der Rechtsprechung erhöhte Anforderungen an die Ermittlung des (mutmaßlichen) Patientenwillens gestellt.[19] Hierauf wird im gerichtlichen Einzelfall hinzuweisen sein. Diese Unterscheidung ist jedoch wenig überzeugend, weil auch der Abbruch einer medizinischen Maßnahme den Tod des Patienten schneller eintreten läßt als bei Fortführung der Behandlung. Aus diesem Grund wird der Abbruch einer lebenserhaltenden Maßnahme im Rahmen dieser Arbeit unter der Fallgruppe der passiven Sterbehilfe behandelt. Dies entspricht dem amerikanischen Verständnis, das eine entsprechende Differenzierung nicht kennt.

2. Das Recht auf Selbsttötung (*right to commit suicide*):

   Der Patient führt mit künstlichen Mitteln seinen eigenen Tod vorzeitig herbei.

---

14 Vgl. Kutzer, NStZ 1994, S. 110 (110) m. w. Nachw.

15 A.a.O.; Eser, Lebenserhaltung und Behandlungsabbruch, in Auer / Menzel / Eser, Zwischen Heilauftrag und Sterbehilfe, S. 84 m. w. Nachw.; Stürmer, Sterbehilfe, S. 7.

16 Vgl. nur *Cruzan v. Director,* 497 U.S. 261, 277 (1990); *Bouvia v. Superior Court (Glenchur),* 225 Cal. Rptr. 297, 307 (Ct.App. 1986); *Rosebush v. Oakland County Prosecutor,* 491 N.W. 2d 633,700 (Mich. Ct. App. 1992).

17 Vgl. Meisel, The Right to Die, Volume 1, § 1.1.

18 Kamisar, Physician-Assisted Suicide, in Keown, Euthanasia Examined, S. 225 (1995), welcher aber keine weitere Unterteilung der passiven und aktiven Sterbehilfe vornimmt; vgl. auch Shih, 63 Fordham L. Rev. 1245, 1247 (1995).

19 BGHSt 40, 257, 260 (1995); OLG Frankfurt, JZ 1998, S. 799.

3. Das Recht auf Hilfe bei der Selbsttötung (*right to assisted suicide*):

   Ein Dritter, meist ein Arzt oder ein Angehöriger, wirkt bei der vorzeitigen Lebensbeendigung eines Patienten mit. Der Tod tritt nicht aufgrund der Krankheit des Patienten, sondern aufgrund einer künstlichen Maßnahme wie der Einnahme einer tödlichen Überdosis von Medikamenten ein.

4. Das Recht auf aktive Sterbehilfe (*right to active euthanasia* oder *right to mercy killing; principle of double effect*):

   Der Tod des Patienten wird durch vorsätzliche Handlung eines Dritten auf Wunsch des Patienten künstlich herbeigeführt. In dieser Fallgruppe wird weiterhin unterschieden, ob der Dritte den Tod mit direktem Vorsatz (direkte Sterbehilfe; *active euthanasia* oder *mercy killing*) herbeiführt oder ob der Tod nur als unbeabsichtigte Nebenfolge einer schmerzlindernden Therapie eintritt (indirekte Sterbehilfe; *principle of double effect*).[20]

Innerhalb der Fallgruppen ist weiterhin danach zu differenzieren, ob ein Patient entscheidungsfähig (*competent*) oder nicht (mehr) entscheidungsfähig (*incompetent*) ist.[21] Diese Feststellung bereitet in Praxis jedoch oftmals Schwierigkeiten, weil aufgrund des physischen und psychischen Zustandes des Patienten auch von Ärzten nicht restlos geklärt werden kann, ob der Patient sich noch in einem entscheidungsfähigen Zustand befindet.[22]

---

20 Vgl. für Deutschland Stürmer, Sterbehilfe, S. 8 ff.; für die USA Meisel, The Right to Die, § 8.7.; § 18.18.

21 Annas, 34 Duq. L. Rev. 875, 876 (1996).

22 Bezüglich weiterer Schwierigkeiten: Martyn / Bourguignon, 85 Cal. L. Rev. 371, 390–393 (1997).

2. Teil

Die Rechtslage in Deutschland

Die Sterbehilfe ist im deutschen Recht nicht spezialgesetzlich geregelt. Auch die ärztliche Berufsordnung enthält keine speziellen Rechtsnormen zur Sterbehilfe.[1] Strafrechtlich kommt deshalb im Einzelfall die Anwendung der allgemeinen Tötungsbestimmungen (§§ 211 ff. StGB) und die dort geregelte Strafmilderung der Tötung auf Verlangen (§ 216 StGB) in Betracht.[2] Aufgrund der mangelnden gesetzlichen Positivierung der Thematik haben Rechtsprechung und Literatur bisher keine einheitliche und konsistente Behandlung der Sterbehilfe und der Selbsttötung erreicht. Die deutsche Rechtslage soll hier nicht in allen Einzelheiten dargelegt werden; vielmehr werden nur solche Problempunkte aufgezeigt, für deren Lösung die amerikanische Rechtslage fruchtbar gemacht werden kann.

A. Die rechtliche Behandlung der Sterbehilfe und der Selbsttötung

I. Die passive Sterbehilfe

In der medizinischen Praxis stellen sich Fragen hinsichtlich der passiven Sterbehilfe am häufigsten. Dennoch hat sich die deutsche Rechtsprechung – ganz im Gegensatz zu den Gerichten in den USA – bisher nur in wenigen Fällen mit der passiven Sterbehilfe befaßt. Systematisch können innerhalb der passiven Sterbehilfe drei Arten unterschieden werden: die Nichtaufnahme einer Behandlung, die Nichtbehandlung einer nach der Therapieaufnahme auftretenden (interkurrenten) Krankheit und der Verzicht auf die Fortführung einer bereits begonnenen Behandlung.[3]

---

1 Vgl. hierzu Muschke, Gesetzliche Regelung der Sterbehilfe?, S. 10–15.

2 Vgl. Koch, Landesbericht Bundesrepublik Deutschland, in Eser / Koch, Materialien zur Sterbehilfe, S. 35.

3 Pelzl, KJ 1994, S. 179 (181).

1. Entscheidungsfähige Patienten

Die passive Sterbehilfe ist grundsätzlich dann strafbar, wenn der Patient lebensverlängernde Maßnahmen ausdrücklich verlangt und somit das Unterlassen einer lebensverlängernden Behandlung gegen den Willen des Patienten erfolgt.[4] In diesem Fall kommt für jedermann eine Bestrafung wegen Unterlassener Hilfeleistung gemäß § 323c StGB in Betracht. Für den behandelnden Arzt, der regelmäßig eine Garantenstellung innehat[5], wird darüber hinaus auf eine Bestrafung wegen Totschlags durch Unterlassen abgestellt.[6] In Einzelfällen kann dem Willen des Patienten jedoch nicht entsprochen werden. Dies betrifft den Fall von entgegenstehenden Interessen anderer Patienten oder das Problem der Verteilung knapper Ressourcen, beispielsweise bei einer zu geringen Anzahl von Spenderorganen für Organtransplantationen.[7] Problematisch ist hier auch die Frage, ob eine Pflicht zur Weiterbehandlung besteht, wenn der Patient eine sinnlose Behandlung wünscht.[8]

In Krankenhäusern stellt sich häufig das Problem, daß ein Patient eine lebensverlängernde medizinische Behandlung nicht wünscht. Oft handelt es sich um terminal erkrankte Patienten, welche unter großen Schmerzen leiden und in der weiteren Behandlung nur eine sinnlose Verlängerung ihrer Leiden sehen. Hier stehen Arzt und Angehörige vor einer auch rechtlich schwierigen Entscheidung. Denn einerseits könnte in der Weiterbehandlung des Patienten gegen dessen Willen eine Körperverletzung liegen, andererseits könnte ihnen bei der Nichtvornahme weiterer Maßnahmen eine Bestrafung aus § 216 StGB drohen.[9] Nach nahezu einhelliger Ansicht müssen Arzt und Angehörige straflos bleiben, wobei aber die Begründung dieses Ergebnisses höchst umstritten ist.

Im Jahr 1986 hatte das LG Ravensburg[10] zu entscheiden, ob der Angeklagte wegen Tötung auf Verlangen gemäß § 216 StGB strafbar war, weil er seiner an einer unheilbaren und im Endstadium befindlichen Krankheit leidenden Ehefrau auf deren ausdrücklichen Wunsch das Beatmungsgerät abgeschaltet hatte. Darauf-

---

4 Bade, Der Arzt an den Grenzen von Leben und Recht, S. 171.

5 Vgl. hierzu Rieger, Die mutmaßliche Einwilligung, S. 44 ff.

6 Stürmer, Sterbehilfe, S. 12.

7 So standen in den USA im Jahr 1995 über 7000 Leberkranke auf einer Warteliste, jedoch können jährlich nur 3900 Transplantationen durchgeführt werden. In Deutschland gibt es circa 9000 schwer Leberkranke; auf der Warteliste stehen aber nur circa 700 Patienten. Im Jahr 1995 wurden rund 700 Transplantationen durchgeführt, gleichzeitig starben 79 Patienten, die bereits auf der Warteliste standen. Frankfurter Allgemeine Zeitung vom 27. 11. 1996, S. 1.

8 So in den USA im Fall *In the Matter of Wanglie* (No PX – 91 – 283, 4th Dist. Ct. Hennepin County, Minn. 1 July 1991), in dem der Ehemann eine aus Sicht der Ärzte sinnlose Weiterbehandlung seiner Ehefrau wünschte; zum Fall Beauchamp / Veatch, Ethical Issues, S. 362 ff. Zum Problem aus deutscher Sicht Eser in Schönke / Schröder, Vor §§ 211 ff. Rn. 30 m. w. Nachw.

9 Stürmer, Sterbehilfe, S. 13.

10 LG Ravenburg, NStZ 1987, S. 229 f. (1986).

hin verstarb die Ehefrau binnen einer Stunde, während sie bei Weiterbeatmung noch mindestens 24 Stunden gelebt hätte. Kurz vor der Tat hatte die Ehefrau im Vollbesitz ihrer geistigen Kräfte mit Hilfe einer elektrischen Spezialschreibmaschine folgende Erklärung abgefaßt: „Ich möchte sterben, weil mein Zustand nicht mehr erträglich ist. Je schneller, desto besser. Dies wünsche ich mir von ganzem Herzen.“[11]

Das LG Ravensburg sprach den Angeklagten frei, weil er nur „Beistand im Sterben“ geleistet habe.[12] Die Ehefrau habe aufgrund der besonderen Ausnahmesituation das Abschalten des Gerätes verlangen können. Ein im Sterben liegender Mensch, der aus eigener Kraft nicht mehr weiterleben und dessen Tod nur noch unter Einsatz technischer Geräte hinausgezögert werde, könne verlangen, daß solche Maßnahmen zu unterbleiben hätten oder abzubrechen seien. Der Ehemann sei lediglich diesem Verlangen nachgekommen. Dies sei, gleichgültig ob durch Unterlassen oder aktives Tun, nicht nach § 216 StGB strafbar. Ausdrücklich offen ließ das Gericht aber, ob es schon an der Tatbestandsmäßigkeit der Tötung fehle oder ob in jedem Fall ein dogmatisch nicht näher spezifizierter Rechtfertigungsgrund vorlag.[13]

Obwohl der rechtskräftig gewordene Freispruch im Ergebnis in der Literatur breite Zustimmung gefunden hat, wurde die unzureichende dogmatische Begründung kritisiert.[14] Allerdings ist auch in der Lehre die dogmatische Begründung der Straflosigkeit der passiven Sterbehilfe höchst umstritten. Überwiegend wird schon die tatbestandliche Verwirklichung des § 216 StGB abgelehnt. Ob dies unter der Annahme einer Unterlassenstat durch Verneinung einer Garantenpflicht zur Weiterbehandlung zu begründen ist,[15] oder ob es unter Annahme eines positiven Tuns an einer strafrechtlich relevanten Verursachung des Todes fehlt, weil lediglich eine künstliche Verlängerung des Sterbeprozesses beendet würde,[16] oder der Tatbestand unter dem Gesichtspunkt des Schutzzweckes der Norm eingeschränkt werden kann,[17] ist umstritten.[18] Andere Stimmen in der Literatur sprechen sich für eine Rechtfertigungslösung aus,[19] wobei sie das (einverständliche) Sterbenlassen als das im Vergleich zur Lebenserhaltung überwiegende Interesse im Sinne von § 34 StGB verstehen.[20]

---

[11] A.a.O.

[12] A.a.O.

[13] A.a.O.

[14] Vgl. hierzu insbesondere Schneider, Tun und Unterlassen, S. 25 ff.

[15] Bockelmann, Strafrecht des Arztes, S. 114 f.; Hirsch, in Lackner-Festschrift, S. 597 (600).

[16] Tröndle, in Göppinger-Festschrift, S. 603 ff.

[17] Jähnke, in LK, Vor § 211 Rn. 17; Möllering, Schutz des Lebens, S. 67; Krey BT 1, § 1 I 2 Rn. 14; Laufs, Arztrecht, Rn. 301.

[18] Vgl. zum Ganzen Koch, Landesbericht Bundesrepublik Deutschland, in Eser / Koch, Materialien zur Sterbehilfe, S. 49.

[19] Herzberg, JZ 1988, S. 182 (186 f.); Schneider, Tun und Unterlassen, S. 298 f.

In der amerikanischen Diskussion nimmt das Recht eines entscheidungsfähigen Patienten auf passive Sterbehilfe einen breiten Raum ein. Seit Mitte der 70er Jahre existieren hierzu auch zahlreiche gerichtliche Entscheidungen. Der vom LG Ravensburg vorsichtig eingeschlagene Weg eines Rechtes des Patienten auf Behandlungsabbruch wurde in der amerikanischen Rechtsprechung bereits konsequent ausgestaltet und führte damit zur Annahme eines verfassungsrechtlichen und subjektiv einklagbaren Rechtes. Es wird zu prüfen sein, inwieweit diese Erfahrungen auf die Diskussion in Deutschland übertragbar sind.

2. Entscheidungsunfähige Patienten

In Deutschland ist weiterhin umstritten, ob und auf welche Weise im Fall eines entscheidungsunfähigen, weil beispielsweise irreversibel komatösen Patienten eine passive Sterbehilfe vorgenommen werden darf. Nach jetzt wohl überwiegender Ansicht besteht auch bei einem Einwilligungsunfähigen keine Rechtspflicht des Arztes, unaufhaltsam verlöschendes oder infolge irreversiblen Bewußtseinsverlusts geschädigtes Leben durch Reanimation, Stimulantien oder andere Mittel künstlich zu verlängern.[21]

Dem BGH lag im Jahre 1994 ein Fall des Abbruchs lebenserhaltender Maßnahmen bei einer irreversibel bewußtlosen Patientin vor. Das Gericht führte in der Entscheidung erstmals aus, welche Anforderungen an die Ermittlung des mutmaßlichen Willens eines Patienten bei Abbruch einer lebenserhaltenden Maßnahme zu stellen sind.[22]

Gegenstand der Entscheidung war die (strafrechtliche) Zulässigkeit der Einstellung einer künstlich verabreichten Sondernahrung an eine irreversibel bewußtlose Patientin, was innerhalb von zwei bis drei Wochen zu ihrem Tode führen würde. Die Patientin war seit einem im Jahr 1990 erlittenen Herzstillstand mit anschließender Reanimation „irreversibel schwerst cerebralgeschädigt". Sie war „nicht mehr ansprechbar, geh- und stehunfähig und reagierte auf optische, akustische und mechanische Reize lediglich mit Gesichtszucken oder Knurren".[23] Anzeichen für Schmerzempfindungen bestanden jedoch nicht. Die Patientin mußte durch eine Magensonde künstlich ernährt werden. Anfang 1993 schlug der behandelnde Arzt dem Sohn der Patientin, der zugleich ihr Pfleger war, vor, statt der Sondernahrung nur noch Tee zu verabreichen. Dies würde binnen zwei bis drei Wochen zu ihrem Tode führen. Der Sohn erklärte nach Rücksprache mit einigen Freunden und Ver-

---

[20] Vgl. zum Ganzen Koch, Landesbericht Bundesrepublik Deutschland, in Eser / Koch, Materialien zur Sterbehilfe, S. 49.

[21] Tröndle in Tröndle / Fischer, Vor § 211 Rn. 19; Kühl in Lackner / Kühl, Vor § 211 Rn. 8 m. w. Nachw.

[22] BGHSt 40, 257 (1995).

[23] A.a.O., 258.

wandten seine Zustimmung, wobei für seine Entscheidung unter anderem der Umstand ausschlaggebend war, „daß seine Mutter ihm gegenüber vor acht bis zehn Jahren, nachdem sie in einer Fernsehsendung einen Pflegefall mit Gliederversteifung und Wundlegen gesehen hatte, geäußert hatte, so wolle sie nicht enden".[24] Arzt und Pfleger legten ihre Entscheidung als Aufforderung an das Pflegepersonal in einem sogenannten Verordnungsblatt nieder. Zu einer Absetzung der Sondernahrung kam es jedoch nicht, weil der Pflegedienstleiter aufgrund rechtlicher Bedenken das Vormundschaftsgericht verständigte. Dieses versagte die Genehmigung zur Einstellung der Sondernahrung, zunächst durch einstweilige Anordnung und zwei Monate später nach Anhörung eines Sachverständigen und der Beteiligten sowie Inaugenscheinnahme der Patientin durch Beschluß. Die Patientin verstarb neun Monate später infolge eines Lugenödems. Mit der Revision hatten sich Arzt und Pfleger gegen die Verurteilung zu einer Geldstrafe durch das LG wegen versuchten Totschlags gewandt.

Der BGH hob das Urteil auf. In der Begründung nahm er zu zahlreichen strafrechtlichen Problemen der Sterbehilfe erstmals Stellung, wobei Erwägungen zur Ermittlung des mutmaßlichen Willens eines entscheidungsunfähigen Patienten im Mittelpunkt der Entscheidung standen.

Der BGH wies zunächst darauf hin, daß es sich im eigentlichen Sinne nicht um eine passive Sterbehilfe handele, weil der Tod der Patientin nicht unmittelbar bevorgestanden habe und mithin keine *Hilfe beim Sterben* vorlag, sondern es sich vielmehr um den Abbruch einer einzelnen lebenserhaltenden Maßnahme handele.[25] Deren Zulässigkeit bestimme sich (zwar auch) nach dem mutmaßlichen Willen des Patienten, bei der tatsächlichen Ermittlung und Annahme des mutmaßlichen Willens seien jedoch im Vergleich zur Sterbehilfe im eigentlichen Sinne erhöhte und strenge Anforderungen zu stellen, um sicherzustellen, daß nicht gegen den Willen des Patienten entschieden werde.[26] Als maßgebende Kriterien zur Ermittlung des mutmaßlichen Willens seien zu berücksichtigen: „Frühere mündliche und schriftliche Äußerungen des Kranken, ebenso seine religiöse Überzeugung, seine sonstigen persönlichen Wertvorstellungen, seine altersbedingte Lebenserwartung oder das Erleiden von Schmerzen".[27] Objektive Kriterien könnten an dieser Stelle zunächst lediglich als Anhaltspunkte für die Ermittlung des individuellen hypothetischen Willens dienen.[28] Erst wenn sich auch nach sorgfältiger Prüfung aller konkreten Umstände der mutmaßliche Wille des Kranken nicht feststellen lasse, sei ein Rückgriff auf Kriterien zulässig, welche „allgemeinen Wertvorstellungen" entsprächen. Dabei sei jedoch Zurückhaltung geboten, denn im Zweifel habe „der Schutz des menschlichen Lebens Vorrang vor persönlichen Überlegun-

24 A.a.O., 259.

25 A.a.O., 260.

26 A.a.O., 261 f.

27 A.a.O., 263.

28 A.a.O.

gen des Arztes, der Angehörigen oder einer anderen beteiligten Person".[29] Hierbei hielt der BGH auch Überlegungen hinsichtlich der Lebenserwartung des Patienten für gerechtfertigt: je weniger die Wiederherstellung eines nach allgemeinen Vorstellungen menschenwürdigen Lebens zu erwarten sei und je kürzer der Tod bevorstehe, desto eher werde ein Behandlungsabbruch vertretbar erscheinen.[30]

Nach Ansicht des BGH hatte das LG entsprechende Feststellungen jedoch nicht im ausreichenden Maße getroffen.[31] Insbesondere hob der BGH hervor, daß die acht bis zehn Jahre zuvor getätigte Äußerung der Patientin allein keine tragfähige Grundlage für die Feststellung des mutmaßlichen Willens sei, da sie unter dem unmittelbaren Eindruck der Fernsehsendung erklärt und von der Patientin später weder schriftlich noch mündlich wiederholt worden war.[32]

Der BGH hob deshalb das Urteil des LG auf und verwies den Fall zur erneuten Verhandlung und Entscheidung zurück.

Die Entscheidung fand aufgrund ihrer grundlegenden Bedeutung in der Literatur zahlreiche Beachtung und im Ergebnis überwiegend Zustimmung.[33] Heute besteht nahezu Konsens, daß eine dem wirklichen oder anzunehmenden Patientenwillen widersprechende Ausschöpfung intensiv-medizinischer Technologie rechtswidrig und mit dem Anspruch des Schwerstkranken, unter Beachtung des Selbstbestimmungsrechts sterben zu dürfen, unvereinbar ist.[34] Auch der Beschluß des OLG Frankfurt[35] aus dem Jahr 1998 bestätigt diesen Grundsatz.[36] Das Gericht hatte darüber zu entscheiden, ob bei einer irreversibel hirngeschädigten und durch eine PEG-Magensonde ernährte Patientin ein Abbruch der Ernährung in entsprechender Anwendung des § 1904 BGB vormundschaftlich genehmigt werden konnte.

Die fast 85jährige Patientin lag nach einem ausgedehnten Herzinfakt seit einem halben Jahr im Koma und war bewegungs- und kommunikationsunfähig. Sie wurde über eine PEG-Magensonde mit Sondernahrung künstlich ernährt; eine Besse-

---

29 A.a.O., 265.

30 A.a.O.

31 A.a.O., 265.

32 A.a.O., 261.

33 Vgl. Helgerth, JR 1995, S. 338 (338 ff.); Schöch, NStZ 1995, S. 153 (154 ff.); Vogel, MDR 1995, S. 337 (337 f.); kritisch Bernsmann, ZRP 1996, S. 87 (89 ff.); Merkel, ZStW 107 (1995), S. 545 (575).

34 BGHSt 37, 376 (378); Tröndle in Tröndle/Fischer, Vor § 211 Rn. 17 m. w. Nachw.; vgl. auch Rieger, Die mutmaßliche Einwilligung, S. 60.

35 OLG Frankfurt, JZ 1998, S. 799 f. = NJW 1998, 2747 ff.; vgl. zu Problemen im Betreuungsrecht auch AG Neukölln, NJW 1987, 2933 f. = FamRZ 1987, S. 1083 f.

36 Zum Fall: Knieper, NJW 1998, S. 2720 f.; Seitz, ZRP 1998, S. 417 ff.; Coeppicus, NJW 1998, S. 3381 (2287); Laufs, NJW 1998, S. 3399 ff., Hohloch, JuS 1998, S. 1062 f.; Bienwald, FamRZ 1998, S. 1138 f.; Nickel, MedR 1998, S. 520 ff.; Verrel, JR 1999, S. 5 ff.; Tröndle in Tröndle/Fischer, Vor § 211 Rn. 19 m. w. Nachw.; Kühl in Lackner/Kühl, Vor § 211 Rn. 8 m. w. Nachw.; zu generellen Problemen Rieger, Die mutmaßliche Einwilligung, S. 115 ff.

rung ihres Zustandes war nicht zu erwarten. Unklar blieb, ob die Patientin Leid erlebte oder Schmerzen hatte. Auf Anraten der Ärzte wollte die Tochter und Betreuerin der Patientin die Sondernahrung einstellen lassen, obgleich dies die Gefahr barg, daß die Patientin im Laufe von Wochen und Monaten versterben würde. Deshalb stellte die Tochter den Antrag, die Einstellung der Sondernahrung vormundschaftsgerichtlich nach § 1904 BGB zu genehmigen. Ihren Antrag begründete sie insbesondere damit, daß ihre Mutter sich „anläßlich des Todes anderer Angehörige gegen ein langes Siechtum und eine künstliche Lebensverlängerung auch bei sich ausgesprochen habe".[37] Zum Beweis legten sie und ihr Bruder entsprechende eidesstattliche Versicherungen vor.

Sowohl das AG als auch das LG wiesen den Antrag jedoch mit der Begründung zurück, daß § 1904 BGB nicht analog auf die gezielte Herbeiführung des Todes angewendet werden könne. Diesen Fall habe vielmehr der Gesetzgeber zu regeln. Das OLG Frankfurt hielt jedoch § 1904 BGB in Analogie für anwendbar und wies den Fall zur erneuten Aufklärung und Entscheidung an das AG zurück.

Nach Ansicht des OLG Frankfurt handelte es sich wie in der strafrechtlichen Entscheidung des BGH um den Fall eines Abbruchs einer lebenserhaltenden Maßnahme („Hilfe zum Sterben"). Hierbei sei „das Selbstbestimmungsrecht des Patienten als Ausdruck seiner allgemeinen Entscheidungsfreiheit und seines Rechts auf körperliche Unversehrtheit (Art. 2 Abs. 2 Satz 1 GG) grundsätzlich anzuerkennen".[38] Dieses Recht und die Würde der Patienten stehe aber im Konflikt mit deren Anspruch auf Achtung des Lebens. Um den Interessen und dem Lebensschutz des Patienten gerecht zu werden, müßten deshalb an die tatsächliche Annahme des erklärten oder mutmaßlichen Willens des Patienten erhöhte Anforderungen gestellt werden.

Hierbei sei der Betreuer jedoch nicht wegen einer höchstpersönlichen Angelegenheit daran gehindert, die mutmaßliche Weigerung des Betroffenen bezüglich einer lebensverlängernden Maßnahme zur Geltung zu bringen.[39] Allerdings bedürfe eine solche Weigerung gerade zum Schutz des Patienten vor Mißbrauch der vormundschaftsgerichtlichen Genehmigung. Die Genehmigungspflicht sei im Gesetz zwar ausdrücklich nur für den Fall einer Operation mit dem Risiko des Todes geregelt, der Behandlungsabbruch sei hiervon aber nicht absolut ungleich. Vielmehr bedürfe der Patient gerade in solchen Fällen des besonderen Schutzes der richterlichen Genehmigung. Hierdurch schwinge sich der Richter nicht in eine vor allem aus historischen Gründen bedenkliche Rolle als „Richter über Leben und Tod auf"; im Gegenteil diene diese „Außengenehmigung" gerade und zusätzlich dazu, einem Mißbrauch vorzubeugen.[40]

---

37 OLG Frankfurt, JZ 1998, S. 799.

38 A.a.O.

39 A.a.O., 800.

40 A.a.O.

Die Entscheidung wurde in der Öffentlichkeit heftig diskutiert[41] und der Antrag der Tochter zum Teil sehr emotional kritisiert. Schließlich zog die Tochter ihren Antrag auf vormundschaftsgerichtliche Genehmigung der Einstellung der Sondernahrung zurück, ohne daß eine abschließende gerichtliche Klärung herbeigeführt worden war.[42]

Hinsichtlich der Anforderungen an die Bestimmung des mutmaßlichen Willens fehlt es in Deutschland bis heute an einer detaillierten Rechtsprechung.[43] Insbesondere ist die Rolle und Bindungswirkung eines Patiententestamentes nicht abschließend geklärt.[44] Während ein Teil der Lehre eine Bindungswirkung ablehnt,[45] spricht sich ein anderer Teil für eine Bindungswirkung bis zum Widerruf aus.[46] Die überwiegende Ansicht spricht dem Patiententestament hingegen nur indizielle Bedeutung zu.[47]

Im Vergleich zu den USA steht die Diskussion um Probleme der passiven Sterbehilfe und des Abbruchs einzelner lebenserhaltender Maßnahmen bei entscheidungsunfähigen Patienten in Deutschland noch am Anfang. Insbesondere existiert, wie zu zeigen sein wird, in den USA eine umfangreiche Rechtsprechung zur Problematik der Feststellung des mutmaßlichen Willens des Patienten und der Rolle des Patiententestamentes, die auch für die deutsche Rechtsanwendung fruchtbar gemacht werden kann.

II. Die Selbsttötung

Die Selbsttötung und ihr Versuch erfüllen im deutschen Recht keinen Straftatbestand, weil sie schon nach dem historischen Willen des Gesetzgebers straflos bleiben sollten.[48] Die vereinzelt vorgebrachte Konstruktion, nach der die Selbsttötung für den Suizidenten zwar tatbestandliches Unrecht,[49] jedoch aus gesetzesgleichem

---

41 Vgl. Seitz, NJW 1998, S. 417 (419 ff.).

42 Coeppicus, NJW 1998, S. 3381 (3387) unter Bezugnahme auf die Frankfurter Allgemeine Zeitung vom 13. 8. 1998; Tröndle in Tröndle / Fischer, Vor § 211 Rn. 19 m. w. Nachw.

43 Zu den Kriterien der mutmaßlichen Einwilligung im Fall einer Operationserweiterung, vgl. BGHSt 35, 246 (249).

44 Vgl. auch Rieger, Die mutmaßliche Einwilligung, S. 78 ff.; Baumgarten, The Right to Die?, S. 303 ff.

45 Spann, MedR 1983, S. 13 ff.

46 Uhlenbruck, NJW 1978, S. 566 ff.; ders., MedR 1983, S. 16 ff.

47 Deutsch, NJW 1979, S. 1905 ff.; Schreiber, NStZ 1986, S. 341 f.; v. Dellinghaus, Sterbehilfe, S. 372; vgl. zum Ganzen auch Beckert, Strafrechtliche Probleme um Suizidbeteiligung und Sterbehilfe, S. 72 ff.; Labor, Der Schutz des Lebens, S. 236 ff.

48 Vgl. Schroeder, ZStW 1994, S. 565 (566) unter Hinweis auf Goltdammer, Die Materialien zum Straf-Gesetzbuche für die Preußischen Staaten, Teil II, 1852, S. 363; zur Geschichte auch Jakobs, Tötung auf Verlangen, S. 5 ff.

Gewohnheitsrecht straflos bleiben soll,[50] widerspricht der Systematik der §§ 211 ff. StGB und kann deshalb nicht überzeugen.[51] Wenn bereits die Tötung auf Verlangen im Tatbestand des § 216 StGB gesondert erfaßt ist, kann auch die Selbsttötung nicht unter den strengeren Grundtatbestand des § 212 StGB fallen.[52]

III. Die Beteiligung an der Selbsttötung

Nach den allgemeinen Grundsätzen der Akzessorietät bleibt somit auch grundsätzlich die Beteiligung an einer Selbsttötung mangels teilnahmefähiger Haupttat straffrei. Die Teilnahme bleibt aber nur solange straflos, wie sie sich auf eine bloße Förderung einer Selbsttötung beschränkt, also nicht eine täterschaftliche Fremdtötung darstellt.[53] Die Selbsttötung muß mithin auf einem freiverantwortlichen Willensentschluß beruhen.[54] Auch bei prinzipieller Anerkennung dieses Ergebnisses ist jedoch die Reichweite dieses strafrechtlichen Freiraumes im einzelnen höchst umstritten.

1. Die Rolle der Freiverantwortlichkeit des Suizidenten

Allgemein anerkannt ist, daß bei fehlender Freiverantwortlichkeit des Suizidenten eine Bestrafung aus den allgemeinen Tötungsbestimmungen in Betracht kommt.[55] Die Strafbarkeit bemißt sich hier im Einzelfall nach der subjektiven Vorstellung des „Hilfe-Leistenden". So kann sich ein Sterbehelfer bei erkanntem Willensmangel des Suizidenten wegen vorsätzlicher Tötungsdelikte und bei sorgfaltswidrig nicht erkanntem Willensmangel wegen fahrlässiger Tötung strafbar machen.[56] Umstritten ist, wann ein Suizidentschluß als freiverantwortlich und ernstlich beurteilt werden kann.

In einigen empirischen Forschungsarbeiten wird die These vertreten, daß der Wille zur Selbsttötung stets auf einem krankhaften pathologischen Zustand beruhe und mithin ein Suizidentschluß niemals freiverantwortlich sein könne.[57] Obgleich

---

49 Schmidhäuser, in Welzel-Festschrift, S. 810 (815); zur Kritik: Bottke, GA 1983, S. 22 (26); Schilling, JZ 1979, S. 159 (160); Bottke, Suizid und Strafrecht, S. 35 f.

50 Vgl. auch Bringewat, ZStW 1987, S. 623 (648); zur Kritik: Bottke, Suizid und Strafrecht, S. 34; Schilling, JZ 1979, S. 159 (160).

51 Vgl. auch die Kritik von Eser in Schönke / Schröder, Vor. §§ 211 ff. Rn. 33.

52 Schroeder, ZStW 1994, S. 565 (566).

53 Eser in Schönke / Schröder, Vor §§ 211 ff. Rn. 36.

54 Vgl. Koch, Landesbericht Bundesrepublik Deutschland, in Eser / Koch, Materialien zur Sterbehilfe, S. 38.

55 Kühl in Lackner / Kühl, Vor § 211 Rn. 13 ff.

56 Eser in Schönke / Schröder, Vor §§ 211 ff. Rn. 37 m. w. Nachw.

nicht bestritten wird, daß der Entschluß zum Suizid in vielen Fällen „Appellcharakter" haben kann und häufig auch auf einer unterliegenden Depression beruht, ist dies nicht für alle Fälle zweifelsfrei erwiesen und kann deshalb nicht in dieser Grundsätzlichkeit unterstellt werden.[58] Ganz überwiegend wird deshalb die Meinung vertreten, daß ein Suizid unter bestimmten Umständen als freibestimmt anerkannt werden kann, wobei jedoch eingeräumt wird, daß die Bestimmung der Freiverantwortlichkeit im konkreten Einzelfall nicht einfach ist.[59] Als normativer Maßstab zur Abgrenzung der Freiverantwortlichkeit wird von einem Teil der Literatur eine analoge Anwendung der Regeln über strafrechtliche Verantwortung befürwortet. Danach liegt nur dann kein freiverantwortlicher Suizidentschluß vor, wenn die Selbstschädigung auf einem Irrtum über die tödliche Wirkung der Handlung (§ 16 StGB) beruht, unmündige Kinder, Jugendliche oder Geisteskranke (§ 3 JGG; §§ 19, 20 StGB) zu einer Selbsttötung veranlaßt oder der Suizident in eine Notlage im Sinne des § 35 StGB getrieben wurde.[60] Nach anderer Ansicht wird eine Anwendung der Grundsätze der Einwilligungslehre i. V. m. der Dogmatik der Ernstlichkeit des Verlangens i. S. v. § 216 StGB befürwortet.[61]

2. Das Problem des Nichteingreifens

Neben der Problematik, wann eine Freiverantwortlichkeit des Sterbewilligen vorliegt, stellt sich die Frage der Abgrenzung zwischen täterschaftlichem und teilnehmendem Verhalten eines Dritten. Schwierigkeiten werden hier insbesondere dann gesehen, wenn ein Dritter eine Selbsttötung tatenlos geschehen läßt und auch nach Eintritt der Bewußtlosigkeit keine Rettungsmaßnahmen ergreift. Die Frage, ob der Dritte hier im Fall einer Garantenstellung[62] wegen eines Tötungsdeliktes durch Unterlassen strafbar ist, oder ein Nichtgarant wegen Unterlassener Hilfeleistung zu strafen ist, wurde in der Rechtsprechung bis heute nicht einheitlich und

---

57 Vgl. hierzu Bringewat, Unbeachtlicher Selbsttötungswille, in Eser, Suizid und Euthanasie, S. 368 (368); Geilen, JZ 1974, S. 145, (148 ff. m. w. Nachw.); Meyer, MedR 1985, S. 210 (214); vgl. jedoch die gegen eine generelle Krankhaftigkeit des Suizidwillens sprechenden Nachweise bei Wagner, Selbstmord und Selbstmordhinderung, S. 110 ff.

58 Vgl. Eser in Schönke / Schröder, Vor. §§ 211 ff. Rn. 34; Bottke, Strafrechtliche Probleme am Lebensbeginn und am Lebensende, in Lebensverlängerung aus medizinischer, ethischer und rechtlicher Sicht S. 34, 107; vgl. auch Beckert, Strafrechtliche Probleme um Suizidbeteiligung und Sterbehilfe, S. 143; Baumgarten, The Right to Die?, S. 124.

59 Vgl. Jähnke in LK, Vor § 211 f. Rn. 27 Fn. 69 m. ausführl. Darstellung des Standes der Selbstmordforschung; vgl. Beckert, Strafrechtliche Probleme um Suizidbeteiligung und Sterbehilfe, S. 143 f.; Schneider, Tun und Unterlassen, S. 272 ff.

60 Bottke, GA 1983, S. 22 (30 f.); Samson in Systematischer Kommentar § 25 Rn. 87; Roxin, NStZ 1984, S. 70 (71).

61 Herzberg, JA 1985, S. 336 (336 ff.); Maurach / Schröder / Maiwald BT 1, § 1 Rn. 20; vgl. zum Ganzen auch Muschke, Gesetzliche Regelung der Sterbehilfe?, S. 95–99.

62 Vgl. zum Vorliegen einer Garantenstellung und -pflicht BGH, in NStZ 1983, S. 117 f.

überzeugend gelöst. Der BGH hat in frühen Entscheidungen dem Willen des Suizidenten keine rechtliche Bedeutung zugemessen. Damit war zwangsläufig ein Garant, der einen Suizidenten nicht rettete, wegen eines Tötungsdelikts, der Nichtgarant wegen Unterlassener Hilfeleistung strafbar.[63]

Diese Haltung hat der BGH in späteren Entscheidungen jedoch revidiert, und dem Willen des Suizidenten tendenziell eine (größere) Bedeutung eingeräumt.[64] Bei der Abgrenzung zwischen Tötung auf Verlangen und strafloser Suizidteilnahme griff der BGH zunächst im Sinne der subjektiven Theorie auf die Abgrenzung zwischen Täter- und Teilnahmewillen zurück,[65] bevor er sich einer Tatherrschaftsbetrachtung anschloß.[66] Hierbei weichen jedoch die Begründungen, insbesondere die Einschätzung der Rolle des Suizidwillens des Lebensmüden, im einzelnen erheblich voneinander ab.

So entschied der BGH in der vielbeachteten *Wittig*-Entscheidung[67] im Jahr 1984, daß der Wille des Lebensmüden zumindest nicht das (allein) maßgebende Kriterium sein dürfe. In der Entscheidung hatte der BGH über die Strafbarkeit eines Hausarztes hinsichtlich einer passiven Sterbehilfe zu urteilen. Der Arzt hatte bei einer nach einer Überdosis von Morphium und Schlafmitteln bewußtlos aufgefundenen 76jährigen Suizidentin aufgrund eines handschriftlichen Vermerkes keine Rettungsmaßnahmen eingeleitet, so daß diese wenige Stunden später verstarb. Entsprechend ihres handschriftlich vermerkten Wunsches und der Annahme, daß die Patientin nicht oder nur mit schweren Dauerschäden zu retten sei, hatte der Arzt weitere Rettungsmaßnahmen unterlassen, war jedoch bis zu deren Tod bei der Patientin geblieben. Der BGH hielt das Verhalten des Arztes zwar grundsätzlich nach § 216 StGB für strafbar, denn die Garantenpflicht des Arztes werde nicht per se durch den Suizidwunsch der Patientin eingeschränkt.[68] Jedoch habe der Arzt in einem Konflikt zwischen dem ärztlichen Auftrag, jede Chance zur Rettung des Lebens seiner Patientin zu nutzen, und dem Gebot, das Selbstbestimmungsrecht zu achten, eine rechtlich nicht unvertretbare Gewissensentscheidung getroffen.[69] Dies lasse seine Strafbarkeit wegen § 216 StGB durch Unterlassen entfallen. Auch eine Bestrafung gemäß § 323c StGB komme nicht in Betracht. Zwar habe ein Unglücksfall im Sinne des § 323c StGB vorgelegen, jedoch fehle es in Anbetracht der fraglichen Erfolgsaussichten der Rettungsmaßnahmen an dem Merkmal der Zumutbarkeit.[70]

---

63 BGH, JR 1955, S. 104 f. (1954); BGHSt 6, 147 ff. (1954); anders noch BGHSt 2, 150 (1952).

64 Tröndle in Tröndle / Fischer, Vor § 211 Rn. 6 m. w. Nachw.

65 BGHSt 13, 162 (1959).

66 BGHSt 19, 135, 139 (1963); das OLG Düsseldorf, NJW 1983, S. 2215 (2216), stellt zur Abgrenzung sowohl auf das Kriterium des Täterwillen als auch der Tatherrschaft ab.

67 BGHSt 32, 367 (1984).

68 A.a.O., 373 f.

69 A.a.O., 377 ff.

70 A.a.O., 381; mit ähnlicher Begründung auch schon OLG Düsseldorf, NJW 1973, S. 2215 (2216).

Obwohl der Freispruch des Angeklagten Dr. Wittig ganz überwiegend Zustimmung gefunden hat, wurde die Begründung in der Literatur zum Teil heftig kritisiert und insbesondere auf die Tatsache verwiesen, daß der Sterbewunsch der Patientin entscheidendes Kriterium und nicht nur ein Abwägungsfaktor innerhalb der ärztlichen Entscheidung sein sollte.[71] Letzteres sei im Grunde nichts anderes als eine Entmündigung des Patienten, denn ein Selbstbestimmungsrecht, über das andere verfügen dürften, sei kein Selbstbestimmungsrecht mehr.[72]

Mit abweichender Begründung lehnte im Jahr 1987 das OLG München in einer vielbeachteten Entscheidung[73] die Eröffnung des Hauptverfahrens gegen den Arzt Prof. Dr. Hackethal ab, der wegen Tötung einer Patientin auf deren Verlangen angeklagt war.[74] Die terminal erkrankte Patientin E. hatte auf Anweisung des Arztes durch das Krankenhauspersonal eine tödliche Dosis Kaliumcyanid erhalten und diese dann selbst zu sich genommen, worauf sie innerhalb von 10–15 Minuten verstarb. Nach Ansicht des Gerichts kam eine Tötung in mittelbarer Täterschaft nicht in Betracht, weil die Patientin bis zum Eintritt der Bewußtlosigkeit eigenverantwortlich und auch mit Tatherrschaft gehandelt habe. Letzteres ergebe sich daraus, daß sie bis zuletzt die freie Entscheidung gehabt habe, ob sie das Gift einnehmen wolle oder nicht.[75] Auch eine Strafbarkeit wegen Unterlassens lehnte das Gericht ab, weil das Selbstbestimmungsrecht des Patienten die prinzipiell vereinbarungsabhängige Garantenschutzverantwortung des Arztes beschränke.[76] Darüber hinaus komme im Einzelfall auch ein rechtfertigender Notstand in Betracht, wenn der Wert der Erlösung den Wert der Erhaltung des qualvollen, vom Kranken selbst nicht mehr gewollten Lebens wesentlich überwiege.[77] Eine Strafbarkeit wegen § 323c StGB scheiterte nach Ansicht des Gerichts schon am Tatbestand, weil die Verhinderung des Suizids bei den gegebenen außergewöhnlichen Umständen nicht mehr als erforderliche „Hilfe" im Sinne des § 323c StGB gewertet werden könne.[78]

Trotz des gleichen Ergebnisses weichen die Begründungen der Entscheidungen erheblich voneinander ab.[79] So maß der BGH dem Willen des Suizidenten im Rahmen des § 216 StGB nur die Rolle eines Abwägungsfaktors innerhalb der ärztli-

---

71 Brändel, ZRP 1985, S. 85 (86 ff.); Opderbecke/Weißauer, MedR. 1998, S. 395 (397); zur Kritik: Schmitt, JZ 1984, S. 866 (869); ders., JZ 1985, S. 365 (367 f.); Eser, MedR 1985, S. 6 (16); Sowada, Jura 1985, S. 75 (86).

72 Bade, Der Arzt an den Grenzen von Leben und Recht, S. 153.

73 Vgl. Laufs, Arztrecht, Rn. 155; Herzberg, JZ 1988, S. 182; Kutzer, NStZ 1994, S. 110 (111).

74 OLG München, in NJW 1987, S. 2940.

75 A.a.O., 2941 f.

76 A.a.O., 2943.

77 A.a.O., 2944.

78 A.a.O., 2945.

79 Koch, Landesbericht Bundesrepublik Deutschland, in Eser/Koch, Materialien zur Sterbehilfe, S. 46 f.; Baumgarten, The Right to Die?, S. 270.

chen Ermessensentscheidung zu, während der Selbsttötungswille nach Ansicht des OLG München die Garantenpflicht des Arztes einschränkte. Eine Strafbarkeit gemäß § 323c StGB scheiterte nach Ansicht des BGH erst im Rahmen der Rechtfertigung am Merkmal der Zumutbarkeit, während das OLG München bereits das Vorliegen des Tatbestandes verneinte. In einem obiter dictum eines Urteils aus dem Jahr 1987 hat der Zweite Strafsenat des BGH jedoch ausgeführt, daß er dazu neige, einem ernsthaften, freiverantwortlich gefaßten Selbsttötungsentschluß eine stärkere Bedeutung beizumessen, als dies in der Wittig-Entscheidung geschehen sei.[80] Von einer konsistenten Lösung der Problematik ist die Rechtsprechung aber nach wie vor weit entfernt.

Auch in der Literatur konnte bisher keine einheitliche Behandlung der Problematik gefunden werden. Nach der herrschenden Meinung kann ein Dritter zumindest dann nicht wegen Nichthinderung des Suizids oder wegen des Verzichts auf Rettungsmaßnahmen haftbar gemacht werden, wenn er einen freiverantwortlichen und bis zum tödlichen Ende durchgehaltenen Suizidwillen respektiert.[81] Unumstritten ist dies jedoch nicht.[82]

Auch in den USA ist die rechtlich angemessene Behandlung der Beteiligung an der Selbsttötung höchst umstritten. Gerade in diesem Zusammenhang wird gezeigt werden, daß sich interessante rechtliche Aspekte für die deutsche Diskussion ergeben können.

IV. Die aktive Sterbehilfe

Innerhalb der Fallgruppe der aktiven Sterbehilfe wird zwischen der direkten und indirekten Sterbehilfe unterschieden.

1. Direkte Sterbehilfe

Die vorsätzliche aktive Sterbehilfe ist grundsätzlich als Tötungsdelikt strafbar, wobei das „ausdrückliche und ernsthafte Verlangen" des Getöteten gemäß § 216 StGB nicht zu einem Strafausschluß führt, sondern lediglich strafmildernde Wirkung hat. Auch bei aussichtsloser (infauster) Prognose darf Sterbehilfe nicht durch gezieltes Töten geleistet werden.[83] Dies ergibt sich de lege lata eindeutig aus dem

---

80 BGH, in NJW 1988, S. 1532.

81 Bottke, Suizid und Strafrecht, S. 239; Kühl in Lackner / Kühl, Vor § 211 Rn. 12; Wessels, BT I, § 2 V 2, Rn. 148; Eser in Schönke / Schröder, § 216 Rn. 10 f.

82 a. A. Schilling, JZ 1979, S. 159 (166 f.); für ein psychologisches Kriterium: Arzt-Weber, LH 1, Rn. 215; für eine Strafbarkeit: Kutzer, NStZ 1994, S. 110 (113 f.).

83 BGH in NJW 1991, S. 2357 (2358 f.). Weiterhin führt der BGH aus: „Sterbehilfe ist nur entsprechend dem erklärten oder mutmaßlichen Patientenwillen durch die Nichteinleitung

Gesetz.[84] Durch die Privilegierung des § 216 StGB soll der Tatsache Rechnung getragen werden, daß sich der Täter von dem suizidähnlichen Verlangen des Getöteten hat leiten lassen und dadurch sowohl das Unrecht (Rechtsgutverzicht) wie auch die Schuld (Mitleidskonflikt, Hilfsmotivation) gemindert erscheinen.[85] Die Fallgruppe steht jedoch im Mittelpunkt der deutschen Diskussion.[86]

Strafrechtsdogmatische Bedeutung hat besonders der „Scophedal-Fall" des BGH aus dem Jahr 1986 gewonnen.[87] Gegenstand der Entscheidung war die Verurteilung des Angeklagten durch das LG Waldshut-Tiengen wegen Totschlags gemäß §§ 212, 213 StGB, weil er den Todeseintritt seines Onkels durch intravenöse Gabe einer tödlichen Menge an Scophedal und Dolantin beschleunigt hatte, nachdem dieser sich durch einen freiverantwortlichen Suizidversuch bereits im Stadium der Bewußtlosigkeit befand.

Der 70jährige verwitwete Onkel des Angeklagten war chronisch erkrankt und hatte bei voller geistiger Verantwortlichkeit den Entschluß gefaßt, aus dem Leben zu scheiden. Hierzu hatte er sich zusammen mit seinem Neffen 30 Ampullen des Narkoanalgetikum Scophedal aus der Apotheke besorgt. Eine medizinisch gebotene Krankenhausbehandlung lehnte der Onkel, auch als er bettlägerig geworden war, ausdrücklich ab. Eines Tages begann er 20 Ampullen à 1 ml in eine Spritze aufzuziehen, mußte aber nach der fünften Ampulle erschöpft aufgeben. Auf die Frage „Würdest du mir helfen, die Spritze zu geben, wenn ich es nicht kann?" reagierte der Angeklagte erschrocken. Der Onkel erklärte daraufhin, er wolle den Neffen „da raushalten, wenn er es könne".[88] Der Onkel spritzte sich vom Angeklagten unbemerkt zwei Tage später 15–20 ml Scophedal und fiel in tiefen Schlaf. Der Angeklagte befürchtete, daß der Selbstmordversuch möglicherweise mißlinge und entschloß sich nach einigem Zögern, das Leben seines Onkels „mit Sicherheit zu beenden". Aus diesem Grund spritzte er ihm 0,3 ml Scophedal und 0,2 ml Dolanin in die die rechte Armvene. Das führte etwa eine Stunde später zum Tode des Onkels, der möglicherweise auch an der von ihm selbst gesetzten Spritze gestorben wäre, ohne das Eingreifen des Angeklagten aber mit Sicherheit mindestens eine Stunde länger gelebt hätte.[89]

---

oder den Abbruch lebensverlängernder Maßnahmen zulässig, um dem Sterben – gegebenenfalls unter wirksamer Schmerzmedikation – seinen natürlichen, der Würde des Menschen gemäßen Verlauf zu lassen". (A.a.O.).

84 Stürmer, Sterbehilfe, S. 10.

85 Eser in Schönke / Schröder, § 216 Rn. 1; vgl. auch Stürmer, Sterbehilfe, S. 10.

86 Für eine Straflosigkeit unter bestimmten Voraussetzungen: Hoerster ZRP 1988, S. 1 (4); ders., NJW 1986, S. 1786 ff.; Jakobs, in A. Kaufmann-Festschrift, S. 459 (470 ff.); ders., Tötung auf Verlangen, S. 25 ff.; zum Sinn des § 216 und den unterschiedlichen Begründungen für die Unterscheidung zwischen der strafbaren Tötung auf Verlangen und der straflosen Beteiligung an der Selbsttötung vgl ausführlich Schroeder, ZStW 1994, S. 564 (566 ff.).

87 BGH in NJW 1987, S. 1092 f. = NStZ 1987, S. 365 f. = JR 1988, S. 336 f. (1986).

88 A.a.O.

89 A.a.O.

Der Angeklagte war wegen Totschlags unter Anwendung des Strafrahmens des § 213 StGB zu einer Freiheitsstrafe von 3 Jahren und 6 Monaten verurteilt worden. Der BGH hob das Urteil jedoch auf, weil das LG zu Unrecht die Voraussetzungen des § 216 StGB verneint habe. Entgegen der Ansicht des LG sei die Frage des Onkels nicht nur eine mehr oder weniger unverbindliche Anfrage gewesen, sondern erfülle die Anforderungen eines ausdrücklichen und ernsthaften Tötungsverlangens im Sinne des § 216 StGB. Eine straflose Suizidbeihilfe lehnte der BGH ab, weil die Tatherrschaft nach dem Eintritt der Bewußtlosigkeit ausschließlich bei dem Angeklagten gelegen habe.

Ein Teil der Literatur war demgegenüber der Ansicht, daß eine Gesamtbetrachtung des Geschehens zu einer Unterbrechung des Zurechnungszusammenhanges und damit zum Freispruch des Angeklagten hätte führen müssen.[90] Da der Suizident aus seiner Sicht den unmittelbar lebensbeendenden Selbsttötungsakt frei- und eigenverantwortlich eingeleitet habe, sei eine strafrechtliche Verantwortlichkeit des Angeklagten ausgeschlossen.[91] Diese Ansicht ist auf heftige Kritik gestoßen[92] und mit der Wertung des § 216 StGB nur schwer vereinbar, welcher das ausdrückliche und ernsthafte Tötungsverlangen nicht als Ausschluß der Zurechnung, sondern nur als Merkmal für eine strafrechtliche Privilegierung einstuft.

Weiterhin wird vertreten, daß die Tötung auf Verlangen schon heute im Einzelfall straffrei sei und dies wird insbesondere mit einer Anwendung des § 34 StGB als Rechtfertigungsgrund begründet.[93] Dieser Ansatz führt jedoch dazu, daß das Rechtsgut Leben in den Kreis der abwägbaren Interessen aufgenommen und trotz des hohen Ranges als nachrangig betrachtet werden müßte.[94] Nach überwiegender Ansicht fehlt es aber zumindest am „wesentlichen Überwiegen" des geschützten Interesses.[95] In Einzelfällen kann deshalb nur ein Absehen von Strafe in Anlehnung an § 60 StGB oder eine Strafaussetzung zur Bewährung (§§ 56 ff. StGB) erwogen werden.[96]

Hinsichtlich der aktiven direkten Sterbehilfe läßt sich damit die Tendenz feststellen, als ungerecht empfundene Ergebnisse durch besondere juristische Konstruktionen zu vermeiden. Auch in den USA sind solche Begründungsversuche zu erkennen und werden später aufzuzeigen sein.

---

90 Roxin, NStZ 1987, S. 345 (346 ff.); Hohmann / König, NStZ 1989, S. 304, 305 ff.

91 A.a.O.

92 Herzberg, NStZ 1989, S. 559 ff.

93 Herzberg, NJW 1986, S. 1635 (1644); Merkel, ZStW 107 (1995), S. 545 (572); für einen Rechtfertigungsgrund aus Gewohnheitsrecht: Wimmer, FamRZ 1975, S. 438 (439); vgl. Stürmer, Sterbehilfe, S. 11.

94 Pelzl, KJ 1994, S. 179 (189).

95 Vgl. Kühl in Lackner / Kühl, Vor § 211 Rn. 7; Stürmer, Sterbehilfe, S. 11.

96 Kaufmann, MedR 1983, S. 121 (122); Otto, Gutachten, S. 61; vgl. Stürmer, Sterbehilfe, S. 11.

2. Indirekte Sterbehilfe

Von der gezielten aktiven Lebensverkürzung ist eine solche zu unterscheiden, in der die vorzeitige Herbeiführung des Todes nur eine unbeabsichtigte, aber angesichts des ärztlichen Fachwissens vom Vorsatz umfaßte Nebenfolge einer schmerzlindernden Therapie ist, wie in den Fällen der Gabe von Medikamenten mit Doppelwirkung durch einen Arzt.

Der BGH sprach sich im Jahr 1997 ausdrücklich für die Straflosigkeit der indirekten Sterbehilfe aus.[97] Nach Ansicht des 3. Strafsenats wird eine ärztlich gebotene schmerzlindernde Medikation bei einem sterbenden Patienten nicht dadurch unzulässig, „daß sie als unbeabsichtigte, aber in Kauf genommene unvermeidbare Nebenfolge den Todeseintritt beschleunigen kann".[98] Allerdings ließ das Gericht die genaue rechtsdogmatische Begründung offen, da „das zu einer Lebensverkürzung führende, den Tatbestand des § 212 oder des § 216 StGB erfüllende Handeln des Arztes jedenfalls nach der Notstandsregelung des § 34 StGB gerechtfertigt sein" könne.[99] Entsprechendes gelte auch für die Strafbarkeit des versuchten Totschlages. Denn „die Ermöglichung eines Todes in Würde und Schmerzfreiheit gemäß dem erklärten oder mutmaßlichen Patientenwillen ist ein höherwertiges Rechtsgut als die Aussicht, unter schwersten, insbesondere sog. Vernichtungsschmerzen noch kurze Zeit länger leben zu müssen".[100]

Die Straflosigkeit des Arztes wird auch in der Literatur ganz überwiegend gefordert, obgleich die Begründung dieses Ergebnisses höchst umstritten ist.[101] So lehnt ein Teil der Lehre bereits die Tötungsrelevanz des auf Schmerzlinderung gerichteten Handelns des Arztes ab[102] bzw. stellt die Vorsätzlichkeit in Frage,[103] andere nehmen das Eingreifen eines rechtfertigenden Notstands,[104] erlaubten Risikos,[105] der rechtfertigenden[106] oder entschuldigenden Pflichtenkollision[107] an.[108] Allen

---

97 BGHSt 42, 301 = NJW 1997, S. 807; siehe hierzu auch Seitz, NJW 1998, S. 417 (418 ff.).

98 BGH in NJW 1997, S. 807 (810).

99 A.a.O.

100 A.a.O.

101 Vgl. hierzu Schreiber, NStZ 1986, S. 337 (340 f.); Laufs, NJW 1997, S. 1609 (1616); Laufs, ArztR, Rn. 302; BGH in NJW 1997, S. 807 (810); Beckert, Strafrechtliche Probleme um Suizidbeteiligung und Sterbehilfe, S. 314 ff.; Labor, Der Schutz des Lebens, S. 199 ff.

102 Jaehnke in LK, Vor § 211 Rn. 15, 17.

103 Schmitt, JZ 1979, S. 462, 465; Bockelmann, Strafrecht des Arztes, S. 25.

104 Kutzer, NStZ 1994, S. 110 (115); Schreiber, NStZ 1986, S. 337 (340 f.); Herzberg, NJW 1996, S. 3043; Möllering, Schutz des Lebens, S. 15 ff.; Merkel in Hegselmann-Merkel, Zur Debatte über Euthanasie, S. 93 – 97.

105 Eser in Schönke / Schröder, Vor §§ 211 ff. Rn. 26; Krey, BT I, § 1 I 2.

106 Leonardy, DRiZ 1986, S. 281 (286 f.); Pelzl, KJ 1994, S. 179 (190).

107 Schwalm, BayÄBl.1978, S. 566; vgl. auch Muschke, Gesetzliche Regelung der Sterbehilfe?, S. 133.

108 Eser in Schönke / Schröder, Vor §§ 211 ff. Rn. 26.

Ansätzen liegt der Versuch zugrunde, den Widerspruch aufzulösen zwischen einem dem Wortlaut des Gesetzes nach verbotenen Verhalten und der allgemeinen Ansicht, daß dieses Verhalten im Interesse des Patienten straflos bleiben muß.[109] Die bestehenden dogmatischen Unklarheiten scheinen auch Ursache dafür zu sein, daß viele Ärzte aus Rechtsunsicherheit große Zurückhaltung bei dem Einsatz von Opiaten üben.[110]

In den USA hat sich die Judikative der Problematik, soweit ersichtlich, noch nicht explizit angenommen. Wahrscheinlich aus diesem Grund erlangte die aktive indirekte Sterbehilfe in den USA trotz ihrer großen praktischen Bedeutung in der rechtlichen Diskussion nur wenig Beachtung und ist argumentativ wenig ausdifferenziert. Damit ist sie für eine Erörterung der deutschen Diskussion wenig ergiebig und wird später nur kurz behandelt werden.

V. Die Grundsätze der Bundesärztekammer

Durch das bereits dargelegte Kemptener Urteil[111] sah sich die Bundesärztekammer veranlaßt, die Diskussion über die ärztliche Sterbebegleitung erneut aufzunehmen.[112] Nach ausführlicher Debatte veröffentlichte die Bundesärztekammer am 11. September 1998 neue Grundsätze zur ärztlichen Sterbebegleitung.[113]

Hierin wird die Aufgabe des Arztes betont, „unter Beachtung des Selbstbestimmungsrechtes des Patienten Leben zu erhalten, Gesundheit zu schützen und wiederherzustellen sowie Leiden zu lindern und Sterbenden bis zum Tod beizustehen".[114] „Unabhängig von dem Ziel der medizinischen Behandlung hat der Arzt in jedem Fall für eine Basisbetreuung zu sorgen."[115]

Nach Ansicht der Bundesärztekammer stehen die aktive direkte Sterbehilfe sowie die Mitwirkung des Arztes an einer Selbsttötung im Widerspruch zum ärztlichen Ethos und sind daher grundsätzlich abzulehnen. Bei Sterbenden kann es jedoch geboten sein, Medikamente mit Doppelwirkungen zu verabreichen.

Die ärztliche Verpflichtung zur Lebenserhaltung besteht nach Ansicht der Bundesärztekammer nicht unter allen Umständen. So dürfen Maßnahmen zur Verlängerung des Lebens „in Übereinstimmung mit dem Willen des Patienten unterlassen oder nicht weitergeführt werden, wenn diese nur den Todeseintritt verzögern und

109 So auch Stürmer, Sterbehilfe, S. 9.

110 A.a.O., 8 unter Hinweis auf AE-Sterbehilfe, 1986, S. 22.

111 BGHSt 40, 257 ff. (1995), vgl. hierzu Teil 2 (A I 2).

112 Beleitis, Die Grundsätze der Bundesärztekammer, http://www.bundesaerztekammer.de.

113 Bundesärztekammer, NJW 1998, S. 3407 ff.

114 A.a.O., Präambel.

115 A.a.O.

die Krankheit in ihrem Verlauf nicht mehr aufgehalten werden kann".[116] Auch bei nicht-terminal erkrankten Patienten mit infauster Prognose oder lebensbedrohender Krankheit kann im Einzelfall ein Abbruch einer lebensrettenden Maßnahme bei einem entsprechend erklärten oder mutmaßlichen Willen des Patienten erlaubt sein.[117] Dies gilt auch für Neugeborene und Wachkomapatienten.

Die Bundesärztekammer mißt dem Willen des Patienten ein starkes Gewicht zu. Bei entscheidungsfähigen Patienten hat der Arzt den aktuell geäußerten Willen des angemessen aufgeklärten Patienten selbst dann zu beachten, „wenn sich dieser Wille nicht mit den aus ärztlicher Sicht gebotenen Diagnose- und Therapiemaßnahmen deckt".[118] Bei entscheidungsunfähigen Patienten ist der Wille des gesetzlichen Vertreters maßgebend, sofern er nicht auf Mißbrauch oder offensichtlicher Fehlentscheidung beruht. Wichtige Anhaltspunkte bei der Bestimmung des mutmaßlichen Willens sind u. a. die Lebenseinstellung des Patienten, seine religiöse Überzeugung, seine Haltung zu Schmerzen und zu schweren Schäden in der ihm verbleibenden Lebenszeit sowie die Ansichten von Angehörigen oder nahestehenden Personen.[119] Ein besonderes Gewicht hat nach Ansicht der Bundesärztekammer das Patiententestament, welches für den Arzt verbindlich ist, sofern es sich auf „die konkrete Behandlungssituation bezieht und keine Umstände erkennbar sind, daß der Patient es nicht mehr gelten lassen würde".[120]

Die Grundsätze stießen zum Teil auf harte Kritik. So hatten Politiker von SPD, CDU und Bündnis 90 / Die Grünen die Bundesärztekammer noch kurz vor Verabschiedung der Grundsätze aufgefordert, diese nicht in Kraft zu setzen.[121] Die deutsche Hospizstiftung hatte vor allem kritisiert, daß durch die Aufnahme hilfloser Neugeborener und Wachkomapatienten Nichtsterbende zu Sterbenden gemacht würden.[122] Die Kritik richtete sich letztendlich aber gegen die gesetzlichen Regelungen, weil sich die Grundsätze der Bundesärztekammer innerhalb des geltenden deutschen Rechtes bewegen. Keineswegs nehmen sie dem Arzt die Verantwortung ab, der nach wie vor Art und Ausmaß der Behandlung verantworten muß.[123] Vielmehr wurden die Rolle und das Selbstbestimmungsrecht des Patienten gestärkt.

In den USA hat die *American Medical Association* bereits 1973 erstmals Richtlinien zu Fragen der Sterbehilfe erlassen, die später mehrmals überarbeitet wurden.[124] Auch bei diesen Überarbeitungen wurden der Wille und die Rechte des Patienten immer stärker betont.

---

116 A.a.O., Teil I (Ärztliche Pflichten bei Sterbenden).

117 A.a.O., Teil II (Verhalten bei Patienten mit infauster Prognose).

118 A.a.O., Teil IV (Ermittlung des Patientenwillens).

119 A.a.O.

120 A.a.O., Teil V (Patientenverfügungen, Vorsorgevollmachten und Betreuungsverfügungen).

121 Frankfurter Allgemeine Zeitung, 18. 9. 1998, A1.

122 A.a.O.

123 A.a.O.

VI. Ergebnis

Die gegenwärtige deutsche Rechtslage weist bezüglich sämtlicher Probleme der Sterbehilfe eine außerordentliche und verwirrende Meinungsvielfalt auf. Die deutsche Rechtsprechung ist in vielen Problemen der Sterbehilfe nicht einheitlich und konsistent. Dies wird seitens des BGH selbst eingeräumt. So führte das Gericht aus, daß bisher noch kein rechtlich in sich geschlossenes System entwickelt worden sei, „nach dem sich die strafrechtliche Beurteilung der Fallgruppen, die sich bei aktiver und passiver Beteiligung Dritter an den verschiedenen Stadien eines freiverantwortlich ins Werk gesetzten Selbstmordes ergeben, stets sachgerecht und in sich widerspruchsfrei behandelt werden können".[125] Bei der gegenwärtigen Gesetzeslage ließen sich in Grenzfällen gewisse Wertungswidersprüche nicht vermeiden.[126]

Ein solches Ergebnis kann jedoch nicht zufriedenstellen und führte in der Literatur zu zahlreichen Vorschlägen, wie die sich aus der gegenwärtigen Rechtslage ergebende Rechtsunsicherheit für Patienten, Ärzte und Angehörige zumindest vermindert werden kann.[127] Diskutiert wird zum einen eine Änderung oder Ergänzung der gesetzlichen Regelung des § 216 StGB durch die Legislative und zum anderen eine Klärung durch die Judikative, insbesondere eine richterliche Anerkennung eines Rechtes auf Selbsttötung und von Fallgruppen der Sterbehilfe aus dem deutschen Grundgesetz.

Diejenigen Stimmen in der Literatur, welche die seit 1871 bestehende Norm des § 216 StGB für unzureichend halten und deshalb eine gesetzliche Neuregelung der verschiedenen Fallgruppen der Sterbehilfe fordern,[128] sind der Ansicht, daß die bestehenden Unklarheiten zu gewichtig seien, als daß sie lediglich der Rechtsprechung überlassen bleiben dürften.[129] Tatsächlich finden sich bereits seit Beginn dieses Jahrhunderts zahlreiche Reformvorschläge zu § 216 StGB.[130] Auch in der neueren Literatur werden oftmals Gesetzesentwürfe bezüglich der Neuregelung der einvernehmlichen aktiven Sterbehilfe unterbreitet.[131] Die Notwendigkeit legis-

---

124 American Medical Association, zit. nach Rachels, Active and Passive Euthanasia, Steinbock / Norcross, Killing and Letting Die, 112 (1994).

125 BGHSt 32, 367, 371 (1984).

126 A.a.O.

127 Vorschläge u. a.: Eser, JZ 1986, S. 786 (794 f.); Muschke, Gesetzliche Regelungen der Sterbehilfe?, S. 137; Schreiber, NStZ 1986, S. 337 (344 f.); Stürmer, Sterbehilfe, S. 99; Hoerster, Sterbehilfe im säkularen Staat, S. 167 ff.; zum Streitstand insgesamt: Eser in Schönke / Schröder, Vor §§ 211 ff. Rn. 32 b.

128 Muschke, Gesetzliche Regelung der Sterbehilfe?, S. 137; Schreiber, NStZ 1986, S. 337 (344 f.); Schöch, ZRP 1986, S. 236 (236 f.); hiergegen: Dölling, MedR 1987, S. 6 (11).

129 Schreiber, NStZ 1986, S. 337 (343).

130 Vgl. im einzelnen Koch, Landesbericht Bundesrepublik Deutschland, in Eser / Koch, Materialien zur Sterbehilfe, S. 58.

131 Hoerster, ZRP 1988, S. 1 (4); Brändel, ZRP 1985, S. 85 (92); Kaufmann, MedR 1983, S. 121 (124).

lativen Eingreifens ist jedoch keineswegs unumstritten.[132] So lehnte der Rechtsausschuß des Deutschen Bundestages nach einer Anhörung im Jahr 1985 mangels Dringlichkeit die gesetzliche Neuregelung der Sterbehilfe ab.[133] Auch der Alternativentwurf eines Gesetzes über Sterbehilfe,[134] welcher im Jahr 1986 von einem Arbeitskreis aus Strafrechts- und Medizinprofessoren erarbeitet worden war, wurde von der strafrechtlichen Abteilung des Deutschen Juristentages mehrheitlich abgelehnt.[135] Statt dessen wurde die Empfehlung ausgesprochen, das geltende Recht nicht zu ändern, sondern eine weitere Klärung durch Auslegung der bestehenden Gesetzeslage vorzunehmen.[136]

Die entscheidende Frage in diesem Zusammenhang ist aber, ob einem Patienten ein Recht auf Suizid und darüber hinaus sogar das Recht auf Hilfe zum Sterben aus dem deutschen Grundgesetz zusteht, und ob damit viele Probleme der Sterbehilfe einer eindeutigen rechtlichen Lösung zugeführt werden können.

B. Die verfassungsrechtliche Problematik

Die deutsche Rechtsprechung – auch das Bundesverfassungsgericht – hat bisher zu der Frage eines in der Verfassung verankerten Rechtes auf Suizid und auf Sterbehilfe inhaltlich keine Stellung genommen.

So scheiterte die bisher einzige Verfassungsbeschwerde zu dieser Thematik bereits an der Zulässigkeit. Im Fall hatte sich der Mediziner Prof. Dr. Hackethal und seine querschnittsgelähmte suizidwillige Patientin „Daniela“ gegen eine polizeiliche Untersagungsverfügung gewandt, welche dem Arzt die Hilfe zum Sterben seiner nahezu bewegungsunfähigen Patientin untersagte.[137] Die Beschwerdeführer hatten die Verfassungsbeschwerde jedoch schon vor Erlaß des verwaltungsrechtlichen Widerspruchbescheides eingelegt. In diesem Stadium hielt das BVerfG die Verfassungsbeschwerde für unzulässig, weil es nach Ansicht des Gerichts keinen schweren und unabwendbaren Nachteil für den Beschwerdeführer bedeute, zunächst den Rechtsweg zu beschreiten.[138] Zudem sei es das Anliegen des Beschwer-

---

132 Hiergegen u. a. Bade, Der Arzt an den Grenzen von Leben und Recht, S. 188; Schneider, Tun und Unterlassen, S. 300.

133 Vgl. Koch, Landesbericht Bundesrepublik Deutschland, in Eser / Koch, Materialien zur Sterbehilfe, S. 60.

134 AE-Sterbehilfe 1986, S. 1 – 34.

135 Beschlüsse der strafrechtlichen Abteilung des 56. Deutschen Juristentages, II 1c; 2; 3; 4, 3. Alt.; IV 2, 4. Alt.

136 A.a.O.; Muschke, Gesetzliche Regelung der Sterbehilfe?, S. 144.

137 Vgl. hierzu Koch, Landesbericht Bundesrepublik Deutschland, in Eser / Koch, Materialien zur Sterbehilfe, S. 47.

138 BVerfGE 76, 248, 251 (1987).

deführers, mit der Verfassungsbeschwerde unter Ausschaltung der Strafgerichte „freigesprochen" zu werden, bevor er überhaupt die beabsichtigte Sterbehilfe geleistet habe. Eine solche Vorabklärung sei aber nicht Aufgabe des Bundesverfassungsgerichtes.[139]

In der deutschen Lehre wird nunmehr zunehmend diskutiert, ob ein Recht auf Wahl der Umstände des eigenen Todes im deutschen Grundgesetz verankert ist.[140] Denkbar sind hier drei Positionen: Das deutsche Grundgesetz könnte zum einen dem Einzelnen ein Recht zubilligen, sich das Leben selbst oder durch einen Dritten zu nehmen; zum anderen könnte es ein solches Verhalten verbieten oder sich jeglicher Normierung diesbezüglich enthalten.[141] Als Anknüpfungspunkte der Diskussion werden in der Literatur die nachfolgend behandelten Grundrechtsartikel in Betracht gezogen.

I. Das Recht auf Leben und körperliche Unversehrtheit des Artikels 2 Abs. 2 GG

Von den Gerichten wird ein Recht des Patienten auf Abbruch von Behandlungsmaßnahmen bei einem entsprechenden Patientenwillen als Ausdruck seiner allgemeinen Entscheidungsfreiheit und des Rechtes auf körperliche Unversehrtheit grundsätzlich anerkannt.[142] So muß der Arzt das in Art. 2 Abs. 2 Satz 1 GG gewährleistete Recht auf körperliche Unversehrtheit auch gegenüber einem Patienten respektieren, der es ablehnt, einen lebensrettenden Eingriff zu dulden.[143] Schwierigkeiten treten aber dann auf, wenn es sich um einen zu rettenden Suizidenten handelt. In diesem Fall erhebt sich die Frage, ob sich aus Art. 2 Abs. 2 GG auch ein Recht auf Suizid ableiten läßt.[144] Ein Recht auf Suizid impliziert, daß das Recht auf Leben auch die Verfügungsbefugnis über das eigene Leben umfaßt.

---

139 A.a.O., 252.

140 Dafür: Bottke, Suizid und Strafrecht S. 55; ders., GA 1982, S. 346 (349 ff.); Fink, Selbstbestimmung und Selbsttötung, S. 98, 198 m. Anm. Bottke, JR 1994, S. 42; Hamann-Lenz, GG, Art. 2 Anm. 8; Möllering, Schutz des Lebens, S. 86 ff., 90; Wagner, Selbstmord und Selbstmordverhinderung, S. 84 ff., 107; Ostendorf, GA 1984, S. 308 (314); Wassermann, DRiZ 1986, S. 291 (293); Muschke, Gesetzliche Regelung der Sterbehilfe?, S. 92. Gegen ein solches Recht: v. Münch-Kunig Art. 2 Rn. 50; Dürig in Maunz / Dürig, Art. 2 II, Rn. 12; v. Mangoldt / Klein / Starck, Art. 2 Abs. 2 Rn. 129; Kühl in Lackner / Kühl, Vor § 211 Rn. 9; Wilms / Jäger, ZRP 1988, S. 41 (42); Hirsch, in Lackner Festschrift, S. 610 ff.; Roellecke, in Eser, Suizid und Euthanasie, S. 336 (341 ff.); zur Bedeutung der EMRK allerdings im österreichischen Recht vgl. Kneihs, Grundrechte und Sterbehilfe, S. 225 ff.

141 Vgl. Bottke, Suizid und Strafrecht, S. 31; vgl. zum Meinungsstreit auch Fink, Selbstbestimmung und Selbsttötung, S. 15 ff.

142 BGHSt 32, 367, 378 (1984); BGHSt 40, 257, 260 (1994); hierzu auch Füllmich, Der Tod im Krankenhaus, S. 29 (für ein entsprechendes Recht aus Art. 2 Abs. 1 und Art. 1 Abs. 1 GG).

143 BGHSt 32, 367, 378 (1984).

Hiergegen ist jedoch eingewandt worden, daß der Wortlaut des Art. 2 Abs. 2 GG von einem Recht *auf* Leben spricht und damit positiv auf den Schutz des Lebens selbst, nicht aber auf ein individuelles Grundrecht auf Verfügung über das Leben bezogen ist.[145] Auch eine Analogie zum (disponiblen) Recht auf körperliche Unversehrtheit ist unzulässig, weil diese im Gegensatz zum Leben nicht irreversibel ist oder zumindest in Geld ausgeglichen werden kann.[146] Unterstützt wird die Ablehnung eines Rechtes auf Suizid auch durch die historische und teleologische Auslegung des Art. 2 Abs. 2 GG. So wurde als Reaktion auf das Geschehen im Nationalsozialismus der Schutz des Lebens als subjektives Abwehrrecht des Einzelnen gegen den Staat konzipiert und sollte dem Schutz der individuellen menschlichen Existenz gegen staatliches Unrecht dienen.[147] Keineswegs lag es in der Absicht der Väter des Grundgesetzes, das Recht auf Leben in irgendeiner Form, weder für den Grundrechtsträger selbst noch für einen Dritten, disponibel zu machen.[148] Ein individuelles Verfügungsrecht über das eigene Leben und damit ein Recht auf Suizid ergibt sich deshalb aus Art. 2 Abs. 2 GG nicht.

Darüber hinaus wollen Stimmen in der Literatur sogar ein Verbot der individuellen Verfügung über das Leben aus Art. 2 Abs. 2 GG entnehmen, da dieser ein Recht auf Leben garantiere.[149] Gegen diese Ansicht ist jedoch zu Recht eingewandt worden, daß sie in unzulässiger Weise das individuelle Recht auf Leben in eine staatlich verordnete Pflicht zu Leben umwandle.[150] Berücksichtigt man auch hier den historischen Hintergrund und den Zweck der Verfassungsnorm, die menschliche Existenz gegen staatliches Unrecht zu schützen, wird offensichtlich, daß auch eine Aussage über ein individuelles Verfügungsverbot nicht enthalten ist, sondern eine bloße Abwehrnorm gegen staatliche Eingriffe zum Ausdruck gebracht wird.[151] Somit spricht Art. 2 Abs. 2 GG weder für noch gegen ein Verfügungsrecht über das eigene Leben.

---

144 Dafür: Hamann-Lenz, GG, Art. 2 Anm. 8; Kaufmann, MedR 1983, S. 121 (124); zum Streitstand insgesamt: Zippelius, JuS 1983, S. 659 (661).

145 v. Münch-Kunig, Art. 2 Rn. 50; Dürig in Maunz / Dürig Art 2 II, Rn. 12; v. Mangoldt / Klein / Starck, Art. 2 Abs. 2. Rn. 129; Kühl in Lackner / Kühl, Vor § 211 Rn. 9; Wilms / Jäger, ZRP 1988, S. 41 (42).

146 Vgl. Füllmich, Der Tod im Krankenhaus, S. 25.

147 Stürmer, Sterbehilfe, S. 39; Beckert, Strafrechtliche Probleme um Suizidbeteiligung und Sterbehilfe, S. 131.

148 Vgl. Füllmich, Der Tod im Krankenhaus, S. 25; Muschke, Gesetzliche Regelung der Sterbehilfe?, S. 92.

149 Niestroj, Die rechtliche Bewertung der Selbsttötung, S. 51.

150 Vgl. Bottke, Suizid und Strafrecht, S. 30.

151 Muschke, Gesetzlich Regelung der Sterbehilfe?, S. 92.

II. Das Recht auf Gewissensfreiheit des Artikel 4 Abs. 1 GG

Ein Recht auf Suizid könnte sich aus dem Recht auf Glaubens-, Gewissens-, Religions- und Bekenntnisfreiheit des Art. 4 Abs. 1 GG ergeben, wenn der Suizidentschluß insbesondere durch die Gewissensfreiheit geschützt wird. Unter Gewissensfreiheit wird allgemein jede ernste sittliche, also an den Kategorien von „Gut" und „Böse" orientierte Entscheidung verstanden, die der Einzelne als für sich bindend und unbedingt verpflichtend erfährt, so daß er ohne ernste Gewissensnot gegen sie zu handeln nicht fähig wäre.[152]

Für die Anerkennung eines solchen Rechts spricht zunächst, daß das BVerfG auf die Bedeutung des Art. 4 Abs. 1 GG zumindest im Sachverhalt einer passiven Sterbehilfe hingewiesen hat.[153] Die Entscheidung betraf den Fall eines Ehemanns, welcher sich geweigert hatte, seine entscheidungsfähige Ehefrau zu einer lebensrettenden Bluttransfusion zu überreden, weil eine solche gegen die Grundsätze ihres gemeinsamen Glaubens verstieß. Die Ehefrau verstarb, und der Ehemann wurde wegen Unterlassener Hilfeleistung gemäß § 323c StGB zu einer Freiheitsstrafe von acht Monaten verurteilt. Das BVerfG hob diese Entscheidung jedoch auf, weil die Untergerichte die Bedeutung des Art. 4 Abs. 1 GG nicht richtig gewürdigt hätten.[154] So könne Art. 4 Abs. 1 GG unter bestimmten Umständen im Rahmen der Unterlassenen Hilfeleistung des § 330c StGB (heute: § 323c StGB) anzuwenden und gegenüber der Lebenserhaltungspflicht abzuwägen sein, wobei im Einzelfall die Glaubensfreiheit den Vorrang haben könne. Damit hatte sich das BVerfG für die Anwendung des Art. 4 Abs. 1 GG zumindest in Einzelfällen ausgesprochen, wenngleich es aus dem Grundrechtsartikel nicht ein generelles Recht auf passive Sterbehilfe abgeleitet hat.

In der deutschen Diskussion wird der Etablierung eines Rechtes auf Suizid aus dem Schutz der Glaubens-, Gewissens-, Religions- und Bekenntnisfreiheit des Art. 4 Abs. 1 GG jedoch eine eher untergeordnete Rolle zugewiesen. Dies wird damit begründet, daß in den meisten Fällen der Freitod nicht als Ausfluß einer an den Kategorien „Gut" und „Böse" orientierten Entscheidung und somit als Gewissensentscheidung anzusehen sei, sondern als Abschluß einer suizidalen Entwicklung, die von affektiver Einengung, Wertverlust und Autoaggression gekennzeichnet sei.[155] Der Selbstmordentschluß werde in aller Regel in einer psychologischen Krisensituation gefaßt, während der der Suizident Recht und Kategorien von Unrecht, Sittlichem und Unsittlichem nicht anwendete.[156] Zwingend ist diese Argumentation aber nicht: Zwar ist das Vorliegen einer Krisensituation durchaus charakteri-

---

152 BVerfGE 12, 45, 55 (1960); BVerfGE 48, 127, 173 (1978); siehe auch Beckert, Strafrechtliche Probleme um Suizidbeteiligung und Sterbehilfe, S. 137.

153 BVerfGE 32, 98 (1971); hierzu auch Schmalz, Grundrechte, Rn. 544 (1997).

154 BVerfGE 32, 98, 106 ff. (1971).

155 Bottke, Suizid und Strafrecht, S. 29 f.

156 Wagner, Selbstmord und Selbstmordverhinderung, S. 87.

stisch für einen Suizidentschluß, jedoch ist daraus nicht abzuleiten, daß nur in extremen Ausnahmesituationen eine sittliche Entscheidung vorgelegen haben könne.[157] Vielmehr wurde bereits oben darauf hingewiesen, daß eine Suizidentscheidung nicht immer auf einem krankhaften Entschluß beruht, sondern durchaus freiverantwortlich und damit auch aufgrund einer Gewissensentscheidung getroffen werden kann. Insofern scheint die Einordnung eines Rechtes auf den selbstbestimmten Tod in Art. 4 Abs. 1 GG nicht ausgeschlossen.[158]

III. Das Recht auf freie Entfaltung der Persönlichkeit des Artikel 2 Abs. 1 GG

Immer häufiger wird nunmehr in der Lehre vertreten, daß sich aus dem Recht auf freie Entfaltung der Persönlichkeit des Art. 2 Abs. 1 GG ein Recht des Einzelnen auf Suizid ergebe, denn keine Entscheidung sei persönlicher und intimer als die Entscheidung, die Umstände des eigenen Todes zu bestimmen.[159] Das Grundgesetz habe die Entscheidung über den eigenen Tod verrechtlicht, indem es zumindest alle menschlichen Verhaltensweisen von einiger Relevanz durch die „allgemeine Handlungsfreiheit" im Sinne des Art. 2 Abs. 1 GG sichere.[160] Damit könne die Selbstbestimmung über Leben und Tod als Teil des Selbstbestimmungsrechts einer Person und als Ausfluß ihrer Autonomie betrachtet werden. Die Ausübung dieser Rechtsgarantie stehe dem Einzelnen im Rahmen der verfassungsrechtlichen Schranken des Art. 2 Abs. 1 GG zu.[161]

---

157 Beckert, Strafrechtliche Probleme um Suizidbeteiligung und Sterbehilfe, S. 138, wenngleich die Verfasserin ein Recht aus Art. 4 Abs. 1 GG wegen des irreversiblen Charakters des Suizids ablehnt.

158 Noch weiter Luhmann, der die Selbsttötung notwendigerweise mit der Gewissensfreiheit verknüpft (Luhmann, AöR, 90 (1965), S. 257 ff.).

159 Bottke, Suizid und Strafrecht, S. 55; ders., GA 1982, S. 346 (349 ff.); ders., Strafrechtliche Probleme, in Lebensverlängerung aus medizinischer, ethischer und rechtlicher Sicht, S. 35 (47, 105 ff.); Fink, Selbstbestimmung und Selbsttötung, S. 98 m. Anm. Bottke, JR 1994, S. 42; Hamann-Lenz, GG, Art. 2 Anm. 8; Möllering, Schutz des Lebens, S. 86 ff., 90; Wagner, Selbstmord und Selbstmordverhinderung, S. 84 ff., 107; Ostendorf, GA 1984, S. 308 (314); Wassermann DRiZ 1986, S. 291 (293); Muschke, Gesetzliche Regelung der Sterbehilfe?, S. 92; gegen ein solches Recht: Roellecke in Eser, Suizid und Euthanasie, S. 336 (341 ff.).

160 Bottke, GA 1982, S. 346, (350); ders., Suizid und Strafrecht, S. 44.

161 A.a.O. Zugleich findet sich hier auch eine detaillierte Analyse der Problematik, ob im Fall einer grundsätzlichen Anerkennung eines Rechtes auf den eigenen Tod Privatpersonen, dem Staat und seinen Organen ein Recht verbleibt, Selbsttötungen durch einen Eingriff zu verhindern (A.a.O., 81–234). Hierbei wird von einem Teil der Lehre durch die Bestimmung der Grundrechtsschranken Ergebnisse erzielt, nach denen Dritte aufgrund einer sittlichen Pflicht einen Suizid verhindern müssen (Möllering, Schutz des Lebens, S. 89).

Ein Teil der Lehre stützt ein Verfügungsrecht über das eigene Leben auch auf Art. 1 Abs. 1 GG.[162] Versteht man Art. 1 Abs. 1 GG als Grundrecht,[163] so schütze dieser die Würde des Menschen und damit den inneren und sozialen Wert- und Achtungsanspruch, der dem Menschen um seinetwillen zukomme.[164] Dieser Achtungsanspruch verlange, daß der Mensch nicht zum Objekt staatlicher Handlungsgewalt gemacht werden dürfe.[165] Hieraus folge, daß der Mensch nicht gegen seinen Willen und damit fremdbestimmt weiterbehandelt werden dürfe.[166] Ein Teil der Literatur will darüber hinaus auch ein generelles Verfügungsrecht über das eigene Leben aus Art. 1 Abs. 1 GG ableiten.[167] Diese Ansicht stützt sich aber auch auf Art. 2 Abs. 1 GG und kann daher im Lichte des letztgenannten Grundrechtes betrachtet werden.[168]

Gegen ein Recht auf Suizid aus Art. 2 Abs. 1 GG wird vorgebracht, daß ein Suizident seine Persönlichkeit gerade nicht entfalte, sondern sich durch die Selbsttötung in irreversibler Weise zerstöre und sich damit den Genuß seines Grundrechtes gerade verwehre.[169] Es trifft zwar zu, daß eine Grundrechtsausübung dann erheblich größeren Einschränkungen unterliegen kann, wenn sie den zukünftigen Genuß eines Grundrechtes endgültig verwehrt, als wenn sie dem Grundrechtsträger diese Möglichkeit beläßt.[170] Das Grundgesetz schützt neben der positiven Freiheitsausübung aber auch die negative, denn anderenfalls wäre jedes Grundrecht auch eine Grundpflicht.[171] Damit obliegt es der Entscheidung des Einzelnen, ob und inwieweit er von seinen eingeräumten Rechten Gebrauch machen will.[172] Art. 2 Abs. 1 GG muß daher als Ausdruck einer Handlungs- und Verhaltensfreiheit verstanden werden.[173] Damit ist der dargelegte Einwand, auch wegen Art. 19 Abs. 2 GG, erst bei der Bestimmung der Schranken des Grundrechtes zu berücksichtigen.[174]

---

162 Stürmer, Sterbehilfe, S. 66; Muschke, Gesetzliche Regelung der Sterbehilfe?, S. 55 f. m. w. Nachw.

163 a.A. Dürig in Maunz / Dürig, Art. 1 Rn. 4, vgl. Fink, Selbstbestimmung und Selbsttötung, S. 66 ff.; Beckert, Strafrechtliche Probleme um Suizidbeteiligung und Sterbehilfe, S. 139 m. w. Nachw.

164 BVerfGE 30, 1, 39 f. (1970), vgl. auch Beckert, Strafrechtliche Probleme um Suizidbeteiligung und Sterbehilfe, S. 140 m.w.Nachw.

165 BVerfGE 27, 344, 351 (1969).

166 Vgl. Beckert Strafrechtliche Probleme um Suizidbeteiligung und Sterbehilfe, S. 139 m. w. Nachw.; Füllmich, Der Tod im Krankenhaus, S. 26 f.

167 Stürmer, Sterbehilfe, S. 66.

168 Zum Verhältnis beider Grundrechtsartikel im Rahmen der Sterbehilfe vgl. Stürmer, Sterbehilfe, S. 62 ff.; auch Fink, Selbstbestimmung und Selbsttötung, S. 69 ff.

169 Jähnke in LK, Vor § 211 Rn. 22; Götz, PolR, Rdn. 100; Beckert, Strafrechtliche Probleme um Suizidbeteiligung und Sterbehilfe, S. 136 m. w. Nachw.

170 Bottke, Suizid und Strafrecht, S. 44; ders., GA 1982, 346, 350; Muschke, Gesetzliche Regelung der Sterbehilfe?, S. 92.

171 Vgl. Stürmer, Sterbehilfe, S. 41.

172 A.a.O.

173 Möllering, Schutz des Lebens, S. 88 unter Hinweis auf die Entstehungsgeschichte des Art. 2 Abs. 1 GG.

Weiterhin wird eingewandt, daß die Anerkennung eines Rechtes auf Suizid und Sterbehilfe dazu führen müsse, Institutionen zur Realisierung dieses Rechtes zu schaffen, was mit der Würde des Menschen nicht vereinbar sei.[175] Zunächst erscheint der Gedanke nicht fernliegend, denn die subjektive Ausgestaltung des Rechtes auf passive Sterbehilfe führte in den USA zwar nicht zur Einrichtung von speziellen Sterbekliniken, aber doch dazu, daß Krankenhausleitungen in Einzelfällen gerichtlich zu einem Abbruch lebensnotwendiger Behandlungsmaßnahmen auf Wunsch des Patienten verpflichtet wurden.[176] Gegen eine Pflicht des Staates, für die Gewährleistung der Sterbehilfe zu sorgen, spricht, daß eine solche den verfassungsrechtlichen Auftrag zum Schutz des menschlichen Lebens geradezu pervertierte und die Sterbehilfe dem persönlichen Verhältnis zwischen Arzt und Patient entrissen würde.[177] So läßt sich argumentieren, daß Art. 2 Abs. 1 GG ein bloßes Abwehrrecht ist, welches dem Einzelnen lediglich einen „status negativus" garantiert, aufgrund dessen er seine Entscheidung nach seinem Gewissen und frei von staatlichen Eingriffen fällen und durchführen kann. Ein positives Recht auf „Leistungen" beinhaltet Art. 2 Abs. 1 GG dann prinzipiell nicht.[178]

Aufgrund des weiten Wortlautes des Art. 2 Abs. 1 GG und dessen Zielsetzung erscheint eine richterliche Anerkennung eines Rechtes auf den selbstbestimmten Tod zunächst nicht ausgeschlossen. Zu bedenken sind jedoch die weitreichenden Konsequenzen einer verfassungsrechtlichen Anerkennung eines Rechtes auf Suizid und Sterbehilfe. Mit der prinzipiellen Anerkennung eines solchen Grundrechtes wäre nicht nur der Gesetzgeber an diese Rechtsgarantie gebunden, sondern die Gerichte hätten auch das Recht und die Pflicht, das Grundrecht gegen unberechtigte staatliche Eingriffe zu schützen. Unbestritten handelt es sich bei der Selbsttötung und der Sterbehilfe um eine Problematik mit hohem moralischen und politischen Bezug. Damit stellt sich aber die Frage, ob es überhaupt Aufgabe der Gerichte, insbesondere des Bundesverfassungsgerichtes, sein soll, diese Fragestellung zu lösen, oder ob die Gerichte hier richterliche Zurückhaltung üben und die Klärung dem politischen Prozeß überlassen sollen. Diese Frage stellt genau den Kernpunkt der verfassungsrechtlichen Diskussion um ein *right to die* in den USA dar; deshalb soll dieser Frage als Anregung für die deutsche Diskussion später durch einen Vergleich mit den USA nachgegangen werden.

---

174 Bottke, GA 1982, S. 346, 350; ders., Suizid und Strafrecht, S. 44; Bade, Der Arzt an den Grenzen von Leben und Recht, S. 120; Otto, Gutachten, D. 13.

175 Bade, Der Arzt an den Grenzen von Leben und Recht, S. 122.

176 Vgl. z. B. den Fall *State v. McAfee*, 385 S.E.2d 651 (Ga 1989). Zum Fall: Teil 3 (B II 4 c).

177 Möllering, Schutz des Lebens, S. 92.

178 So Bottke, Suizid und Strafrecht, S. 49.

IV. Ergebnis

Hinsichtlich der Frage eines im deutschen Grundgesetz verbrieften Rechtes auf Suizid und auf Sterbehilfe weist die deutsche Diskussion ein breites und uneinheitliches Meinungsspektrum auf. Während sich aus Art. 2 Abs. 2 GG weder eine eindeutige Begründung für oder gegen das Recht auf den selbstbestimmten Tod ableiten läßt, erscheint eine Etablierung in dem Recht auf Religionsfreiheit des Art. 4 Abs. 1 GG und dem Recht auf freie Entfaltung der Persönlichkeit des Art. 2 Abs. 1 GG zumindest nicht ausgeschlossen. Verknüpft ist diese Frage mit der Problematik, ob es Aufgabe der Judikative sein soll, diese Frage durch Etablierung eines verfassungsrechtlichen Rechtes grundsätzlich zu beantworten, oder ob im Fall der Sterbehilfe richterliche Zurückhaltung zu üben und dem Gesetzgeber eine weitgehende Prärogative bei der rechtlichen Ausgestaltung der Problematik einzuräumen sei.

3. Teil

Die Rechtslage in den USA

A. Historischer Rückblick auf die Auseinandersetzung um Selbsttötung und Sterbehilfe im anglo-amerikanischen Recht

Die historischen Wurzeln der rechtlichen Behandlung der Selbsttötung und der Sterbehilfe im amerikanischen Recht finden sich im englischen *Common Law.*[1] Die historische Beurteilung der Selbsttötung in England wird deshalb den Grundsätzen des *Common Law* gemäß auch in neueren amerikanischen Gerichtsentscheidungen[2] immer wieder zitiert.[3]

I. Das *Common Law* in England

Über die rechtliche Behandlung der Selbsttötung und der Sterbehilfe in England ist vor der Entwicklung des *Common Law* im 12. Jahrhundert nur wenig bekannt, da das traditionelle englische Recht primär darauf gerichtet war, Konflikte zwischen Personen und Familien zu schlichten und deshalb der Selbsttötung wenig Bedeutung zumaß.[4] Vor dieser Zeit ist vor allem das kanonische Recht bekannt.

Obwohl weder das Alte noch das Neue Testament ein ausdrückliches Verbot der Selbsttötung enthalten, wird diese im kanonischen Recht seit dem Konzil von Orleans im Jahr 533 scharf verurteilt.[5] Das Konzil von Braga im Jahr 563 legte dar-

---

1 Hinsichtlich der philosophischen Behandlung der Selbsttötung und der Sterbehilfe wird verwiesen auf die ausführliche Darstellung in Bade, Der Arzt an den Grenzen von Leben und Recht, S. 37–46; Beckert, Strafrechtliche Probleme um Suizidbeteiligung und Sterbehilfe, S. 28–127.

2 Vgl. U.S. Supreme Court, *Washington et al. v. Glucksberg et al.*, U.S., No. 96–110, WL 348094 Absatz 4 (1997); U.S. Supreme Court, *Cruzan v. Director, Missouri Department of Health,* 497 U.S. 261, 294 f. (1990) (zustimmende Ansicht von Richter Scalia).

3 Vgl. zur Rolle des *Common Law:* Fraenkel, Das amerikanische Regierungssystem, S. 19 ff.

4 Marzen et al., 24 Duq. L. Rev. 1, 56 (1985); Neeley, The Constitutional Right to Suicide, S. 45.

5 Williams, The Sanctity of Life and the Criminal Law, S. 257.

über hinaus fest, daß der Selbstmörder keine christliche Beerdigung erhalten solle.[6] Diese Position des kanonischen Rechtes wurde im Jahr 673 durch das Konzil von Hereford in das englische Recht adaptiert[7] und schließlich im Jahr 967 unter König Edgar schriftlich fixiert.[8] Die Synode von Nîmes im Jahr 1284 verbot schließlich die Beerdigung eines Selbstmörders auf einem kirchlichen Friedhof.[9]

In der ersten englischen *Treatise of Consequences* aus dem Jahr 1187, bekannt als *Glanvill,*[10] wird die Selbsttötung nicht erwähnt. Die *Treatise of Henry de Bracton* aus den Jahren 1220 bis 1260 stellt jedoch fest, daß „jedermann ein Verbrechen dadurch begehen kann, daß er einen anderen oder aber auch sich selbst erschlägt".[11] In diese *Treatise* wurde auch der bereits zuvor entstandene Grundsatz aufgenommen, daß bei einer Selbsttötung der Nachlaß des Suizidenten an die Krone fiel.[12] Hinsichtlich des Umfangs des Verfalls spielten die Gründe für die Selbsttötung eine entscheidende Rolle.[13] So fiel der gesamte Nachlaß der Krone zu, wenn kein nachvollziehbarer Grund für die Selbsttötung bestand. Lediglich das bewegliche, nicht aber das unbewegliche Vermögen fiel an die Krone, wenn die Tat aufgrund körperlicher Schmerzen erfolgte. War das Individuum zur Zeit des Selbstmordaktes jedoch nicht (mehr) zurechnungsfähig, so trat die Bestrafung nicht ein, und kein Teil des Vermögens fiel an den König.[14]

Weitere drei *treatises* aus dem Jahr 1290 und 1292 bestätigten und wiederholten im wesentlichen die Grundsätze von *Bracton.*[15] Die Gründe einer Kriminalisierung der Selbsttötung wurden seitens der Rechtsprechung erstmals in der Entscheidung *Hales v. Petit*[16] aus dem Jahr 1561 – 1562 dargelegt. Nach Ansicht des Gerichts verstieß jede Selbsttötung erstens gegen die Natur, zweitens gegen Gott und drittens gegen den König. So verletze der Selbstmörder zum einen das natürliche Gebot der Selbsterhaltung, womit das Gericht eine Argumentation aufnahm, welche im wesentlichen der Philosophie des Thomas von Aquin entnommen worden war. Zum anderen breche er das göttliche Verbot der Tötung, ein Grund, der sich auf die Lehre des Hl. Augustinus stützte, und schließlich entziehe er dem König in unberechtigter Weise einen Untertanen.[17]

---

6 A.a.O.

7 St. John-Stevas, Life, Death and the Law, S. 233; Neeley, The Constitutional Right to Suicide, S. 45.

8 A.a.O.

9 Williams, The Sanctity of Life and the Criminal Law, S. 258.

10 Treatise on the Laws and Customs of the Realm of England Commonly Called Glanvill (1965).

11 Bracton on the Laws and Customs of England, 423 (1968).

12 Stephen, A history of the criminal law of England, S. 104 f.

13 Siehe hierzu: Marzen et al., 24 Duq. L. Rev. 1, 59 (1985).

14 Bracton on the Laws and Customs of England, 424 (1968).

15 Marzen et al., 24 Duq. L. Rev. 1, 59 (1985).

16 *Hales v. Petit,* 75 Eng. Rep. 387 (1561 – 1562).

Diese Argumentation blieb auch während des 17. und 18. Jahrhunderts in England vorherrschend.[18] Die Selbsttötung wurde als eines der schlimmsten Verbrechen gesehen, eines Verbrechens an seiner eigenen Person, und im Jahr 1644 im *Third Institute* des Sir Edward Coke sogar als Mord kategorisiert.[19] Die Sanktionierung einer Selbsttötung wurde später dahingehend abgewandelt, daß unter keinen Umständen das Land, sondern nur das bewegliche Vermögen an den König fallen konnte. Allerdings trat diese Rechtsfolge nicht für Personen ein, welche im unzurechnungsfähigen Zustand eine Selbsttötung begangen hatten.[20]

Im Jahre 1765 wurden erstmals Sir William Blackstones bedeutende *Commentaries on the Laws of England* veröffentlicht.[21] In den Kommentaren wurde das Verbot der Selbsttötung auf eine Begründung gestützt, welche im wesentlichen der Entscheidung *Hales v. Petit*[22] sehr ähnlich war.[23] So beruhe das englische Recht auf der richtigen und religiösen Ansicht, daß kein Mensch das Recht habe, Leben zu zerstören außer auf Geheiß von Gott, dem Schöpfer des Lebens. Deshalb mache sich jeder Selbstmörder eines doppelten Angriffs schuldig: einerseits eines religiösen Verbrechens, indem er durch seinen Tod in die göttliche Bestimmung eingreife und ohne göttlichen Willen seinen Tod vorzeitig herbeiführe, andererseits eines weltlichen Verbrechens gegen den König, welcher ein Interesse an der Erhaltung aller seiner Untertanen habe.[24] Die Kommentare waren auch in den neuen amerikanischen Staaten während des 18. und 19. Jahrhunderts von besonderer Bedeutung, weil sie die hauptsächliche und manchmal einzige Quelle des englischen *Common Law* für amerikanische Juristen waren.[25]

Zum Zeitpunkt der Amerikanischen Unabhängigkeitserklärung im Jahr 1776 war die Rechtslage nach dem englischen *Common Law* eindeutig.[26] Die Selbsttötung einer entscheidungsfähigen Person war ein Verbrechen, welches mit einem Verfall des beweglichen Vermögens an die Krone geahndet wurde. Zudem hatte der Selbstmörder kein Recht auf eine christliche Beerdigung, sondern wurde an einer öffentlichen Straße mit einem Stock durch seinen Körper beerdigt.[27]

---

17 *Hales v. Petit*, 75 Eng. Rep. 387, 399 f. (1561 – 1562).

18 Neeley, The Constitutional Right to Suicide, S. 47.

19 Marzen et al., 24 Duq. L. Rev. 1, 60 (1985).

20 A.a.O., 61.

21 Blackstone, Commentaries on the Law of England, S. 190, zitiert aus: Marzen et al., 24 Duq. L. Rev. 1, 62 f. (1985).

22 *Hales v. Petit*, 75 Eng. Rep. 387 (1561 – 1562).

23 Neeley, The Constitutional Right to Suicide, S. 49.

24 Blackstone, Commentaries on the Law of England, S. 190, zitiert aus: Marzen et al., 24 Duq. L. Rev. 1, 62 f. (1985).

25 Neeley, The Constitutional Right to Suicide, S. 49; Marzen et al., 24 Duq. L. Rev. 1, 62 (1985).

26 A.a.O.

27 MacBride, 68 Temple L. Rev. 755 (1995); Tsarouhas, 20 Ohio N.U. L. Rev. 793, 795 (1994).

II. Die historische Entwicklung der Rechtslage in den USA

Trotz der klaren Verurteilung der Selbsttötung unter dem englischen *Common Law* übernahmen nicht alle amerikanische Kolonien deren Kriminalisierung.[28] Über den genauen Umfang der einzelnen Änderungen und die genauen zeitlichen Datierungen besteht keine Einigkeit in der amerikanischen Literatur.[29] Allgemein anerkannt ist aber, daß die meisten amerikanischen Bundesstaaten zunächst die Bestrafung der Selbsttötung und die Rechtsfolge des Verfalls des Vermögens aus dem englischen *Common Law* übernahmen.[30] Später setzte sich die Ansicht durch, daß eine solche Bestrafung kein geeignetes Mittel sei, um Selbsttötungen zu verhindern, sondern nur die hinterbliebene Familie in ungerechter Weise bestrafe.[31] So wurde die Bestrafung der Selbsttötung durch Gesetz oder verfassungsrechtliche Artikel nach und nach aufgehoben (1776 in New Jersey, 1776 in Maryland, 1778 in North Carolina, 1783 in New Hampshire, 1792 in Delaware, 1798 in Rhode Island und 1847 in Virginia).[32] In anderen Bundesstaaten wie z. B. im Staat New York blieb der Versuch der Selbsttötung allerdings noch bis in das Jahr 1919 strafrechtlich bewehrt und wurde noch bis 1965 als schwere öffentliche Verfehlung (*grave public wrong*) gesetzlich mißbilligt.

Weitgehend unbekannt ist, wie die einzelnen Bundesstaaten die Beteiligung an der Selbsttötung im Anschluß an die Aufhebung von deren Strafbarkeit behandelten. Ursache dieser mangelnden Kenntnis ist, daß Entscheidungen der Rechtsprechung zunächst nicht veröffentlicht wurden. So existierte im Jahr 1789, als der Kongreß die *Bill of Rights* den Bundesstaaten zur Ratifizierung übersandte, nur in einem Bundesstaat eine Entscheidungssammlung (*case report*), welche länger als 11 Jahre zurückdatierte.[33] In zehn weiteren Bundesstaaten gab es keine oder eine erst gerade begonnene Entscheidungssammlung.[34]

Der erste Fall der Beteiligung an der Selbsttötung (*assisted suicide*) wurde im Jahr 1816 im Staat Massachusetts veröffentlicht. In *Commonwealth v. Bowen*[35] war der Angeklagte Bowen, der zur Tatzeit schon im Gefängnis einsaß, beschuldigt worden, den zum Tode verurteilten Mitgefangenen Jewett, der in seiner Nachbarzelle einsaß, überzeugt zu haben, sich der Hinrichtung durch Selbsttötung zu ent-

---

28 Vgl. Neeley, The Constitutional Right to Suicide, S. 50.

29 Vgl. Marzen et al., 24 Duq. L. Rev. 1, 64 ff. (1985); Burgess-Jackson, 29 Wayne L. Rev. 57, 60 (1982); vgl. auch Neeley, The Constitutional Right to Suicide, S. 50.

30 A.a.O.; *Washington v. Glucksberg,* U.S., No. 96–110, WL 348094, Absatz 5 (1997).

31 Swift, A System of the Laws of the State of Conneticut, S. 304 (1796); *Washington v. Glucksberg,* U.S., No. 96–110, WL 348094, Absatz 5 (1997); Marzen et al., 24 Duq. L. Rev. 1, 68 f. (1985).

32 Marzen et al., 24 Duq. L. Rev. 1, 67 (1985).

33 A.a.O., 71.

34 A.a.O.

35 *Commonwealth v. Bowen,* 13 Mass. 356 (1816).

ziehen. Nach der Selbsttötung von Jewett wurde Bowen wegen Beteiligung an der Selbsttötung angeklagt. Obwohl nach der rechtlichen Belehrung des Richters eine Verurteilung nahe gelegen hätte, sprach die Jury den Angeklagten frei.[36] Der Grund des Freispruchs lag vermutlich darin, daß nicht sicher geklärt werden konnte, ob der Rat des Angeklagten die Selbsttötung auch verursacht hatte.[37]

Das erste Gesetz, welches die Beteiligung an der Selbsttötung ausdrücklich unter Strafe stellte, entstand 1828 im Bundesstaat New York.[38] Weitere Verbote wurden 1835 in Missouri, 1838 in Arkansas, 1839 in Mississippi, 1848 in Wisconsin, 1851 in Minnesota, 1854 in Washington, 1855 in Kansas, 1864 in Oregon und 1868 in Florida in Kraft gesetzt.[39] Zum Zeitpunkt der Ratifizierung des 14. Zusatzartikels im Jahr 1868 war in 30 der 37 Bundesstaaten die Beteiligung an der Selbsttötung durch Gesetz oder *Common Law* unter Strafe gestellt.[40]

Das Ende des 19. und der Beginn des 20. Jahrhunderts waren zum einen dadurch gekennzeichnet, daß weitere Staaten die Beteiligung an der Selbsttötung gesetzlich unter Strafe stellten. Zum anderen begann sich jedoch bald eine Gegenbewegung abzuzeichnen. So legte bereits im Jahr 1906 Ohio als erster Bundesstaat einen Gesetzesentwurf zur Legalisierung der Sterbehilfe zur Volksabstimmung vor.[41] Der Entwurf enthielt schon viele prozedurale Regelungen, die auch heute diskutiert werden, um die mißbräuchliche Anwendung einer gesetzlichen Regelung der Sterbehilfe zu verhindern: Der terminal erkrankte, aber voll zurechnungsfähige Patient mußte vor drei Zeugen und seinem Arzt den Wunsch zu sterben äußern. Der Arzt durfte kein Eigeninteresse (beispielsweise erbrechtlicher Art) am Tod des Patienten haben, und Maßnahmen zur Sterbehilfe durften erst dann eingeleitet werden, wenn noch weitere drei Ärzte den hoffnungslos terminal erkrankten Zustand des Patienten bestätigt hatten.[42] Trotz dieser weitreichenden Sicherungsmaßnahmen wurde der Vorschlag von den Wählern mit einer eindeutigen Mehrheit von 72 zu 22 Prozent abgelehnt.[43] Er führte aber in der Bevölkerung zu einer verstärkten Diskussion über die ethischen und rechtlichen Dimensionen der Sterbehilfe.[44]

---

36 A.a.O., 356 f.; vgl. hierzu auch Marzen et al., 24 Duq. L. Rev. 1, 182 (1985).

37 *Commonwealth v. Bowen,* 13 Mass. 356, 360–361 (1816).

38 *Washington v. Glucksberg,* U.S., No. 96–110, WL 348094, Absatz 6 (1997).

39 Marzen et al., 24 Duq. L. Rev. 1, 74 (1985).

40 A.a.O., 75.

41 Der Vorschlag lautete: „That when an adult of sound mind had been fairly hurt or was so ill that recovery was impossible, or if he was suffering from extreme physical pain without hope of recovery, his physician, if not a relative and if not interested in any way in his estate, might ask him in the presence of three witnesses if he wishes to die. If he indicated that he did, then three other physician were to be summoned in consultation and if they agreed that the case was hopeless, they were to make arrangements to put the person out of pain and suffering with as little discomfort as possible." vgl. Russell, Freedom to Die, S. 60 (1977); siehe auch Tsarouhas, 20 Ohio N.U. L. Rev. 793, 796–797 (1994).

42 Vgl. Daar, 28 Mich. U. J.L., 799, 816 (1995).

43 Humphrey-Wickett, The Right to Die, S. 12.

Weitere Gesetzesentwürfe wurden in der ersten Jahrhunderthälfte zur Volksabstimmung gestellt, beispielsweise in Nebraska im Jahr 1937 und in New York im Jahr 1939.[45] Im Jahr 1938 wurde eine erste offizielle Interessengemeinschaft, die *Euthanasia Society of America,* gegründet.[46] Die Gesellschaft hatte das Ziel, die rechtliche Legalisierung der Sterbehilfe politisch und gesellschaftlich zu fördern.[47] Als jedoch während des Zweiten Weltkrieges bekannt wurde, daß in Deutschland die Nationalsozialisten auf das grausamste die aktive Sterbehilfe mißbrauchten, schürte dies auch in den USA die Angst, daß Sterbehilfe – sollte sie einmal erlaubt sein – nicht mehr kontrollierbar sein würde.[48] Aus diesem Grund scheiterten auch nach dem Krieg (1947 und 1952) weitere Bemühungen im Bundesstaat New York, eine Regelung der Sterbehilfe einzuführen.[49] Drei weitere Gesetzesentwürfe in den Staaten Idaho, Oregon und Montana wurden zwischen 1969 und 1974 abgelehnt.[50] Im Jahr 1980 wurde die *Hemlock Society* gegründet und begann ihre landesweite Kampagne für einen Tod in Würde (*death with dignity*) und versuchte eine Legalisierung der Sterbehilfe zu erreichen. In Kalifornien bemühte sich eine Gruppe der *Hemlock Society* im Jahr 1988 aber vergeblich, eine ausreichende Zahl von Unterschriften zu erhalten, um einen entsprechenden Gesetzgebungsentwurf überhaupt zur Volksabstimmung stellen zu können.[51]

Obwohl der *Model Penal Code*[52] aus dem Jahr 1962 dazu führte, daß weitere Bundesstaaten die Beteiligung an der Selbsttötung gesetzlich ausdrücklich unter Strafe stellten,[53] hielten entgegengesetzte Bestrebungen in anderen Staaten unvermindert an. Hierbei wurden in zahlreichen Staaten Referenden eingebracht, in denen die Bevölkerung aufgefordert ist, durch direkte Abstimmung einen Gesetzesentwurf anzunehmen oder abzulehnen.[54]

1990 lehnten die Wähler des Staates Washington mit einer knappen Mehrheit von 54 zu 46 Prozent die *Initiative 119* ab,[55] welche die Beteiligung an einer Selbsttötung durch einen Arzt im Falle eines zurechnungsfähigen und terminal er-

---

44 A.a.O.

45 Wilson, Death by Decision, S. 33.

46 Kamisar, 42 Minn. L. Rev. 969, 1016 (1958); Humphrey / Wickett, The Right to Die, S. 30; Clark, The Politics of Physician Assisted Suicide, S. 7.

47 MacBride, 68 Temple L. Rev. 755, 762–763 (1995).

48 Russell, Freedom to Die, S. 90–94.

49 Tsarouhas, 20 Ohio N.U. L. Rev. 793, 797 (1994).

50 MacBride, 68 Temple L. Rev. 755, 763 (1995).

51 Schanker, 68 Ind. L. Rev. 977, 1000 (1993).

52 Der Model Penal Code lautet: „A person who proposely aids or solicits another to commit suicide is guilty of a felony in the second degree if his conduct causes such suicide or an attempted suicide and otherwise of a misdemeanor." American Law Institute, Model Penal Code § 210.5(2) (Official Draft and Revised Comments 1980).

53 *Washington v. Glucksberg,* U.S., No. 96–110, WL 348094, Absatz 6 (1997).

54 Vgl. Daar, 28 Mich. J.L. 779, 801 Fn. 8 (1995).

55 Gifford, 40 UCLA L. Rev. 1545, 1547 Fn. 7 (1993).

krankten Patienten auf dessen Wunsch erlaubt haben würde.[56] Auch ein sprachlich entlehnter Entwurf in Kalifornien, genannt *California Death with Dignity Act* oder *Proposition 161,* wurde 1992 mit ebenfalls 54 zu 46 Prozent der Wählerstimmen abgelehnt.[57] Die Abstimmungsergebnisse wurden sowohl in Washington als auch in Kalifornien mit Überraschung aufgenommen, denn Umfrageergebnisse vor der Wahl hatten eine klare Mehrheit (70 bzw. 61 Prozent) für die Gesetze vorausgesagt.[58] Das ablehnende Ergebnis der Abstimmung wurde zum einen mit Schwächen in der Formulierung der Gesetze und deren mangelnden Sicherheitsvorkehrungen begründet.[59] Bei *Initiative 119* des Staates Washington wurde insbesondere der weite und nicht näher definierte Begriff der Hilfe im Sterben (*aid-in-dying*) kritisiert, da diese von einer nur moralischen Unterstützung, über eine Verschreibung einer tödlichen Dosis an Medikamenten bis zu einer letalen Injektion reichen könne.[60] Im Mittelpunkt der Kritik zu *Proposition 161* des Staates Kalifornien standen vor allem die mangelnden Sicherheitsvorkehrungen: Der Vorschlag enthielt weder eine Warteperiode, eine psychiatrische Begutachtung des Patienten, eine Unterrichtung seiner Familie noch adäquate Schutzmechanismen vor Fehldiagnosen.[61] Zum anderen mag für die Ablehnung der Vorschläge die Furcht der Abstimmenden ausschlaggebend gewesen sein, nach einer Freigabe der Sterbehilfe indirekt für den Tod von Patienten verantwortlich zu sein.[62]

Die Wähler in Oregon, einem traditionell eher liberalen Bundesstaat mit 3,2 Millionen Einwohnern,[63] stimmten im November 1994 mit einem Verhältnis von 51 zu 49 Prozent für den Gesetzesentwurf *The Oregon Death with Dignity Act* oder *Measure 16,* welcher die gesetzliche Freigabe der Beteiligung an der Selbsttötung im Fall eines terminal erkrankten entscheidungsfähigen Erwachsenen vorsah.[64] Nach dem Gesetz mußte der Patient mindestens drei Gesuche, das letzte davon schriftlich, um die Verschreibung einer tödlichen Dosis von Medikamenten stellen, an einer obligatorischen Beratung teilnehmen und eine mindestens 15tägige War-

---

56 Washington Rev. Code 70.12200.010 – 0.900 9 (1991) in Office of the Secretary of State of Washington, Voters Pamphlet, *Initiative 119,* 279 (1991); vgl. auch Grant, 36 Cath. Law. 357, 362, Fn. 29 (1996); Gabel, 22 Fla. St. U.L. Rev. 369, 411 ff. (1994).

57 Proposed Cal. Civ. Code 2525 – 2525.24 (1992) in Office of Secretary of State, California Ballot Pamphlet, *Proposition 161,* 68 (1992); Gabel, 22 Fla. St. U.L. Rev. 369, 413 ff. (1994); Humphrey / Wickett, The Right to Die, S. 103.

58 Balzar, L.A. Times, 6. Nov. 1991, A1 und A16; Daar, 28 Mich. U. J.L.799, 839 Fn. 184 (1995); Kadish, 80 Cal. L. Rev. 857, 861 (1992).

59 Daar, 28 Mich. U. J.L.799, 838 f. (1995); vgl. Grant, 36 Cath. Law. 357, 366 (1996).

60 Humphry, zit. nach Pugliese, 44 Hastings L.J. 1291, 1320.

61 A.a.O., 1291, 1321.

62 Vgl. Norcross, Introduction, in Steinbock / Norcross, Killing and Letting Die, S. 3 f.; Pugliese, 44 Hastings L.J. 1291, 1320 (1993).

63 Zudem hat Oregon den zweitniedrigsten Bevölkerungsanteil an Kirchenmitgliederschaft. A.a.O.

64 *The Oregon Death with Dignity Act,* in Beauchamp / Veatch, Ethical Issues, S. 199 – 206.

teperiode einhalten.[65] Dieses Gesetz trat zunächst jedoch nicht in Kraft, da unmittelbar im Anschluß an die Abstimmung von Gegnern der Sterbehilfe zunächst eine Einstweilige Verfügung auf Aussetzung, später dann ein entsprechendes erstinstanzliches Urteil erwirkt wurde.[66] Dieses Urteil wurde jedoch von dem Bundesberufungsgericht des 9. Gerichtsbezirks aufgehoben.[67] Der Staat Oregon ließ im November 1997 erneut über *The Oregon Death with Dignity Act* abstimmen. Im Referendum fand das Gesetz eine Mehrheit von 60 zu 40 Prozent.[68] Da ein erneutes Gerichtsverfahren ohne Erfolg blieb, trat die Regelung in Kraft.[69] Oregon ist damit der einzige Bundesstaat, der die Beteiligung an einer Selbsttötung unter den genannten Voraussetzungen erlaubt. Nach Angaben der Gesundheitsbehörden von Oregon wurden im Jahr 1998 von Ärzten an insgesamt 23 terminal erkrankte Patienten eine tödliche Dosis an Medikamenten verschrieben.[70] Sechs von ihnen starben, ehe sie das Medikament einnehmen konnten; zwei Patienten lebten zu Beginn des Jahres 1999 noch. Acht Männer und sieben Frauen haben von der legalen Möglichkeit zur Selbsttötung Gebrauch gemacht.[71] Mit diesen Fakten konnte vielen Kritikern des Gesetzes entgegengetreten werden, welche eine weit höhere Anzahl von Todesfällen befürchtet hatten.[72] Auch konnten keine signifikanten Abhängigkeiten der Selbsttötungen von Geschlecht, Bildungsstand, Krankenversicherungsstatus oder der Angst des Patienten vor Schmerzen auf die Selbsttötungen festgestellt werden.[73]

Seit 1995 wurden in mehr als 20 Bundesstaaten nunmehr insgesamt 50 Gesetzesentwürfe hinsichtlich der Freigabe der Beteiligung an der Selbsttötung eingebracht, welche außer im oben beschriebenen Fall des Staates Oregon ohne Erfolg blieben.[74] Zuletzt scheiterte im November 1998 ein entsprechender Gesetzesentwurf im Staat Michigan mit einer klaren Ergebnis von 71 zu 29 Prozent.[75] In den Staaten Iowa und Rhode Island wurden hingegen noch 1995 Gesetze erlassen, welche die Beteiligung an der Selbsttötung ausdrücklich unter Strafe stellten.[76] Am

---

65 A.a.O.

66 *Lee v. Oregon,* 891 F. Supp. 1429 (D. Or. 1995), hierzu ausführlich Teil 3 (E I).

67 *Lee v. Oregon,* 107 F.3d 1382 (1997), zur Begründung Teil 3 (E I).

68 Taylor, Suicide Watch, Internetdokument auf Server www.abcnews.com (Taylor, 1998).

69 Pro-life Infonet, Oregon assisted Suicide Back in Court, Internetdokument auf Server www.euthanasia.com (pro-life.org. 1998).

70 Der Spiegel, Sterbehilfe, Tödliche Rezeptur, Heft 9 / 1999, S. 211.

71 A.a.O.; Robinson, Euthanasia and physician assisted suicide: All sides of the issues, Internetdokument auf Server www.religioustolerance.org/euthanas.htm.

72 A.a.O.

73 A.a.O.

74 Emanuel / Emanuel, The New York Times, 24. July 1997, A 21.

75 Robinson, Euthanasia and physician assisted suicide: All sides of the issues, Internetdokument auf Server www.religioustolerance.org/euthanas.html.

76 *Washington v. Glucksberg,* U.S., No. 96–110, WL 348094, Absatz 7 (1997); vgl. auch Daar, 28 Mich. U. J.L. 799, 820 (1995).

30. April 1997 unterzeichnete Präsident Clinton zudem den *Federal Assisted Suicide Funding Restriction Act of 1997*, welcher untersagt, finanzielle Mittel des amerikanischen Bundeshaushaltes zur Unterstützung der ärztlichen Beteiligung an der Selbsttötung zu verwenden.[77] Diese Regelung erscheint zunächst überflüssig, weil die Beteiligung an der Selbsttötung in allen Bundesstaaten bis auf Oregon gesetzlich untersagt, also rechtswidrig ist. Jedoch wird im folgenden aufgezeigt werden, daß immer häufiger Ärzte gegen solche Gesetze verstoßen haben, ohne daß dieses strafrechtliche oder disziplinarische Konsequenzen für sie hatte, und daß sie dann sogar finanzielle Mittel des Bundes in Anspruch genommen haben.

B. Die rechtliche Behandlung der Sterbehilfe und der Selbsttötung

I. Die Zuständigkeit der Bundesstaaten

Die strafrechtliche Rechtsetzungsbefugnis und die Strafgerichtsbarkeit fallen in den USA grundsätzlich in die Zuständigkeit der Bundesstaaten. Diese Befugnis wird zwar nicht ausdrücklich in der Bundesverfassung erwähnt, folgt aber aus der dort genannten *police power* der Bundesstaaten.[78] Unter *police power* wird die Befugnis des Staates zur Ausübung hoheitlicher Gewalt verstanden, wobei die staatliche Hoheitsgewalt dadurch beschränkt wird, daß die Obrigkeit nur mit der treuhänderischen Wahrnehmung der Rechte betraut ist und die Rechte in ihrer Substanz bei dem Volk als Treuhandgeber verbleiben.[79] Innerhalb dieses Treuhandverhältnisses darf der Staat aufgrund der *police power* die Freiheit des Individuums durch den Erlaß von Normen einschränken, die der Aufrechterhaltung von Gesundheit, Sicherheit, Moral und Wohlfahrt dienen.[80] Da die Verfassung die *police power* nicht ausdrücklich dem Bundesgesetzgeber zuweist, steht sie gemäß der Konkurrenzregelung des 10. Zusatzartikels grundsätzlich den Bundesstaaten zu.[81] Diese Rechtsetzungsbefugnis umfaßt auch die strafrechtliche Regelung der Sterbe-

---

77 White House Press Office, Clinton Statement on Assisted Suicide, U.S. Newswire (Washington, 30. April 1997).

78 Vgl. Weigend, Landesbericht Vereinigte Staaten von Amerika, in Eser / Koch, Schwangerschaftsabbruch, S. 1027.

79 Vgl. hierzu Fraenkel, Das amerikanische Regierungssystem, S. 181 ff.

80 Vgl. Weigend, Landesbericht Vereinigte Staaten von Amerika, in Eser / Koch, Schwangerschaftsabbruch, S. 1027.

81 A.a.O.; Der 10. Zusatzartikel lautet: The powers not delegated to the United States by the Constitution, nor prohibited by it to the States, are reserved to the States respectively, or to the people. (Die Machtbefugnisse, die von der Verfassung weder den Vereinigten Staaten übertragen noch den Bundesstaaten entzogen werden, bleiben den Bundesstaaten oder dem Volk vorbehalten (Übersetzung von Brugger, Grundrechte, S. 474 f.)).

hilfe, da die Bundesverfassung auch im Bereich der Tötungsdelikte oder der Sterbehilfe keine spezielle bundesrechtliche Kompetenzzuweisung vornimmt.

II. Die passive Sterbehilfe

Ärzte und Privatpersonen können sich in allen Bundesstaaten nach den allgemeinen Tötungsdelikten strafbar machen, wenn sie es unterlassen, einem Patienten auf dessen Wunsch lebensverlängernde Maßnahmen zu gewähren. Sie sind rechtlich verpflichtet, das Leben eines schwerst leidenden und sterbenden Patienten in gleichem Maße zu verlängern wie das Leben eines Patienten, für den eine Heilung möglich oder wahrscheinlich ist.[82] Anders als das deutsche Recht kennt das amerikanische Recht jedoch keine generelle Pflicht eines Einzelnen, einer fremden Person zu helfen, und enthält insofern keinen Straftatbestand vergleichbar der deutschen „Unterlassenen Hilfeleistung" des § 323c StGB.[83] Eine strafrechtliche Haftung wegen Unterlassens setzt vielmehr immer voraus, daß für den Arzt oder die Privatperson eine besondere rechtliche Pflicht (*legal duty*) bestand, den mißbilligten Geschehensablauf zu verhindern.[84] Analog dem deutschen Recht kann eine rechtliche Pflicht in der vorangegangenen vertraglichen oder tatsächlichen Übernahme einer Hilfeleistung begründet werden.[85] Für Ärzte entsteht eine solche Rechtspflicht unstreitig durch die Übernahme der Behandlung eines Patienten.[86]

Zunächst durch Rechtsprechung entwickelt und nunmehr in den meisten Bundesstaaten auch gesetzlich geregelt ist andererseits, daß entscheidungsfähige Erwachsene ein Recht auf Ablehnung einer medizinischen Behandlung haben. Diese dürfen eine Behandlung selbst dann ablehnen, wenn dies aller Wahrscheinlichkeit nach in kurzer Zeit zu ihrem Tod führt. Eine strafrechtliche Haftung der beteiligten Personen tritt unter diesen Umständen nicht ein. Voraussetzung ist, daß der Patient über die Risiken und Folgen seiner Entscheidung medizinisch vollständig aufgeklärt wurde. Unerheblich sind hingegen seine persönlichen Motive, auch wenn diese vom Standpunkt eines objektiven Dritten nur schwer nachvollziehbar sind.[87]

---

82 Wilson, Death by Decision, S. 148 f.

83 Vgl. Steinbock, Introduction, in Steinbock / Norcross, Killing and Letting Die, S. 29.

84 Schmid, Strafverfahren und Strafrecht in den Vereinigten Staaten, S. 182.

85 Weigend / Künschner, Landesbericht USA, in Eser / Koch, Materialien zur Sterbehilfe, S. 673.

86 Steinbock, Introduction, in Steinbock / Norcross, Killing and Letting Die, S. 30.

87 Gifford, 40 UCLA L. Rev. 1545, 1550 (1993).

1. Die erstmalige Anerkennung eines Rechtes auf passive Sterbehilfe – *In the Matter of Quinlan*

In der Leitentscheidung *In the Matter of Quinlan*[88] aus dem Jahr 1976 statuierte der Supreme Court des Bundesstaates New Jersey erstmals, daß das Recht auf Privatsphäre *right of privacy* des 14. Zusatzartikels der Bundesverfassung „weit genug sei, um Entscheidungen von Patienten auf Ablehnung von medizinischen Behandlungen unter bestimmten Umständen zu umfassen".[89]

Das Gericht hatte über den Antrag des Vaters der 23jährigen komatösen Karen Ann Quinlan zu entscheiden, ihn zunächst als Pfleger seiner Tochter einzusetzen, und ihm zudem die ausdrückliche Erlaubnis zu erteilen, über die Beendigung aller außergewöhnlichen Lebenserhaltungsmaßnahmen für seine Tochter verfügen zu dürfen. Die Patientin befand sich seit zwei Jahren nach einer irreversiblen Schädigung des Gehirns in einem Koma, in dem sie zwar noch auf Licht und Geräusch reagierte, jedoch Gefühlsimpulse nicht feststellbar waren. Sie mußte künstlich beatmet und ernährt werden. Eine Heilung oder Verbesserung ihres Zustandes war nicht zu erwarten, ihre Lebenserwartung betrug nach Ansicht der behandelnden Ärzte maximal ein Jahr. Ein Abschalten des Beatmungsgerätes wurde aber trotz des ausdrücklichen Verlangens der Familie von den behandelnden Ärzten abgelehnt, weil dies wahrscheinlich unmittelbar zum Tode der Patientin führen würde.

Der Supreme Court des Bundesstaates New Jersey bestellte den Vater als Pfleger und Vermögensverwalter für seine Tochter.[90] Zudem dürfe das Beatmungsgerät mit Zustimmung der Familienangehörigen dann abgeschaltet werden, wenn die behandelnden Ärzte und eine Ethikkommission aus Ärzten, Theologen, Sozialarbeitern und Juristen darin übereinstimmten, daß die Patientin aller Wahrscheinlichkeit nach niemals wieder zu Bewußtsein gelangen könne.[91] In diesem Fall seien für alle Beteiligten keine zivil- oder strafrechtlichen Konsequenzen zu befürchten.[92]

In der Begründung sprach das Gericht zunächst der Patientin Karen Ann Quinlan selbst ein subjektives Recht auf Ablehnung bestimmter medizinischer Maßnahmen zu. Dieses Recht ergebe sich aus dem *right of privacy* der Bundesverfassung und dem *right of privacy* der Verfassung von New Jersey.[93] Die Patientin könne hier aber aufgrund der besonderen Umstände ihr Recht nicht mehr selbst ausüben. Dies dürfe jedoch nicht zu einer unzulässigen Einschränkung ihres nach wie vor

[88] *In the Matter of Quinlan*, 355 A.2d, 647; 70 N.J. 10; 79 A.L.R.3d 205 (N.J. 1976).

[89] A.a.O., 663; zum Fall auch Weigend / Künschner, Landesbericht USA, in Eser / Koch, Materialien zur Sterbehilfe, S. 712.

[90] *In the Matter of Quinlan*, 355 A.2d, 647, 671.

[91] A.a.O., 671 f.

[92] A.a.O., 672.

[93] A.a.O., 663.

bestehenden Grundrechtes führen. Deshalb müsse der mutmaßliche Wille der Patientin ermittelt werden.[94] Eigenen Äußerungen der Patientin vor ihrem Unfall gegenüber Freunden, in denen sie außergewöhnliche Behandlungsmaßnahmen abgelehnt hatte, sprach das Gericht, wie schon zuvor das Untergericht, nicht genügend Beweiswert zu.[95] Deshalb sei der einzig praktikable Weg, dem Pfleger und den Familienangehörigen zu erlauben, ihr bestes Urteil darüber abzugeben, was die Patientin unter diesen Umständen entschieden haben würde.[96] Allerdings überließ das Gericht die Entscheidung nicht allein dem Vater, obwohl es das große Verantwortungsbewußtsein und die Liebe des antragstellenden Vaters zu seiner Tochter hervorhob.[97] Auch sei die Entscheidung nicht – wie nach Ansicht der Vorinstanz – allein von den behandelnden Ärzten zu treffen.[98] Vielmehr müsse zum Schutz der Patientin ein Konsens zwischen den Pflegern, Familienangehörigen, Ärzten und später einer Ethikkommision gefunden werden.[99]

In the Matter of Quinlan ist bis heute die Grundlagenentscheidung für das Recht eines Patienten auf passive Sterbehilfe geblieben. Seit 1976 haben nunmehr mindestens 18 bundesstaatliche Gerichte in 31 Fällen entschieden, daß Patienten ein fest etabliertes Recht haben, medizinische Behandlungen abzulehnen. Viele Bundesstaatengerichte haben ein entsprechendes *right to die* aus dem *right of privacy* der Bundesverfassung und manche darüber hinaus aus dem *right of privacy* der jeweiligen Landesverfassung abgeleitet. Einige Gerichte haben ein Recht auf passive Sterbehilfe auch der Lehre des *informed consent* des *Common Law* entnommen.

2. Die Lehre des *informed consent* aus dem *Common Law*

Die Lehre des *informed consent* umfaßt den Anspruch jedes Bürgers, vor solchen Eingriffen in seine körperliche Integrität geschützt zu werden, die nicht von seinem Einverständnis gedeckt sind.[100] Von den Gerichten wird ein solches Recht auch als *right of privacy,*[101] als Recht auf Selbstbestimmung oder auf Autonomie

94 A.a.O., 664.

95 A.a.O.; *In the Matter of Quinlan,* 348 A.2d 801, 814 (N.J. Super. 1975).

96 *In the Matter of Quinlan* 355 A.2d 547, 664 (N.J. 1976).

97 A.a.O., 657.

98 Im Anschluß an die Entscheidung wurde das Beatmungsgerät der Patientin abgeschaltet. Karen Ann Quinlan atmete jedoch unerwartet aus eigener Kraft weiter, bis sie neun Jahre später starb, ohne jemals wieder aus dem Koma erwacht zu sein. (Füllmich, Der Tod im Krankenhaus, S. 57).

99 *In the Matter of Quinlan,* 355 A.2d 547, 672 (N.J. 1976); vgl. Weigend / Künschner, Landesbericht Vereinigte Staaten von Amerika, in Eser / Koch, Materialien zur Sterbehilfe, S. 712.

100 Vgl. hierzu auch Füllmich, Der Tod im Krankenhaus, S. 33 ff.

(*right of self-determination or autonomy*)[102] oder als Recht auf Kontrolle über seinen eigenen Körper (*right to control one's own body*)[103] bezeichnet.

Die Lehre des *informed consent* wurde historisch anhand von Fällen der Körperverletzung entwickelt.[104] So führte der Supreme Court im Jahr 1891 in der Entscheidung *Union Pacific Railway Company v. Botsford*[105] aus: „Kein Recht ist heiliger und wird intensiver vom *Common Law* geschützt als das Recht jedes Einzelnen darauf, völlige Kontrolle über seine eigene Person zu haben, frei zu sein von allen Beschränkungen und Eingriffen durch andere, es sei denn durch klare und eindeutige gesetzliche Bestimmungen." Im Jahr 1914 schrieb Richter Cardozo in der Leitentscheidung *Schloendorff v. Society of New York Hospitals*[106]: „Es ist das Recht jedes erwachsenen Menschen bei klarem Verstand ..., darüber zu entscheiden, was mit seinem eigenen Körper geschieht; und ein Chirurg, der eine Operation ohne die Einwilligung des Patienten durchführt, verübt einen körperlichen Angriff, für den er schadenersatzpflichtig ist."

Die Lehre vom *informed consent* ist heute fest im *Common Law* verankert und stellt ein fundamentales Recht dar.[107] Sie gibt dem Patienten das Recht auf eine angemessene Aufklärung über die zu erwartenden Risiken und Folgen einer medizinischen Behandlung und das Recht, diese medizinischen Behandlungen abzulehnen.[108] Im Rahmen der Sterbehilfe erlangte die Lehre des *informed consent* entscheidende Bedeutung in der Frage, ob und unter welchen Umständen Patienten (auch) lebensrettende Behandlungen ablehnen dürfen.

Obwohl es sich strenggenommen bei dem *right of privacy and liberty* des 14. Zusatzartikels und der Lehre des *informed consent* um zwei dogmatisch getrennte Rechtsquellen handelt, haben die Gerichte in zahlreichen Entscheidungen ein Recht auf passive Sterbehilfe auf beide Rechtsquellen gemeinsam gestützt und Entscheidungen des *Common Law* auch bei der Auslegung des 14. Zusatzartikels

---

101 Cal: *Bouvia v. Superior Court (Glenchur)*, 225 Cal. Rptr. 297, 300 (Ct. App. 1986).
NJ: *In the Matter of Quinlan*, 355 A.2d 647, 662 (N.J. 1976).

102 Cal: *Thor v. Superior Court*, 855 P.2d 375, 380 (Cal. 1993).
ME: *In the Matter of Gardner*, 534 A.2d 947, 950 (Me. 1987).
NJ: *In the Matter of Jobes*, 529 A.2d 434, 436 (N.J. 1987); *In the Matter of Conroy*, 486 A.2d 1209,1223 (N.J. 1985); *In the Matter of Hughes*, 611 A.2d 1148,1151 (N.J. 1992).
NY: *Delio v. Westchester County Medical Ctr.*, 516 N.Y.S. 2d 677, 685–86 (N.Y. 1987).

103 *Bouvia v. Superior Court (Glenchur)*, 225 Cal. Rptr. 297, 300 (Cal. 1986); *In the Matter of Farrell*, 529 A.2d 404, 410 (N.J. 1987); *In the Matter of Conroy*, 486 A.2d 1209, 1221 (N.J. 1985).

104 Vgl. zur Entwicklung auch Scofield, 18 Puget Sound L. Rev. 473, 479 (1995); Füllmich, Der Tod im Krankenhaus, S. 33 ff.

105 *Union Pacific Railway Company v. Botsford*, 141 U.S. 250, 251 (1891).

106 *Schloendorff v. Society of N.Y. Hospital*, 211 N.Y. 125, 129 f.; 105 N.E. 92 f. (N.Y. 1914).

107 Sloss, 48 Stan. L. Rev. 937, 942 (1996).

108 Lyon, 58 U.Cin. L. Rev. 1367, 1385 (1990).

herangezogen.[109] Da sich vom Umfang und von den Prinzipien her beide Rechtsquellen hinsichtlich eines *right to die* nicht unterscheiden, werden sie im folgenden gemeinsam betrachtet.[110]

3. Die weitere Behandlung durch den Supreme Court

Nach *In the Matter of Quinlan* war in zahlreichen Fällen versucht worden, die Frage des verfassungsrechtlichen Rechtes eines Patienten auf passive Sterbehilfe dem Supreme Court zur Entscheidung vorzulegen. Dieser lehnte es im Rahmen seines Ermessens zunächst jedoch ab, entsprechende Fälle anzunehmen.[111] Erst im Jahr 1990 befaßte sich das höchste Gericht in der Entscheidung *Cruzan v. Director, Missouri Department of Health*[112] mit der Problematik, ob einer entscheidungsunfähigen Patientin ein *right to die* in Form der passiven Sterbehilfe aus der Verfassung zustehen kann. Die Entscheidung behandelt wesentliche Fragen und Auslegungsmethoden des Verfassungsrechts und wird ausführlich im verfassungsrechtlichen Teil behandelt.[113] Für die rechtliche Bestandsaufnahme erfolgt hier eine kurze Darstellung des Ergebnisses.

Der Supreme Court ließ in *Cruzan v. Director, Missouri Department of Health* die Frage einer verfassungsrechtlichen Verankerung eines Rechtes auf passive Sterbehilfe ausdrücklich offen.[114] Vielmehr unterstellte die Mehrheit des Supreme Courts zunächst hypothetisch ein solches Recht für den entscheidungsunfähigen Patienten. Einzelstaaten hätten aber das Recht, einen Abbruch von lebenserhaltenden Behandlungsmaßnahmen an strenge Beweisanforderungen zu knüpfen und für die Ermittlung des mutmaßlichen Willens des Patienten einen „klaren und eindeutigen Beweis" zu fordern.[115] Dieser Beweis sei im vorliegenden Fall nicht erbracht

---

109 Ein Grund hierfür ist, daß ein durch den Supreme Court festgestellter Verstoß gegen das *Common Law* zunächst nur die Judikative bindet, hingegen ein Verstoß gegen einen Verfassungsartikel auch für die Legislative bindend ist. Meisel, The Right to Die § 2.6.

110 Vgl. A.a.O.

111 Cal.: *Drabick v. Drabick,* 245 Cal. Rptr. 840 (Ct. App.), cert. denied, 488 U.S. 958 (1988), reh'g denied, 488 U.S. 1024 (1989); *In the Matter of Phillip B.,* 156 Cal. Rptr. 48 (Ct.App.), cert. denied sub nom. *Bothman v. Warren B.,* 445 U.S. 949 (1979).

IL: *In the Matter of Estate of Prange,* 520 N.E.2d 946 (Ill.App.Ct.), vacated, 527 N.E.2d 303 (Ill.), cert. denied sub nom. *Murphy v. Benson,* 488.U.S. 892 (1988).

NJ: *In the Matter of Jobes,* 529 A.2d 434 (N.J.), Reconsideration and stay denied, 531 A.2d 1360 (N.J.), cert. denied sub nom. *Lincoln Park Nursing & Convalescent Home v. Kahn,* 483 U.S. 1036 (1987); *In the Matter of Quinlan,* 355 A 2d 647 (N.J.), cert. denied sub nom. *Garger v. New Jersey,* 429 U.S. 922 (1976).

NY: *In the Matter of Storar,* 420 N.E.2d 64 (N.Y.), cert. denied 454 U.S. 858 (1981).

112 *Cruzan v. Director, Missouri Department of Health,* 497 U.S. 261 (1990).

113 Siehe Teil 3 (D V).

114 *Cruzan v. Director, Missouri Department of Health,* 497 U.S. 261, 278–280 (1990).

115 A.a.O., 280–285.

worden, so daß selbst unter Annahme eines subjektiven Rechtes auf passive Sterbehilfe in diesem konkreten Einzelfall die lebenserhaltende Maßnahme nicht abgebrochen werden dürfe.

Die Bedeutung der Entscheidung lag vor allem darin, daß der Supreme Court nicht den zahlreichen Entscheidungen der Bundesstaatengerichte widersprochen hatte, welche sich für ein Recht des Patienten auf passive Sterbehilfe aus der Verfassung und / oder dem *Common Law* ausgesprochen hatten. Damit hatte der Supreme Court diese untergerichtlichen Entscheidungen indirekt bestätigt. Die Tendenz der bundesstaatlichen Gerichte geht grundsätzlich dahin, dem Patienten ein immer umfassenderes subjektives Recht auf passive Sterbehilfe zuzugestehen. Hierbei wird zwischen den Rechten eines entscheidungsfähigen und den Rechten eines entscheidungsunfähigen Patienten unterschieden.

4. Das Recht eines entscheidungsfähigen Patienten auf passive Sterbehilfe

Entscheidungsfähigen Patienten sprachen die bundesstaatlichen Gerichte in bisher allen Fällen ein Recht auf Wahl und Vornahme der passiven Sterbehilfe zu.[116] In den meisten Fällen handelte es sich darum, daß sich Ärzte und Pflegepersonal aus Unsicherheit über spätere zivil- oder strafrechtliche Konsequenzen weigerten, ohne gerichtliche Überprüfung eine lebenswichtige Behandlungsmaßnahme auf Wunsch des Patienten abzubrechen. Die folgenden Entscheidungen verdeutlichen die Bedeutung und den Umfang des subjektiven Rechtes eines entscheidungsfähigen Patienten.

a) Satz v. Perlmutter

In *Satz v. Perlmutter*[117], einer der ersten Entscheidungen zu einem Recht auf passive Sterbehilfe hatte das Gericht des Staates Florida im Jahr 1980 über den Antrag des 73jährigen Patienten Abe Perlmutter zu entscheiden, das ihn am Leben erhaltende Beatmungsgerät abstellen zu dürfen. Der Patient war bei klarem Verstand und war sich der Tatsache bewußt, daß das Abstellen des Gerätes innerhalb einer Stunde zu seinem Tod führen würde. Zum Zeitpunkt der Entscheidung war er unheilbar an Amyotropher Lateralsklerose (Lou Gehrig's disease) erkrankt, bereits vollständig gelähmt und hatte eine Lebenserwartung von circa zwei Jahren. Die Familie des Klägers unterstützte den Antrag des Patienten. Der Supreme Court des Staates Florida gab dem Antrag des Klägers mit der Begründung statt, daß ein entscheidungsfähiger terminal erkrankter Erwachsener ohne minderjährige Abhängige das verfassungsrechtliche Recht habe, außergewöhnliche medizinische Maßnah-

116 Meisel, The Right to Die, § 2.2.

117 *Satz v. Perlmutter,* 379 So.2d 359 (Fla. 1980).

men abzulehnen oder abzubrechen, wenn alle betroffenen Familienmitglieder zustimmten.[118]

Der Supreme Court des Staates Florida faßte somit den Tenor der Entscheidung restriktiv und knüpfte das Recht des Patienten eng an die besonderen Umstände des Falles. Diese Tendenz zu einer stark einzelfallbezogenen Tenorierung und Argumentation findet sich in fast allen gerichtlichen Entscheidungen. Aufgrund der Anzahl der Fälle zeigt sich aber die klare richterliche Linie, ein Recht auf passive Sterbehilfe möglichst umfassend zu gestalten.

b) Bouvia v. Superior Court

In seiner wichtigen und äußerst kontroversen Entscheidung *Bouvia v. Superior Court*[119] entschied der Supreme Court des Bundesstaates Kalifornien, daß ein Recht auf passive Sterbehilfe auch für nicht terminal erkrankte Patienten existiert. Er gab damit dem Antrag der 28jährigen Elisabeth Bouvia statt, das sie behandelnde Krankenhaus anzuweisen, auf ihren Wunsch die künstliche Ernährungssonde zu entfernen und den Ärzten die Aufnahme ähnlicher medizinischer Maßnahmen zu verbieten.[120]

Die Patientin litt seit Geburt an Cerebralparese und entwickelte eine zunehmende Arthritis, war aber nicht lebensbedrohend erkrankt und hatte eine Lebenserwartung von mindestens 15 bis 20 Jahren.[121] Durch ihre Krankheit war Elisabeth Bouvia zum Zeitpunkt der Entscheidung jedoch vollkommen an das Bett gefesselt. Sie konnte nur noch einige Finger an einer Hand bewegen und im geringen Umfang Gesichts- und Kopfbewegungen vornehmen.[122] Die Patientin litt an schmerzhafter Arthritis und war trotz hoher Morphiumdosen nicht gänzlich schmerzfrei. Trotz ihrer Krankheit hatte sie einen Collegeabschluß erworben und war nach Ansicht aller Parteien eine voll entscheidungsfähige und sehr intelligente Frau.[123] Sie war verheiratet, vom Ehemann aber kurz vor Beginn des Gerichtsverfahrens verlassen worden.[124] Sie hatte eine Fehlgeburt erlitten und befand sich nunmehr in dem beklagten Krankenhaus, weil ihr Vater nicht mehr für sie sorgen konnte.[125] Die Patientin hatte mehrmals den Wunsch zu sterben geäußert und die Nahrungsaufnahme verweigert. Aus diesem Grund war ihr von den behandelnden Ärzten gegen ihren Willen eine künstliche Nahrungssonde gelegt worden.

---

118 A.a.O., 360.

119 *Bouvia v. Superior Court (Glenchur)*, 225 Cal. Rptr. 297 (Cal. 1986).

120 A.a.O., 298.

121 A.a.O., 299 f., 304.

122 A.a.O., 300.

123 A.a.O.

124 A.a.O.

125 A.a.O.

Das Gericht sprach Elisabeth Bouvia das Recht zu, auf ihren Wunsch die Nahrungssonde entfernen zu lassen und wies die Ärzte an, künftig ähnliche Behandlungen gegen den Willen der Patientin zu unterlassen. Werde der Wille einer zurechnungsfähigen und medizinisch aufgeklärten Patientin respektiert, so könnten sich hieraus zukünftig auch keine straf- oder zivilrechtlichen Haftungen für die beteiligten Personen ergeben.[126]

Zur Begründung führte das Gericht aus, daß der Patientin als erwachsener und entscheidungsfähiger Person ein Recht auf Ablehnung jeglicher medizinischer Behandlungsmaßnahmen zustehe, auch wenn diese das Leben des Patienten retten oder verlängern könnten.[127] Dieses fundamentale Recht sei im *right of privacy* der Bundesverfassung wie auch im *right of privacy* der Verfassung des Staates Kalifornien verankert.[128] Die Entscheidung über die passive Sterbehilfe stehe trotz der schwierigen Lebensumstände allein der Patientin zu, welche aus ihren eigenen Motiven über einen Abbruch der Behandlungsmaßnahmen entscheiden könne, ohne daß sich ihr Arzt, ihr Anwalt, ein Richter oder eine Ethikkommission in die Entscheidung einmischen dürfe.[129] Das Gericht betonte zudem, daß dieses Recht der Patientin auch zustehe, obwohl keine lebensbedrohliche Erkrankung vorliege,[130] und daß es auch nicht durch das Interesse des Staates am Schutz des Lebens aufgewogen würde.[131]

Die Entscheidung wurde in der Literatur ambivalent aufgenommen.[132] Die Patientin befand sich unzweifelhaft in einer persönlich äußerst schwierigen Situation: Ihr Ehemann hatte sich getrennt, sie hatte eine Fehlgeburt erlitten und konnte von ihrem Vater zu Hause nicht mehr versorgt werden. Zudem litt sie an ständigen Schmerzen. Damit scheint der Fall Elisabeth Bouvia ein klassisches Beispiel für die These darzustellen, daß der Wunsch zu Sterben oftmals allein aus Schmerzen und mangelnder Fürsorge entspringt.[133] Hiergegen wurde aber vorgebracht, daß ein Recht auf passive Sterbehilfe gerade Patienten in schwierigen Situationen unabhängig von den persönlichen Motiven zustehen müsse.[134] So litt Elisabeth Bouvia laut Sachverständigengutachten weder an Depressionen noch an anderen psychischen Beeinträchtigungen und wurde als voll entscheidungsfähige und intelligente Patientin beurteilt. Damit beruht der vorgebrachte Einwand auf der bereits

---

126 A.a.O., 306.

127 A.a.O., 300.

128 A.a.O., 301.

129 A.a.O., 305.

130 Das Gericht zitiert hier insbesondere zwei vorangegangene Entscheidungen: *Barber v. Superior Court,* Cal.App. 3d 1006, 195 Cal. Rptr. 484 (1983) und *Bartling v. Superior Court,* Cal.App. 3d 186, 209 Cal. Rptr. 220 (Ct. App. 1984).

131 Vgl. hierzu ausführlich Teil 3 (G I).

132 Zur Diskussion vgl. Clark, The Politics of Physician Assisted Suicide, S. 48 f.; Matthews, 75 Cal. L. Rev. 707 ff. (1987); Gabel, 22 Fla. St. U.L. Rev. 369, 396 ff. (1994).

133 Vgl. hierzu Teil 2 (A III 1) sowie Matthews, 75 Cal. L. Rev. 707, 738 (1987).

134 *Bouvia v. Superior Court (Glenchur),* 225 Cal. Rptr. 297, 300 f. (Cal.1986).

oben abgelehnten These, daß jeder Wunsch zu sterben krankheitsbedingt sei und damit ein *right to die* unter keinen Umständen anerkannt werden könne.[135] Dieser These wird aber auch im amerikanischen Recht nicht gefolgt. Vielmehr muß auch hier analog dem deutschen Recht im Einzelfall sorgfältig geprüft werden, ob der Wunsch zu sterben auf einem freiverantwortlichen und ernsthaften Willen des Patienten beruht.[136]

c) *State v. McAfee*

Eine der weitreichendsten Entscheidungen traf das Gericht des Staates Georgia im Jahr 1989 im Fall *State v. McAfee*[137]. Hierin sprach das Gericht dem entscheidungsfähigen Patienten McAfee ein Recht auf Vornahme einer passiven Sterbehilfe unter vorheriger Gabe von Schmerzmitteln zu, obwohl der Patient physisch in der Lage gewesen wäre, den tödlichen Abbruch selbst vorzunehmen.[138]

Der Patient McAfee war durch einen Motorradunfall an der Wirbelsäule verletzt worden und seither querschnittsgelähmt. Er war auf ein Beatmungsgerät angewiesen. Eine Aussicht auf Heilung oder Verbesserung seines Zustandes bestand nicht. Der entscheidungsfähige Patient äußerte mehrmals den Wunsch, durch Entfernung des Beatmungsgerätes sterben zu wollen. Aus Angst vor einem qualvollen und schmerzhaften Erstickungstod wollte er aber nicht selbst das Beatmungsgerät abschalten, obwohl ihm dies körperlich möglich gewesen wäre. Vielmehr verklagte er mit Zustimmung seiner Familie die Leitung des ihn behandelnden Krankenhauses, erstens das Beatmungsgerät auf seinen Wunsch zu entfernen und ihm zweitens zuvor ein Schmerzmittel zu verabreichen, um ihm die durch den Erstickungstod auftretenden Schmerzen zu erleichtern.

Beiden Anträgen gab der Supreme Court des Staates Georgia statt. So sei sowohl das Entfernen des Beatmungsgerätes als auch das Verabreichen eines Schmerzmittels an den Patienten verfassungsrechtlich durch dessen *right of privacy and liberty* geschützt.[139] Dieses Recht entfalle auch nicht dadurch, daß der Patient das Beatmungsgerät selbst entfernen könne.[140]

Bei der Entscheidung *State v. McAfee* handelte es sich zwar um einen Fall der passiven Sterbehilfe, da der Tod des Patienten letztendlich durch die Entfernung des lebensnotwendigen Beatmungsgerätes eintrat. Trotzdem rückt der Fall durch die vorherige Gabe eines künstlichen Schmerzmittels zum Zweck der Sterbeer-

---

135 Matthews, 75 Cal. L. Rev. 707, 758 (1987).

136 A.a.O., 754.

137 *State v. McAfee*, 385 S.E.2d, 651 (Ga. 1989).

138 A.a.O.

139 A.a.O., 652.

140 A.a.O.

leichterung zumindest in die Nähe der Beteiligung an einer Selbsttötung, weshalb er große Aufmerksamkeit erregte.

d) Zwischenergebnis

Die Gerichte haben bisher in allen Entscheidungen ein Recht des entscheidungsfähigen Patienten auf die Nichtaufnahme oder den Abbruch von Behandlungsmaßnahmen bestätigt.[141] Die Anzahl dieser Gerichtsentscheidungen ist aber gering geblieben und umfaßt nur circa 10 Prozent aller gerichtlichen Fälle zur passiven Sterbehilfe.[142] Dies überrascht auf den ersten Blick, weil der Wunsch auf Abbruch von Behandlungsmaßnahmen sehr oft geäußert wird.[143] Begründet ist dies wohl darin, daß das Recht des entscheidungsfähigen Patienten heute durch ständige Rechtsprechung bereits fest etabliert und auch bei den im Krankenhaus tätigen Ärzten und Pflegern immer häufiger bekannt ist. Die Problematik scheint deshalb zwischen Patient, Arzt und Familie direkt diskutiert und zu einem einvernehmlichen Vorgehen geführt zu werden, ohne daß gerichtliche Hilfe in Anspruch genommen wird.[144]

Das Recht des entscheidungsfähigen Patienten auf passive Sterbehilfe wurde aber auch und vor allen Dingen durch gerichtliche Entscheidungen fest etabliert, welche die Rechte von entscheidungsunfähigen Patienten betrafen. In diesen Fällen gehen die Gerichte zunächst von einem Recht des entscheidungsfähigen Patienten auf passive Sterbehilfe aus und leiten dann von diesem Recht auch ein entsprechendes Recht des entscheidungsunfähigen Patienten ab.

5. Das Recht eines entscheidungsunfähigen Patienten auf passive Sterbehilfe

Seit der Grundsatzentscheidung *In the Matter of Quinlan*[145] aus dem Jahr 1976 wird von den Gerichten in ständiger Rechtsprechung anerkannt, daß auch entschei-

---

141 Vgl. Glick, The Right to Die, S. 148.

142 Neben den hier dargestellten Fällen sind noch zwei weiteren Fälle bekannt: *In the Matter of Farrell* hatte der New Jersey Supreme Court das Recht einer entscheidungsfähigen, an Lou Gehrig terminal erkrankten 37jährigen Patienten anerkannt, das mechanische Beatmungsgerät abzustellen. (*In the Matter of Farrell,* 529 A.2d 404 (N.J. 1987)); Der Supreme Court von Nevada gab einer 31jährigen entscheidungsfähigen, aber nicht terminal erkrankten querschnittsgelähmten Frau das Recht, ein Beatmungsgerät zu entfernen, obwohl sie innerhalb kürzester Zeit nach der Entfernung sterben würde (*McKay v. Bergstedt,* 801 P 2d 617 (Nev. 1990)). Vgl. Sloss, 49 Stan. L. Rev. 937, 943–944 (1996).

143 Neu / Kjellstrand, 314 New. Eng. J. Med. 14 (1986).

144 Vgl. Meisel, The Right to Die, § 2.5.; Brunner, Die vorsätzliche Tötung im Strafrecht der Vereinigten Staaten, S. 104.

145 *In the Matter of Quinlan* 355 A.2d 647, 664 (N.J. 1976).

dungsunfähigen Patienten ein Recht auf passive Sterbehilfe aus dem *right of privacy* und dem *Common Law* zustehen kann.[146] Insgesamt wurde in mehr als 100 Fällen dieses Recht bestätigt und damit fest etabliert.[147] So haben die Gerichte mittlerweile anerkannt, daß ein Recht auf passive Sterbehilfe unabhängig von der Prognose (terminal erkrankt[148] oder nicht[149]), der Bewußtseinsform (entscheidungsfähig[150] oder nicht-entscheidungsfähig[151]), des Ortes (im Krankenhaus[152] oder zu Hause[153]) und der Behandlungsmaßnahmen (Erhalt von außergewöhnlichen[154] oder gewöhnlichen[155] Maßnahmen) besteht.[156] Unbestritten ist auch, daß in Fällen des entscheidungsunfähigen Patienten passive Sterbehilfe nicht gegen den mutmaßlichen Willen des Patienten erfolgen darf. In den Mittelpunkt der Entscheidungen rückte damit die Problematik, mit welchen Mitteln der mutmaßliche Wille des entscheidungsunfähigen Patienten ermittelt werden kann. Die Rechtsprechung ist in diesem Punkt nicht einheitlich.

a) Die Ermittlung des mutmaßlichen Willens und des besten Interesses

Zur Ermittlung des mutmaßlichen Willens und Interesses eines entscheidungsunfähigen Patienten kommen grundsätzlich drei Maßstäbe in Betracht.[157] Zunächst ein rein subjektiver Maßstab, welcher sich nur auf eigene Bekundungen des Patienten stützt, etwa aus früheren mündlichen Äußerungen des Patienten selbst oder aus seinem Patiententestament. Zweitens ein *substituted judgement standard* (Maßstab der Entscheidungsstellvertretung), welcher erfordert, daß ein Stellvertreter sich bemüht, diejenige Entscheidung zu finden, die der Patient getroffen hätte, wenn er zu einer eigenen Entscheidung fähig gewesen wäre.[158] Schließlich ein rein objektiver Maßstab, der *best interest standard* (Maßstab des besten Interesses), welcher aus

146 Meisel, The Right to Die, § 2.4, § 2.5.

147 Vgl. Meisel, 24 Fordham U. L.J. 817, 822 (1997); vgl. auch Sloss, 48 Stan. L. Rev. 937, 944 (1996).

148 Vgl. *Satz v. Perlmutter,* 279 So.2d 359, 360 (Fla. 1980).

149 Vgl. *Bouvia v. Superior Court,* 225 Cal. Rptr. 297, 299–300 (Cal.Dist. Ct. App. 1986).

150 Vgl. *In the Matter of Farrell,* 529 A.2d 404, 407 (N.J. 1987).

151 Vgl. *Superintendent of Belchertown State Sch. v. Saikewicz,* 370 N.E.2d 417, 419 (Mass. 1977).

152 Vgl. *State v. Mc Afee,* 385 S.E.2d 651 (Ga. 1996).

153 Vgl. *In the Matter of Farrell,* 529 A.2d 404, 408 (N.J. 1987).

154 Vgl. *Superintendent of Belchertown State Sch. v. Saikewicz,* 370 N.E.2d 417, 423 (Mass. 1977).

155 Vgl. *Brophy v. New England Sinai Hosp.,* 497 N.E.2d 626, 637–38 (Mass. 1986).

156 Note, 105 Harv. L. Rev. 2021, 2022 (1992).

157 Vgl. hierzu auch Bernat, in Bernat, Ethik und Recht. S. 159 ff.

158 Füllmich, Der Tod im Krankenhaus, S. 53; Lyon, U. Cin. L. Rev. 1367, 1379 Fn. 71 m. w. Nachw. (1990).

den Umständen des Falles zu ermitteln versucht, was im (objektiv) besten Interesse des Patienten ist. In den verschiedenen Bundesstaaten werden unterschiedliche Maßstäbe angewendet, und in einigen Fällen weichen sogar die Ansichten der Gerichte innerhalb eines Bundesstaates voneinander ab. Dies macht die Rechtslage zu dieser Frage uneinheitlich.

aa) Der rein subjektive Maßstab (*subjective standard*)

Der rein subjektive Maßstab wird als ausschließliches Kriterium bei der Ermittlung des mutmaßlichen Willens von den Gerichten der Bundesstaaten New York und Missouri angewandt.[159] Die Gerichte beider Staaten stützen sich hierbei allein auf den Willen des Patienten, wie er ihn vor dem Verlust seiner Entscheidungsfähigkeit geäußert hat. Die Gerichte stellen hohe Anforderungen an die Ermittlung des subjektiven Willens. So müssen „klare und überzeugende Beweise dafür vorliegen, daß der Patient unter den gegebenen Umständen den Abbruch von Behandlungsmaßnahmen gewollt haben würde".[160] Allgemein gehaltene Äußerungen des Patienten reichen hierfür nicht aus.

(1) In the Matter of Eichner

Einen klaren und eindeutigen Beweis für den mutmaßlichen Willen eines entscheidungsunfähigen Patienten sah das höchste New Yorker Gericht, der New York Court of Appeals, im Jahr 1981 in der Entscheidung *In the Matter of Eichner*[161] als gegeben an. Hier hatte der 83jährige Patient vor der Vornahme einer Operation, in deren Verlauf er in ein irreversibles Koma fiel, unter Hinweis auf die Umstände des *Quinlan*-Falles ausdrücklich erklärt, daß sein Leben nicht durch außerordentliche Maßnahmen verlängert werden solle, wenn sein Zustand hoffnungslos werde.[162] Das Gericht gestattete auf der Basis dieser Äußerung und der medizinische Prognose das Abschalten des Beatmungsgerätes.[163]

(2) In the Matter of Westchester County Medical Center on behalf of O'Connor

Hingegen entschied der New York Court of Appeals im Fall *In the Matter of Westchester County Medical Center on behalf of O'Connor*[164], daß die Magenson-

159 The New York Task Force on Life and the Law, When Death is Sought, S. 53.

160 Meisel, The Right to Die, § 7.5.

161 *In the Matter of Eichner,* 52 N.Y.2d 363, 420 N.E.2d 64, 438 N.Y.S. 2d 266 (1981).

162 A.a.O., 371 f.; vgl. auch Füllmich, Der Tod im Krankenhaus, S. 58.

163 Der Court of Appeals stützte seine Entscheidung hier jedoch ausschließlich auf die Grundsätze des *Common Law* (*In the Matter of Eichner,* 52 N.Y.2d 363, 367 (1981)).

164 *In the Matter of Westchester County Medical Center on behalf of O'Connor,* 531 N.E.2d 607; 72 N.Y. 2d 517 (1988).

de der 77 Jahre alten, durch einen Schlaganfall nicht mehr entscheidungsfähigen Patientin Mary O'Connor nicht entfernt werden dürfe, weil es an einem klaren und überzeugenden Beweis für den mutmaßlichen Willen der Patientin fehle. Zwar seien zur Ermittlung des mutmaßlichen Willens nicht nur zuvor gemachte schriftliche Äußerungen der Patienten heranzuziehen, sondern auch mündliche Äußerungen gegenüber Familienmitgliedern oder Freunden. Allerdings seien die über Jahre gemachten mündlichen Äußerungen der Patientin, daß sie niemals eine Last für andere sein oder künstlich am Leben erhalten werden wolle, wenn sie nicht für sich selber sorgen könne, zu allgemein sowie nicht in Zusammenhängen gefallen, welche mit ihrem jetzigen Zustand vergleichbar wären und damit hinsichtlich ihres Beweiswertes zu gering. Da der mutmaßliche Willen der Patientin nicht feststellbar sei, dürfe die künstliche Ernährung der Patientin nicht eingestellt werden.

(3) In the Matter of Storar

Aus der alleinigen Anwendung des rein subjektiven Maßstabes in den Staaten New York und Missouri folgt, daß die Vornahme einer passiven Sterbehilfe für Patienten, welche in keinem Lebensabschnitt entscheidungsfähig waren, nicht erlaubt ist.[165] In diesen Fällen steht vielmehr das Lebenserhaltungsinteresse des Staates im Vordergrund, und ein Abbruch der Behandlungsmaßnahmen ist unter keinen Umständen möglich.

Deshalb gab der New York Court of Appeals in der Entscheidung *In the Matter of Storar*[166] dem Antrag der Mutter eines 52jährigen, seit Geburt schwer geistig behinderten Patienten nicht statt, die wöchentlichen lebenserhaltenden Bluttransfusionen einzustellen, welche der Behandlung, nicht aber Heilung des Blasenkrebses ihres Sohnes gedient hatten.[167] Das Gericht war der Ansicht, daß es nicht zulässig sei, ohne eine eindeutige Äußerung des Patienten den Abbruch von lebensverlängernden Behandlungsmaßnahmen anzuordnen.[168] Der Patient war jedoch aufgrund seiner schweren geistigen Behinderung niemals zu einer wirksamen Einwilligung fähig gewesen.

(4) Zwischenergebnis

Die Staaten New York und Missouri wenden den rein subjektiven Maßstab als einziges Kriterium für die Ermittlung des mutmaßlichen Willens des Patienten an. Auch in den übrigen 48 Staaten wird zunächst versucht, den mutmaßlichen Willen durch eigene Äußerungen des Patienten zu ermitteln.[169] Die Vorteile des rein sub-

---

165 Meisel, The Right to Die, § 7.10.

166 *In the Matter of Storar,* 420 N.E.2d 64; 438 N.Y.S. 2d 266; 52 N.Y.2d 363 (1983).

167 Der Patient war noch während des Prozesses verstorben. Vgl. zum Problem von niemals entscheidungsfähigen Patienten auch Teil 3 (B II 5 b).

168 *In the Matter of Storar,* 420 N.E.2d 64, 73 (1981).

169 Vgl. Meisel, The Right to Die, § 7.6.

jektiven Maßstabes sind offensichtlich. Er ist am wenigsten spekulativ und birgt daher nur ein geringes Risiko einer Fehlentscheidung.[170] Zudem verwirklicht er den Gedanken der Selbstbestimmung des Patienten am besten.[171] Trotzdem ist umstritten, ob der subjektive Maßstab der alleinige Anhaltspunkt zur Ermittlung des mutmaßlichen Willens sein sollte. Kritisiert wird dies insbesondere unter den Gesichtspunkten der Praktikabilität und der Würde des Patienten. So liege in den meisten Fällen keine direkten vorherigen Äußerungen des Patienten vor, weil keine Person alle möglichen zukünftigen medizinischen Zustände und die entsprechenden medizinischen Behandlungsformen vorhersehen könne.[172] Damit verwehre es der subjektive Standard aber vielen Menschen, in Würde zu sterben, da die meisten Menschen weder eine schriftliche Anweisung noch sonstige klare und eindeutige Beweise für ihre Wünsche artikulierten und deshalb auch unter unwürdigen Bedingungen am Leben erhalten würden.[173] Zudem ignoriere der subjektive Maßstab die Überlegungen der Angehörigen und Freunde vollständig, welche aber die Überzeugungen des Patienten in den meisten Fällen am besten kennen.[174] Aus diesem Grund wenden die Gerichte in den meisten Bundesstaaten neben dem subjektiven Maßstab auch den *substituted judgement standard* an.

bb) Der Maßstab der Entscheidungsstellvertretung *(substituted judgement standard)*

Der *substituted judgement standard* wird von der Rechtsprechung am häufigsten verwendet.[175] In den Entscheidungen versuchen die Gerichte zunächst anhand von vorherigen Erklärungen des Patienten, dessen mutmaßlichen Willen zu ermitteln. Liegen direkte Äußerungen des Patienten aber nicht vor, so läßt der *substituted judgement standard* die Ermittlung des mutmaßlichen Willens auch mit Hilfe folgender Kriterien zu:[176]

1. Die Person des Patienten (Alter,[177] Religion,[178] Wertvorstellungen[179] sowie vom Patienten geäußerte Willenserklärung, letztendlich auch allgemeiner Art[180]);

---

170 A.a.O. § 7.4.

171 A.a.O.

172 Vgl. Martino, 41 N.Y.L. Sch. L. Rev. 285, 297 (1996).

173 Vgl. Roach, 25 U. Mich. J.L. Ref. 133, 182 (1991).

174 Vgl. Martino, 41 N.Y.L. Sch. L. Rev. 285, 297 (1996).

175 Meisel, The Right to Die, § 7.7.; Füllmich, Der Tod im Krankenhaus, S. 53.

176 Meisel, The Right to Die, § 7.9.

177 *Superintendent of Belchertown State School v. Saikewicz*, 370 N.E. 2d 417, 432 (Mass. 1977); *In the Matter of Westchester County Medical Ctr. (O'Connor)*, 531 N.E.2d 607 (N.Y.1988).

178 *In the Matter of Conroy*, 486 A.2d 1209, 1230 (N.J. 1985); *In the Matter of Quinlan*, 355 A.2d 647, 658 (N.J. 1976); *In the Matter of Westchester County Medical Ctr. (O'Connor)*, 531 N.E.2d 607 (N.Y. 1988); *Brophy v. New England Sinai Hosp., Inc.*, 497 N.E.2d 626, 631 (Mass. 1986).

2. Die Behandlungsmöglichkeiten der Krankheit (Heilungschancen,[181] Nebenwirkungen wie Schmerzen und Angstzustände,[182] Lebenserwartung mit und ohne Behandlung[183])
3. Das persönliche Umfeld des Patienten (Familienbindung,[184] die Auswirkungen auf die Familie,[185] das Urteil des Arztes[186]).

Der *substituted judgement standard* enthält damit sowohl subjektive als auch objektive Faktoren. Da sich eine feste Priorisierung der einzelnen Kriterien nicht herausgebildet hat, entscheiden die Gerichte auf Grundlage des jeweiligen Falles, welche Kriterien im Einzelfall gegeben sind und wie diese gegeneinander abgewogen werden müssen.[187]

cc) Der objektive Maßstab (*best interest standard*)

Im Fall des *best interest standard* versucht ein Stellvertreter, in Anlehnung an objektive, von der Gesellschaft akzeptierte Kriterien, für den entscheidungsunfähigen Patienten zu entscheiden, welche medizinischen Maßnahmen am besten seinem Interesse entsprechen.[188] Hierbei ist insbesondere zu ermitteln, welche Behandlungsmethode die Lebensqualität des Patienten aufrechterhält oder wiederherstellt.

---

179 *In the Matter of A.C.*, 573 A.2d 1235, 1250 (D.C. 1990) (Because „most people do not forsee what calamities may befall them ... the court ... should pay special attention to the known values and goals of the incapacitated patient, and should strive, if possible, to extrapolate from those values and goals what the patient's decision would be".

180 *DeGrella v. Elston*, 858 S.W.2d 698, 709 (Ky. 1993) (Reaktionen des Patienten auf bestimmte Behandlungsmethoden und seine Verhaltensmuster bei früheren Behandlungen); *In the Matter of A.C.*, 573 A.2d 1235, 1250 (D.C. 1990); *In the Matter of Conroy*, 486 A.2d 1229 f. (N.J. 1985).

181 *Superintendent of Belchertown State School v. Saikewicz*, 370 N.E.2d 417, 432 (Mass. 1977).

182 A.a.O., 432; *In the Matter of Westchester County Medical Ctr. (O'Connor)*, 531 N.E.2d 607 (N.Y. 1988).

183 A.a.O., 607; *Brophy v. New Eng. Sinai Hosp. Inc.*, 497 N.E.2d 626, 631 (Mass. 1986).

184 *In the Matter of Spring*, 399 N.E.2d 493 (Mass. App. Ct. 1979); *In the Matter of Westchester County Medical Ctr. (O'Connor)*, 531 N.E.2d 607 (N.Y. 1988).

185 A.a.O., 617; *In the Matter of Doe*, 583, N.E.2d 1263, 1268 (Mass. 1992); *Brophy v. New England Sinai Hosp., Inc.*, 497, N.E.2d 626, 631 (Mass. 1986).

186 *In the Matter of Westchester County Medical Ctr. (O'Connor)*, 531 N.E.2d 607 (N.Y. 1988).

187 Zur Kritik des *substituted judgement standard* vgl. Kadish, 60 Cal. L. Rev. 857, 878 (1992).

188 Füllmich, Der Tod im Krankenhaus, S. 62; kritisch zum Ganzen Kadish, 60 Cal. L. Rev. 857, 881 (1992).

(1) Barber v. Superior Court

Ein objektiver Ansatz wurde erstmals im Jahr 1983 von einem kalifornischen Berufungsgericht in *Barber v. Superior Court*[189] angewandt. In der Entscheidung ging es um die strafrechtliche Verurteilung zweier Ärzte, welche im Einvernehmen mit der Familie eines komatösen und durch Sauerstoffmangel schwer hirngeschädigten Patienten zunächst dessen Beatmungsgerät abgeschaltet und später auch die künstliche Nahrungszufuhr unterbrochen hatten.[190] Der mutmaßliche Wille des Patienten konnte aufgrund subjektiver Kriterien jedoch nicht ermittelt werden. Trotzdem hob das Gericht die Verurteilung beider Ärzte wegen eines Tötungsdeliktes auf.[191]

Das Gericht war der Ansicht, daß eine Entscheidung aufgrund des objektiv besten Interesses des Patienten dann zulässig sei, wenn sich subjektiv hinsichtlich des mutmaßlichen Willens des Patienten keine Anhaltspunkte ergäben. Die Ärzte hätten im Fall im Einvernehmen mit der Familie zumindest nicht rechtsfehlerhaft entschieden, daß der Abbruch der Behandlungsmaßnahmen im objektiven und besten Interesse des Patienten war. Sowohl die künstliche Beatmung als auch die künstliche Ernährung des Patienten hätten hier nicht das Leben, sondern nur das Sterben des Patienten verlängert.[192]

Der objektive Maßstab ist nach wie vor höchst umstritten und wird nur in wenigen Bundesstaaten angewandt.[193] Kritisiert wird insbesondere, daß jedes Leben unabhängig von der Situation des Patienten einen objektiven Wert und Lebensqualität habe und eine Beurteilung der Lebensqualität im Einzelfall äußerst schwierig sei.[194] Letztere Problematik zeigte sich besonders deutlich am folgenden Fall der dreijährigen Brianne Rideout.

(2) Der Fall Rideout

Die dreijährige Brianne Rideout war terminal an einem Gehirntumor erkrankt. Sie war dauerhaft komatös, zeigte keine neurologischen Befunde mehr und war auf eine künstliche Beatmung angewiesen.[195] Die Ärzte wollten die künstliche Beatmung der Patientin einstellen, weil eine (sinnlose) Weiterbehandlung des Kindes gegen die Würde der Patientin verstoße. Die Eltern wollten jedoch gegen den Rat des Krankenhauses die Behandlung ihrer Tochter fortsetzen lassen. Die Ärzte schalteten dennoch das Beatmungsgerät aus, worauf die Patientin zwei Tage später

---

189 *Barber v. Superior Court*, 147 Cal.App. 3d 1006, 195 Cal. Rptr. 484 (1983).

190 A.a.O., 1010 f., 195 Cal. Rptr. 486.

191 A.a.O., 1017, 1022; 195 Cal. Rptr. 490 f., 493.

192 A.a.O., 1016, 195 Cal. Rptr. 490; vgl. Übersetzung von Füllmich, Der Tod im Krankenhaus, S. 60.

193 Kadish, 80 Cal. L. Rev. 857, 881 (1992).

194 A.a.O.

195 Bruni, The New York Times, 9. March 1996, S. 6.

verstarb. Die Eltern hatten noch vom Krankenhaus aus telefonisch vergeblich versucht, eine einstweilige gerichtliche Verfügung für eine Anordnung der Weiterbehandlung ihrer Tochter zu erreichen. Die Eltern von Brianne Rideout verklagten die Leitung des Krankenhauses auf Schadensersatz.

Dieser Fall stellt eindringlich die Schwierigkeiten bei der Ermittlung des objektiv besten Interesses des Patienten dar. Insbesondere kommt es bei dessen Beurteilung oftmals zu Konflikten zwischen Ärzten und Angehörigen. In Fall der dauerhaft komatösen und terminal erkrankten Patientin Wanglie hatte das Krankenhaus sogar darauf geklagt, die nach Ansicht der behandelnden Ärzte objektiv sinnlose Behandlung der Patientin auch gegen den ausdrücklichen Wunsch ihres Ehemannes beenden zu dürfen.[196] Das Verfahren wurde jedoch eingestellt, weil die Patientin noch während des Prozesses verstarb, ohne daß die Behandlung abgebrochen worden war.

dd) Die Stellung der drei Maßstäbe

Die Entscheidung über die Wahl des Maßstabes bei der Ermittlung des mutmaßlichen Willens rückt in den neueren Fällen immer mehr in den Vordergrund.[197] Während im Grundsatzfall *In the Matter of Quinlan*[198] die Frage des Maßstabes nicht ausdrücklich diskutiert wurde, setzen sich die Gerichte in den neueren Fällen mit dieser Problematik ausführlich auseinander. Hierbei gehen die Gerichte immer mehr dazu über, die Maßstäbe in einer bestimmten Reihenfolge anzuwenden.[199]

Erstmals wurde diese Methode vom Supreme Court des Staates New Jersey in der Entscheidung *In the Matter of Conroy*[200] angewandt. Im Fall hatte der Neffe der 84jährigen dauernd bettlägerigen Patientin den Antrag an das Gericht gestellt, die künstliche Ernährung seiner Tante einzustellen zu dürfen, was innerhalb einer Woche zum Tod der Patientin führen würde. Die Patientin Claire Conroy war geistig verwirrt, befand sich aber nicht im Koma. Sie konnte noch einzelnen Personen mit den Augen folgen und lächelte, wenn sie gekämmt und massiert wurde. Es war nicht klar, ob die Patientin schmerzempfindlich war. Der New Jersey Supreme Court nahm den Fall aufgrund seiner grundlegenden Bedeutung an, obwohl die Patientin bereits zuvor verstorben war, ohne daß die künstliche Ernährung eingestellt worden war.

---

196 *In the Matter of Wanglie,* No. PX – 91 – 283 (4th Dist. Ct. Hennepin County Minn.); hierzu auch Beachamp / Veatch, Ethical Issues, 362 – 375 (1995); zur Problematik auch: *In the Matter of Doe,* 262 Ga. 389, 418 S.E.2d 3 (1992); *In the Matter of Baby „K"*, 16 F. 3d 590 (4th Cir. 1994).

197 Meisel, The Right to Die, § 7.2.

198 *In the Matter of Quinlan,* 355 A.2d 647 (N.J. 1976).

199 Peters, 50 Ohio St. L.J. 891, 922 (1991).

200 *In the Matter of Conroy,* 98 N.J. 321, 486 A.2d 1209 (N.J. 1985).

Zunächst stellte das Gericht fest, daß die Patientin grundsätzlich ein Recht auf Abbruch von Behandlungsmaßnahmen aus dem verfassungsrechtlichen Recht auf Privatsphäre sowie dem Recht auf Selbstbestimmung und *informed consent* des *Common Law* habe.[201] Damit wäre die Patientin im Falle ihrer Entscheidungsfähigkeit befugt gewesen, die künstliche Ernährung einstellen zu lassen. Da die Patientin aber entscheidungsunfähig gewesen war, müsse zunächst ihr mutmaßlicher subjektiver Wille erforscht werden. Dieser sei im Fall aber nicht eindeutig zu ermitteln gewesen. Selbst in solchen Fällen könne die Einstellung der lebenserhaltenden Maßnahmen dann noch möglich sein, wenn ein rein objektiver Test ergebe, daß eine Weiterbehandlung lediglich das Leiden der Patientin in unmenschlicher Weise verlängere. In Anbetracht der Umstände habe aber nicht eindeutig geklärt werden können, ob ein Abbruch dem mutmaßlichen Willen oder dem besten Interesse der Patientin entsprochen hätte.

Der Supreme Court des Staates New Jersey kam in späteren Entscheidungen jedoch partiell von einer allgemeinen Rangfolge der Maßstäbe ab und verwendet nunmehr den *substituted judgement standard* als maßgebliches Entscheidungskriterium.[202] In anderen Staaten wird der *best interest standard* aber nach wie vor als subsidiärer Maßstab zum *substituted judgement standard* angewendet.

ee) Die Bedeutung des Patiententestamentes

Gesetzlich haben nunmehr auch fast alle Staaten geregelt, daß ein entscheidungsfähiger Patient vorab für den möglichen Verlust seiner Entscheidungsfähigkeit Regelungen hinsichtlich der Art und Weise von zukünftigen medizinischen Behandlungsmaßnahmen treffen darf.[203] Erstmals trat ein solcher *Natural Death Act* im Jahr 1976 im Staat Kalifornien in Kraft.[204] Solche Regelungen können in Form eines Patiententestamentes (*living will*) und einer Entscheidungsvollmacht (*health care power of attorney*) festgelegt werden.[205]

Alle Bundesstaaten mit Ausnahme von Massachusetts und Michigan besitzen nunmehr ein Gesetz zur Regelungen von Patiententestamenten (*living wills*).[206] In einem *living will* legt der entscheidungsfähige Verfasser schriftlich seinen Entschluß fest, daß er seine Zustimmung zu außergewöhnlichen lebensverlängernden Behandlungsformen auch und gerade für den Fall seiner Entscheidungsunfähigkeit versagt. Die Bindungswirkung solcher Patiententestamente ist jedoch von Bundesstaat zu Bundesstaat verschieden. So verpflichten nicht alle Gesetze den Arzt, dem

201 A.a.O., 1222 f.

202 Meisel, The Right to Die, § 7.26.

203 Clark, The Politics of Physician Assisted Suicide, S. 7.

204 Cal. Health and Safety Code §§ 7185–7195 (West Supp. 1985).

205 Meisel, The Right to Die, § 11.1 (2d ed. 1995).

206 A.a.O., §§ 11.1, 11.22 tbl. 11–1.

Wunsch des Patienten Folge zu leisten; manche stellen den Arzt lediglich von jeder Haftung frei, wenn er eine lebensverlängernde Behandlung tatsächlich nicht aufnimmt oder eine solche abbricht.[207]

In allen Staaten bis auf Alabama sind Gesetze zu Entscheidungsvollmachten (*health care power of attorney statute*) in Kraft. Hiernach darf der Unterzeichner einen Vertreter in medizinischen Angelegenheiten einsetzen für den Fall, daß er nicht mehr in der Lage sein sollte, selbst zu entscheiden.[208] Der Beauftragte erhält dadurch „die Möglichkeit, die Entscheidung über die Fortsetzung einer medizinischen Behandlung je nach Sachlage und dem vermuteten Interesse des Auftraggebers zu treffen".[209] In 26 Bundesstaaten stellt ein Passus in dieser Regelung ausdrücklich klar, daß die Beteiligung an der Selbsttötung sowie aktive Sterbehilfe durch die jeweilige Bestimmung weder rechtlich anerkannt, gerechtfertigt noch entschuldigt sind.[210]

Trotz dieser rechtlichen Möglichkeiten haben bis heute weniger als 10 Prozent der amerikanischen Bevölkerung ein Patiententestament und / oder eine *health care power of attorney* verfaßt, obwohl Schätzungen besagen, daß aufgrund des erweiterten Einsatzes der Apparatemedizin heute bereits circa 70 Prozent aller Amerikaner in ihrem Leben mindestens eine Entscheidung für sich selbst oder einen Anverwandten bezüglich der passiven Sterbehilfe werden treffen müssen.[211]

Für die relativ geringe Anzahl der Patiententestamente werden vier Gründe angeführt:[212]

1. Die Angst vieler Menschen, vor allem der älteren Generation, sich mit dem eigenen Tod und dem Prozeß des Sterbens auseinanderzusetzen.
2. Die Schwierigkeit, trotz entsprechender Vordrucke eine juristisch gültige Regelung abzufassen.
3. Die Vermeidung von Konflikten innerhalb der Familie. Oftmals bestehen unterschiedliche Ansichten zum Thema Sterbehilfe, weshalb einer entsprechenden Diskussion aus dem Weg gegangen wird.
4. Die Schwierigkeiten für Ärzte und Angehörige, trotz einer Vorabverfügung zu entscheiden, ob eine medizinische Maßnahme die Lebensqualität eines Patienten verbessern oder zu einem langsamen und qualvollen Tod des Patienten führen wird.

---

207 Weigend / Künschner, Landesbericht USA, in Eser / Koch, Materialien zur Sterbehilfe, S. 671 f.; Gifford, 40 UCLA L. Rev. 1545, 1550–1551 (1993).

208 Meisel, The Right to Die, §§ 12.1, 12.52 tbl. 12–1.

209 Weigend / Künschner, Landesbericht USA, in Eser / Koch, Materialien zur Sterbehilfe, S. 672.

210 Daar, 28 Mich. U. J.L. 799, 815 Fn. 77 (1995).

211 Lyon, 58 U.Cin. L. Rev. 1367, 1372 (1990).

212 Clark, The Politics of Physician Assisted Suicide, S. 22.

Die Möglichkeit einer Vorabverfügung wird jedoch rechtspolitisch von weiten Teilen der Bevölkerung befürwortet. So sprechen sich heute circa 80 Prozent der amerikanischen Bevölkerung für die rechtliche Anerkennung und damit für die Möglichkeit einer Vorabverfügung aus.[213]

b) Der Sonderfall eines zu keinem Zeitpunkt entscheidungsfähigen Patienten

Besondere Probleme bereiten diejenigen Fälle, in denen es um entscheidungsunfähige Patienten geht, welche zu keinem Zeitpunkt ihres Lebens entscheidungsfähig gewesen sind. Zu dieser Gruppe zählen Neugeborene, kleine Kinder und Erwachsene mit schwerer geistiger Behinderung.

aa) Das Problem des zu keinem Zeitpunkt entscheidungsfähigen Erwachsenen

Bereits ein Jahr nach *In the Matter of Quinlan*[214] hatte der Supreme Court des Staates Massachusetts in *Superintendent of Belchertown State School v. Saikewicz*[215] den ersten Fall der passiven Sterbehilfe an einem Patienten zu entscheiden, der zu keinem Zeitpunkt seines Lebens einen mutmaßlichen Willen hatte bilden können. Der 67jährige Joseph Saikewicz war seit seiner Geburt geistig schwer behindert. Er hatte einen IQ von 10 und die geistige Reife eines zwei Jahre und acht Monate alten Kindes. Als er an Leukämie erkrankte, wollte der Pfleger eine Chemotherapie nicht durchführen lassen, weil eine Therapie keine Heilung verspreche, jedoch mit schweren Nebenwirkungen und Schmerzen verbunden sei. Eine solche Therapie sei deshalb nicht im Interesse des Patienten. Der Patient verstarb noch während des Verfahrens an den Folgen einer Lungenentzündung.

Das Gericht bestätigte, daß eine Chemotherapie bei dem Patienten Saikewicz nicht hätte durchgeführt werden müssen. Hier sei der voraussichtliche Erfolg einer Therapie und die mit ihr verbundenen Schmerzen und Leiden des Patienten gegeneinander abzuwägen. Durch eine Chemotherapie trete nur in 30 bis 50 Prozent aller Fälle eine Verbesserung, nicht aber eine Heilung der Leukämie auf, und dies meist nur für einen Zeitraum zwischen zwei bis dreizehn Monaten.[216] Die Chemotherapie sei aber mit schweren Nebenwirkungen und Schmerzen verbunden und würde wahrscheinlich zu Angstzuständen führen, weil der Patient den Sinn und Zweck

---

213 A.a.O., 23.

214 *In the Matter of Quinlan*, 355 A.2d 647 (1976).

215 *Superintendent of Belchertown State School v. Saikewicz*, 370 N.E.2d 417; 373 Mass. 728 (1977).

216 A.a.O., 732.

der Therapie nicht verstehe.[217] Ohne Chemotherapie habe der Patient hingegen eine Lebenserwartung von einigen Wochen, in denen er keine schweren Schmerzen erleiden würde. Das Gericht entschied deshalb, daß die Durchführung der Chemotherapie nicht dem mutmaßlichen Willen des Patienten im Falle seiner Einsichtsfähigkeit entspreche.[218]

In den meisten Staaten wird damit auch für niemals entscheidungsfähige Erwachsene ein *substituted judgement standard* angewandt, vereinzelt aber auch ein rein objektiver Maßstab. Insgesamt wurden in den letzten Jahren immer häufiger Fälle von geistig behinderten Erwachsenen, aber auch von Kleinkindern entschieden.[219]

bb) Das Problem der sogenannten Früheuthanasie

Hoch umstritten ist auch die Einstellung von Behandlungen bei schwerstgeschädigten Neugeborenen und kleinen Kindern. Hier hat sich in den USA eine umfangreiche Literatur und Rechtsprechung herausgebildet, welche hier nur kurz skizziert werden kann.[220]

In einem der ersten Fälle hatte der Circuit Court for the County of Monroe im Staat Indiana darüber zu entscheiden, ob die Eltern eines neugeborenen mongoloiden Kindes ihr Einverständnis zu einer lebensrettenden Operation verweigern durften.[221] Das Kind „Doe“ war 1982 mit einem offenen Rachen geboren worden, welcher eine normale Nahrungsaufnahme unmöglich machte und ohne eine Operation innerhalb von kurzer Zeit zum Tode des Kindes führen würde. Eltern und Ärzte kamen gemeinsam zu dem Entschluß, daß eine mögliche Operation nicht im Interesse des Kindes sei, da eine adäquate Lebensqualität aufgrund der schweren und nicht zu behandelnden geistigen Behinderung des Kindes nicht zu erreichen sei. Insofern wollten die Eltern zwar Behandlungen zustimmen, welche Baby Doe schmerzfrei halten sollten, die lebensrettende Operation aber nicht durchführen lassen.

Noch im Krankenhaus kam es zu einem gerichtlichen Eilverfahren. Hierbei entschied der Richter, daß die Entscheidung über die Vornahme der lebensrettenden Operation allein den Eltern und Ärzten obliege.[222] Nach Ansicht des Gerichts lag der Sinn und Zweck der derzeit geltenden Gesetze des Staates Indiana allein darin,

---

217 A.a.O.

218 A.a.O., 745 f.

219 Sloss, 48 Stan. L. Rev. 937, 961 (1996).

220 Vgl. Meisel, The Right to Die, § 16, zum Problem auch Keyserlingh, ZStW 97, 178 ff. (1985).

221 Vgl. *In the Matter of Infant Doe,* No. GU 8204 – 00 (Ind. Cir. Ct. Monroe County, April 12, 1982); vgl. auch Meisel, The Right to Die, § 16.6.

222 A.a.O.

eine ausreichende Informierung der Entscheidungsträger über die Konsequenzen einer medizinischen Entscheidung zu garantieren. Da die Eltern über die Folgen und Risiken der Nichtvornahme der Operation durch die Ärzte hinreichend aufgeklärt worden seien, dürfe es nicht die Aufgabe der Judikative sein, diese Entscheidung paternalistisch zu ersetzen.[223] Baby Doe starb 10 Tage später, ohne daß die Operation durchgeführt worden wäre.

Bis heute ist die Behandlung der Früheuthanasie heftig umstritten und von einer konsistenten Beurteilung weit entfernt.[224] Manche Bundesstaaten haben Gesetze erlassen, die ausdrücklich eine ärztliche Behandlungspflicht unabhängig von der Zustimmung der Eltern statuieren.[225] Hingegen sind die amerikanischen Ärztevereinigungen der Ansicht, daß letztendlich die Eltern über die Behandlung schwerstgeschädigter Neugeborener zu entscheiden haben.[226] Die Exekutive beruft sich auf die traditionellen Rechte des Staates als *parens patriae*, mit denen das Lebensrecht des Kindes auch gegen den Willen der Eltern durchgesetzt werden könne und müsse.[227] Auch Gerichte haben in Fällen der Früheuthanasie wie auch in Fällen von entscheidungsunfähigen Patienten die Entscheidungsbefugnis des Staates in Einzelfällen mit der staatlichen Fürsorgepflicht (*parens patriae power*) begründet.[228]

c) Ergebnis

Das Recht eines Patienten auf Wahl der passiven Sterbehilfe ist nunmehr in ständiger Rechtsprechung der bundesstaatlichen Gerichte fest etabliert. Seitens des Supreme Court wurde allerdings bis heute die Frage offengelassen, ob ein solches Recht in der Verfassung oder im *Common Law* verankert ist.

---

223 A.a.O.

224 A.a.O.

225 Weigend / Künschner, Landesbericht USA, in Eser / Koch, Materialien zur Sterbehilfe, S. 675.

226 A.a.O.

227 A.a.O.

228 Die *parens patriae power* bedeutet im allgemeinen, daß der Staat das Recht und die Pflicht hat, als Vormund und Beschützer im besten Interesse der Personen zu handeln, welche rechtlich nicht (voll) handlungsfähig sind. Diese Fürsorgepflicht hat ihren Ursprung im englischen *Common Law* als es zu den Verpflichtungen des Königs gehörte, die Interessen von Personen mit rechtlich eingeschränkter Befugnis wie Kindern und geistig schwer Behinderten wahrzunehmen. In den USA steht diese Fürsorgepflicht traditionell den Bundesstaaten zu. Erstmals in der Entscheidung *In the Matter of Conroy* (486 A.2d 1209 (N.J. 1985)) stellte der New Jersey Supreme Court fest, daß sich ein Recht des Staates, über das beste Interesse der Patientin im Fall der passiven Sterbehilfe zu entscheiden, aus der *parens patriae power* ergeben kann. Noch im Jahr 1989 diente sie im Fall eines Kindes als Rechtsgrundlage für einen Abbruch von Behandlungsmaßnahmen (*In the Matter of E.G.*, 549 N.E.2d 322, 327 (Ill. 1989)). Die Berufung auf die *parens patriae power* ist jedoch selten. (Vgl. zum Ganzen: Black, Dictionary zu *parens patriae power* (1979) und Meisel, The Right to Die, § 2.11).

Entscheidungsfähigen Patienten wird von den Gerichten in allen Bundesstaaten ein subjektives Recht zugestanden, eine lebensnotwendige Behandlung auch dann abzulehnen, wenn dies innerhalb kurzer Zeit zu ihrem Tod führt. Die Lebenserwartung und persönlichen Motive des Patienten sind rechtlich dann unbeachtlich, wenn die Entscheidung frei von Zwang und Willensmängeln getroffen wurde. Das Recht auf passive Sterbehilfe ist in den USA subjektiv einklagbar.[229] Damit können Patienten z. B. gegen die Leitung eines Krankenhauses auf Abbruch einer lebensnotwendigen Behandlung klagen.

Entscheidungsunfähige Patienten haben grundsätzlich die gleichen Rechte wie entscheidungsfähige Patienten und damit auch ein subjektiv einklagbares Recht auf Vornahme der passiven Sterbehilfe. Hierbei stellt sich die Frage, anhand welchen Maßstabes der mutmaßliche Willen des Patienten ermittelt werden soll. Alle bundesstaatlichen Gerichte versuchen zunächst, mit dem rein subjektiven Maßstab den Willen des Patienten zu ermitteln. Mit Ausnahme der Staaten New York und Missouri wenden die Gerichte der anderen Bundesstaaten darüber hinaus auch den *substituted judgement standard*, manche auch einen rein objektiven Maßstab an. Der Supreme Court hat in der bisher einzigen Entscheidung zur passiven Sterbehilfe die Auswahl und Anwendung eines Maßstabes ausdrücklich in der Zuständigkeit der jeweiligen Bundesstaaten belassen.

Bis Mitte der 90er Jahre wurde von den Gerichten ein *right to die* nur in Form der passiven Sterbehilfe behandelt und rechtlich anerkannt. Hierbei erfolgte die Abgrenzung zwischen der (straffreien) passiven Sterbehilfe und der (strafbewehrten) Beteiligung an einer Selbsttötung dadurch, daß der Patient im Fall der passiven Sterbehilfe an den Folgen seiner Krankheit und nicht – wie im Fall der Beteiligung an der Selbsttötung – an künstlichen fremdzugeführten Stoffen oder Medikamenten verstirbt. In den letzten Jahren hat sich aber nunmehr die Diskussion darüber verstärkt, ob das Recht des Patienten auf medizinische Selbstbestimmung nicht auch ein Recht auf Hilfe bei der Selbsttötung oder sogar aktiven Sterbehilfe umfasse und damit die Aufgabe der Judikative sei, die Ausweitung der subjektiven Rechte des Patienten fortzuführen.

III. Die Selbsttötung

In keinem Bundesstaat ist die Vornahme einer Selbsttötung oder deren Versuch gesetzlich unter Strafe gestellt. Rechtspolitisch wird diskutiert, ob dies allein auf der pragmatischen Einschätzung beruht, daß es keine adäquate Bestrafung für eine vollendete Selbsttötung gebe und mithin das Strafrecht ein untaugliches Mittel sei,

229 „Die Einklagbarkeit, die vollwertige Grundrechte von bloßen Programmsätzen unterscheidet, ist stets ein Charakteristikum der amerikanischen Garantien gewesen." (Giegerich, Privatwirkung der Grundrechte in den USA, S. 39).

um eine Person von der Vornahme eines Suizidversuches abzuhalten.[230] Ein Teil der Lehre will in der Aufhebung der Kriminalisierung der Selbsttötung durch alle Bundesstaaten inzident bereits die positive staatliche Anerkennung eines Rechtes auf Selbsttötung sehen.[231] Gegen letztere Ansicht spricht jedoch, daß es nach wie vor in allen Bundesstaaten als eines der wichtigsten staatlichen Ziele angesehen wird, Selbsttötungen zu verhindern.[232] Insofern bereits von einer staatlichen Anerkennung eines Rechtes auf Selbsttötung zu sprechen, erscheint zumindest verfrüht.[233]

IV. Die Beteiligung an der Selbsttötung

Die Beteiligung an der Selbsttötung ist in den USA im Gegensatz zu Deutschland nach den derzeit geltenden Gesetzen in allen Bundesstaaten mit Ausnahme von Oregon strafbar. In der Praxis sind hiervon beispielsweise Ärzte betroffen, welche entscheidungsfähigen und terminal erkrankten Patienten auf deren Wunsch eine tödliche Dosis Medikamente verschreiben, die der Patient zu einem späteren Zeitpunkt an einem anderen Ort einnimmt.

1. Die spezialgesetzlichen Regelungen

Im amerikanischen Strafrecht kann sich eine Person auch dann strafbar machen, wenn sie die Tat nicht selbst ausführt, „dem direkten Täter jedoch in irgend einer Weise durch Veranlassen, Helfen, Ermutigen, Beraten etc. bei der Tatausführung beisteht (*assist*)".[234] In älteren Entscheidungen wurde die Strafbarkeit wegen der Beteiligung an der Selbsttötung von der Rechtsprechung u. a. damit begründet, daß der Angeklagte während der Selbsttötung am Tatort anwesend war[235] oder damit, daß der Angeklagte mit dem Opfer in einen sogenannten Selbstmordpakt eingewilligt hatte.[236]

Neben der Unterscheidung zwischen Täterschaft und Teilnahme kennt das amerikanische Strafrecht auch den Grundsatz der Akzessorietät (*derivative liability*).[237] Mit der Aufhebung der Strafbarkeit der Selbsttötung traten deshalb hin-

---

230 American Law Institute, Model Penal Code and Commentaries, vol. 2 (Philadelphia, 1980), § 210.5.

231 Broock, 22 Hastings Center Rep. 19 (1992).

232 Vgl. hierzu Teil 3 (G II).

233 Vgl. Previn, 84 Geo. L.J. 589, 592 (1996); Kamisar, 23 Hastings Center Rep. 32, 32 f. (1993).

234 Schmid, Strafverfahren und Strafrecht in den Vereinigten Staaten, S. 211.

235 *Blackburn v. State*, 23 Ohio St. 146 (1872).

236 *Burnett v. People*, 204 Ill. 208, 68 N.E. 505 (1903).

237 Schmid, Strafverfahren und Strafrecht in den Vereinigten Staaten, S. 211.

sichtlich der Bestrafung des Teilnehmers Rechtsunklarheiten auf, weil die Haupttat nunmehr straflos war.

Dies veranlaßte bisher 35 Staaten, die Beteiligung an einer Selbsttötung oder an deren Versuch durch ein spezielles Gesetz oder einen ausdrücklichen Passus in den strafrechtlichen Regelungen des Totschlags unter Strafe zu stellen.[238] Diese Regelungen sind nicht abschließend, so daß in Einzelfällen auch ein Rückgriff auf die (subsidiären) allgemeinen Tötungsbestimmungen in Betracht kommen kann.[239]

Der Supreme Court hatte im Juni 1997 über die Verfassungsmäßigkeit der strafrechtliche Verbote der Beteiligung an einer Selbsttötung der Staaten Washington und New York zu entscheiden. Da die Entscheidungen *Washington v. Glucksberg*[240] und *Vacco v. Quill*[241] im verfassungsrechtlichen Teil noch ausführlich dargestellt werden, sei hier nur kurz ausgeführt, daß der Supreme Court einen Verfassungsverstoß in beiden Fällen verneinte und die strafrechtlichen Verbote aufrecht hielt.[242] In *Washington v. Glucksberg*[243] lehnte es das höchste amerikanische Gericht ab, aus dem *right of privacy and liberty* des 14. Zusatzartikels ein generelles Individualrecht des entscheidungsfähigen terminal erkrankten Patienten auf Hilfe zur Selbsttötung abzuleiten und damit das entsprechende gesetzliche Verbot des Staates Washington als verfassungswidrig aufzuheben. In *Vacco v. Quill*[244] hielt der Supreme Court das strafrechtliche Verbot des Staates New York mit dem Gleicheitsgrundsatz des 14. Zusatzartikels für vereinbar. Die spezialgesetzlichen Verbote der Beteiligung an der Selbsttötung gelten insofern in 35 Bundesstaaten unvermindert fort.

In neun anderen Staaten und dem District of Columbia wird die Bestrafung der Beteiligung an einer Selbsttötung aus dem *Common Law* abgeleitet.[245] In den Bundesstaaten North Carolina, Ohio, Utah, Virginia, Wyoming bestehen jedoch nach wie vor Rechtsunsicherheiten, denn diese Staaten haben weder ein spezielles Gesetz noch kennen sie Strafgesetze aus dem *Common Law*. In diesen Staaten wurde bisher auch noch nicht im Rahmen eines Gerichtsverfahrens entschieden, ob die Beteiligung an einer Selbsttötung unter die allgemeinen Tötungsbestimmungen fällt.[246]

---

238 Emanuel / Emanuel, The New York Times, 24. July 1997, A 21.

239 Vgl. The New York Task Force on Life and the Law, When Death is Sought, S. 61.

240 *Washington v. Glucksberg*, U.S., No. 96 – 110, WL 348094 (1997).

241 *Vacco v. Quill*, U.S., No. 95 – 1858, Lexis 4038 (1997).

242 Siehe Teil 3 (D V II 2) und Teil 3 (E II).

243 *Washington v. Glucksberg*, U.S., No. 96 – 110, WL 348094 (1997).

244 *Vacco v. Quill*, U.S., No. 95 – 1858, Lexis 4038 (1997).

245 Alabama, Idaho, Maryland, Massachusetts, Michigan, Nevada, Ohio, South Carolina, Vermont, West Virginia, vgl. Emanuel / Emanuel, The New York Time, 24. July 1997, A 21.

246 Vgl. Laws Banning Assisted Suicide are Upheld, The New York Times, 27. June 1997, A 19; Benton, 20 Ohio N. U. L. Rev. 769, 767 – 777 (1994); Smith, 8 Issues L. & Med. 503, 505 (1993).

2. Die Anwendbarkeit der allgemeinen Tötungsbestimmungen

Die Fälle der Beteiligung an einer Selbsttötung sind zu unterscheiden von den Fällen, in denen der Täter das Opfer vorsätzlich durch Zwang oder Täuschung zur Selbsttötung bestimmt. Letztere sind als Mord oder Totschlag strafbar. Diese Fallkonstellation wurde in den meisten der Sonderregelungen zur Sterbehilfe sogar explizit aufgenommen[247] und stellt dogmatisch aus kontinentaleuropäischer Sicht die Form einer mittelbaren Täterschaft dar. In der Praxis kommen solche Verurteilungen wegen Mordes aber nur sehr selten vor, denn die Gerichte stellen hohe Anforderungen an das Vorliegen der Tatbestandsmerkmale des Zwanges bzw. der Täuschung.[248]

Eine der wenigen Verurteilungen erfolgte 1984 im Fall *State v. Lasiter*[249] im Staat New Jersey. In diesem Fall hatte ein Freier eine Prostituierte mit einer Schaufel heftig geschlagen und schwer verletzt. Am nächsten Tag kehrte er zurück und schlug erneut auf sein Opfer ein, welches den Täter eindringlich bat, mit den Schlägen aufzuhören. Sie könne die schmerzvollen Schläge nicht länger aushalten und stürze sich ansonsten aus dem Fenster. Der Täter ließ jedoch nicht von ihr ab, sondern antwortete: „Dann gehe doch und springe". Hierauf sprang das Opfer aus dem Fenster in den Tod. Das Berufungsgericht bestätigte die Verurteilung des Angeklagten wegen Mordes. So sei der Tod des Opfers nicht einem Selbstmordwunsch entsprungen, sondern allein durch den Zwang des Angeklagten verursacht worden.

Verursacht eine Person fahrlässig die Selbsttötung eines anderen, so kann sie sich auch nach den allgemeinen Regelungen wegen einer fahrlässigen Tötung strafbar machen.[250] Im Jahr 1992 entschied das Berufungsgericht des Staates New York in der Entscheidung *People v. Duffy*,[251] daß der Angeklagte zwar nicht vorsätzlich die Selbsttötung des Opfers verursacht habe, jedoch grob fahrlässig gehandelt habe und deshalb wegen fahrlässiger Tötung strafbar sei. Im Fall hatte der Angeklagte Duffy lange mit dem 17jährigen Schuhle gesprochen, welcher aus Liebeskummer Selbstmord begehen wollte. Schuhle bat den Angeklagten sogar, ihn zu erschießen. Duffy lehnte dies ab, überließ ihm aber am Ende des Gespräches entnervt seine Pistole, mit der sich Schuhle wenig später erschoß. Das Gericht lehnte zunächst eine Bestrafung aufgrund der speziellen gesetzlichen Regelung wegen vorsätzlicher Beteiligung an einer Selbsttötung im Staat New York ab. Die Regelung der vorsätzlichen Beteiligung am Selbstmord schließe jedoch eine Verurteilung aufgrund der allgemeinen Tötungsvorschriften nicht aus. Das Gericht verurteilte den Angeklagten wegen rücksichtsloser (*recklessness*) Verursachung der Selbsttötung, da er ein erhebliches und ungerechtfertigtes Risiko bewußt mißachtet habe, und

247 z. B. N.Y. Penal Law § 120.35 (Mc Kinney 1987).

248 Vgl. The New York Task Force on Life and the Law, When Death is Sought, S. 59.

249 *State v. Lasiter*, 197 N.J.Super. 2, 484 A.2d 13 (N.J. 1984).

250 The New York Task Force on Life and the Law, When Death is Sought, S. 61.

251 *People v. Duffy*, 79 N.Y.2d 611, 595 N.Y. S. 2d 814 (N.Y. 1992).

sprach ihn einer fahrlässigen Tötung für schuldig. In einem ähnlichen Fall aus dem Jahr 1992 führte ein Gerichtsverfahren jedoch zu einem Freispruch, obwohl der Angeklagte seiner chronisch kranken Mutter eine Pistole überlassen hatte, mit der sie sich wenige Minuten später selbst erschoß.[252]

3. Die Verurteilungspraxis wegen Beteiligung an einer Selbsttötung

Trotz der eindeutigen gesetzlichen Wertung sind Verurteilungen wegen Beteiligung an einer Selbsttötung in den Fällen von Nichtmedizinern selten, und die dann verhängten Strafen werden meist zur Bewährung ausgesetzt.[253] Darüber hinaus wurde bis heute kein Mediziner wegen der Beteiligung an der Selbsttötung verurteilt, obgleich in einigen Fällen eine strenge Subsumtion der Fakten eigentlich zu einer Verurteilung hätte führen müssen.

Weithin öffentlich bekannt und grundlegend für die rechtspolitische Diskussion bezüglich der Beteiligung an der Selbsttötung sind die Fälle der beiden Mediziner Dr. Quill und Dr. Kevorkian. Die Fälle verdeutlichen die Diskrepanz zwischen dem Wortlaut des Gesetzes und deren tatsächlichen Durchsetzung bezüglich der Beteiligung an einer Selbsttötung.

a) Der Fall „Diane" des Dr. Quill

Im Jahr 1991 veröffentlichte die renommierte ärztliche Fachzeitschrift *The New England Journal of Medicine* den Artikel eines Arztes, in welchem dieser seine Beteiligung an der Selbsttötung einer seiner Patientinnen beschrieb.[254] Dr. Timothy Quill war seit acht Jahren der behandelnde Arzt der Patientin „Diane". Als die Patientin an Leukämie erkrankte, lehnte sie nach eingehender medizinischer Beratung und nach Gesprächen mit ihrem Ehemann, ihrem erwachsenen Sohn und einem Psychologen eine Behandlung ab. Der Patientin war bewußt, daß eine Nichtbehandlung aller Wahrscheinlichkeit nach zu ihrem Tode innerhalb weniger Monate führen würde. Eine Chemotherapie und daran anschließende Behandlungen hätten ihr eine Chance von 25 Prozent auf eine vollständige Heilung gegeben. Da die Behandlung von Leukämie jedoch meist sehr schmerzhaft ist, entschied sich

---

252 Vgl. hierzu Pugliese, 44 Hastings L.J. 1291, 1298 (1993).

253 Ein typisches Beispiel ist der Fall eines Rentners im Staat Florida, welcher seiner krebskranken Frau bei der Selbsttötung geholfen hatte und deshalb zu einem Jahr Freiheitsstrafe auf Bewährung, 40 Stunden gemeinnützigen Arbeiten und einer psychiatrischen Behandlung verurteilt wurde. In einem anderen Fall wurde ein Ehemann für die Hilfe bei der Selbsttötung seiner Frau zu einer Freiheitsstrafe von 30 Monaten auf Bewährung und einer Geldstrafe von US$ 3.750 verurteilt. Vgl. zu beiden Fällen: Pugliese, 44 Hastings L.J. 1291, 1299 (1993).

254 Quill, 324 New Eng. Med. 691 ff. (1991).

die Patientin, daß sie die ihr verbleibende Zeit außerhalb des Krankenhauses verbringen wolle. In mehreren Gesprächen äußerte sie gegenüber ihrem Arzt zudem den Wunsch, bei einer Verschlechterung ihres gesundheitlichen Zustandes dem Leben ein Ende setzen zu können, weil sie die Kontrolle über ihre Person und ihre eigene Würde behalten wolle. An dieser Ansicht hielt die Patientin auch fest, nachdem sie von Dr. Quill über die Möglichkeiten der Schmerzlinderung und des Hospiz aufgeklärt worden war. Schließlich verschrieb Dr. Quill der Patientin eine tödliche Dosis von Schlafmitteln und erklärte ihr zudem, welche Einnahmemenge mit größter Sicherheit zum Tod führen werde. Nach mehreren Monaten verschlechterte sich die gesundheitliche Lage der Patientin erheblich. Sie informierte Dr. Quill, ihre Familie und Freunde, daß sie nunmehr plane, die tödliche Überdosis an Schlafmittel zu nehmen und führte die Selbsttötung zwei Tage später aus. Dr. Quill war im Zeitpunkt der Selbsttötung nicht anwesend. Als Todesursache vermerkte er im Totenschein „Leukämie".[255]

Nach der Veröffentlichung des besagten Artikels nahm die Staatsanwaltschaft des Staates New York ein Ermittlungsverfahren auf.[256] Sie untersuchte die im fraglichen Zeitraum ausgestellten Totenscheine auf einen entsprechenden Fall und fand so die Patientin „Diane".[257] Dr. Quill wurde wegen Totschlags gemäß der Section 125.15 (3) des New Yorker State Criminal Code angeklagt.[258] Die Geschworenen (*grand jury*) lehnten jedoch bereits im Vorverfahren die öffentliche Anklageerhebung ab, obwohl der Arzt vor der Jury den Tathergang bestätigte und seine Motive eingehend schilderte.[259] Eine Subsumtion des veröffentlichten Sachverhaltes unter den Wortlaut der spezialgesetzliche Regelung des Staates New York hätte jedoch aus juristischer Sicht zu einer Anklageerhebung und später Verurteilung des Dr. Quill führen müssen.

Im Anschluß an die Entscheidung der Jury verzichtete auch die Ärztekammer darauf, disziplinarische Maßnahmen zu verhängen. Ein entsprechender Antrag auf disziplinarische Überprüfung führte nicht einmal zu einem formellen Verfahren.[260] Diese Entscheidung wurde damit begründet, daß Dr. Quill nicht mit Sicherheit gewußt habe, ob die Patientin das verordnete Medikament auch tatsächlich zur Beendigung ihres Lebens verwenden würde.[261]

Dr. Quill setzt sich nunmehr auch in der öffentlichen Diskussion stark für die rechtliche Freigabe der Beteiligung an der Selbsttötung ein.[262] Hierbei hält er an

255 A.a.O.

256 Schanker, 68 Ind. L.J. 977, 991 (1993).

257 Altman, The NewYork Times, 22. July 1991, A1.

258 Schanker, 68 Ind. L.J. 977, 991 (1993).

259 Die genauen Gründe der Ablehnung sind nicht bekannt, da Beratung und Abstimmung der Geschworenen nicht öffentlich sind; Newman, 53 U. Pitt. L. Rev. 153, 160 Fn. 26 (1991).

260 The New York State Task Force on Life and the Law, When Death is Sought, S. 66.

261 „Dr. Timothy Quill" Determination of the New York State Board for Professional Medical Conduct, 16. August 1991, S. 2.

der klassischen Auffassung der Stellung und Pflichten eines Arztes fest, daß dieser Leben erhalten und verlängern soll. Für ihn waren nach eigenem Bekunden im Fall Diane der Wunsch der langjährigen Patientin und die besonderen Umstände für seine Entscheidung maßgebend, sich an der Selbsttötung der Patientin zu beteiligen.

Hiervon unterscheiden sich die Fälle und die rechtspolitische Ansicht des Dr. Kevorkian, der von einem absoluten Selbstbestimmungsrecht des Einzelnen auf Kontrolle des eigenen Lebens und der Selbsttötung ausgeht.[263]

b) Die Fälle des Dr. Kevorkian wegen Beteiligung an der Selbsttötung

Ein breites Medienecho fanden die nunmehr mindestens 130 Fälle der Beteiligung an der Selbsttötung durch Dr. Kevorkian. Der erste Fall betraf die 54jährige Janet Adkins, welche unheilbar an der Krankheit Alzheimer litt, jedoch nach Angaben ihrer Ärztin noch eine Lebenserwartung von etwa sieben bis zehn Jahren gehabt hätte.[264] Die Patientin wollte jedoch nicht in einen körperlich und geistig hilflosen Zustand verfallen und nahm deshalb Kontakt mit Dr. Kevorkian auf, welchen sie um Hilfe bei ihrer Selbsttötung bat. Sie war aufgrund einer Zeitungsanzeige des Dr. Kevorkian, in dem dieser seine Hilfe bei Selbsttötungen anbot, auf den Arzt aufmerksam geworden. Dr. Kevorkian traf sich zweimal mit Frau Adkins und zeichnete ihr zweites Gespräch auf einem Videoband auf. Der Richter stellte im nachfolgenden Verfahren fest, daß Frau Atkins auf dem Band „geistig klar erschien, auf Fragen direkt eingehen konnte und weder physische noch geistige Schwächungen zeigte; es wurde berichtet, daß sie wenige Tage vorher noch Tennis gespielt hatte“.[265] Am 4. Juni 1990 bestieg die Patientin einen alten Kleintransporter des Dr. Kevorkian, in dem eine von Dr. Kevorkian selbstgebaute Suizidmaschine stand, welche im wesentlichen aus einem Gestell mit drei verschiedenen Infusionslösungen bestand. Frau Adkins ließ sich intravenös an die Maschine anschließen, schaltete die Maschine aber selbst ein. Dr. Kevorkian überwachte das Geschehen und schüttelte die Flaschen um sicherzugehen, daß der Fluß der tödlichen chemischen Flüssigkeiten korrekt war. Die Patientin starb innerhalb weniger Minuten.

Dr. Kevorkian wurde wegen Mordes (*first degree murder*)[266] angeklagt. Das Verfahren wurde jedoch eingestellt, da das Gericht der Ansicht war, daß das gelten-

---

262 Quill, 270 JAMA 870 (1993).

263 Thomasma, 24 J.L. Med. & Ethics 24, 187 (1996).

264 *People v. Kevorkian*, No. 90 – 3909637-AZ (Mich. Ct. Cl. .Feb. 5, 1991), abgedruckt in 7 Issues in L. & Med. 107 (1991).

265 A.a.O.

266 Zu dem Begriff und Bedeutung der *degrees* vgl. Brunner, Die vorsätzliche Tötung im Strafrecht der Vereinigten Staaten, S. 16 ff.; vgl. auch Schmid, Strafverfahren und Strafrecht in den Vereinigten Staaten, S. 231.

de Recht des Staates Michigan die Beihilfe zum Selbsttötung nicht unter Strafe stellte.[267] In einem zivilrechtlichen Verfahren wurde jedoch eine Unterlassungsverfügung erlassen, die Dr. Kevorkian verbot, die Suizidmaschine weiterhin zu benutzen oder in irgendeiner anderen Weise Patienten Hilfe zur Selbsttötung zu leisten.[268]

Dr. Kevorkian beachtete diese Verfügung jedoch nicht und leistete weiteren 15 Menschen Hilfe bei deren Selbsttötungen, obwohl er im Jahr 1991 seine ärztliche Zulassung in Michigan verlor.[269] Diese Vorfälle veranlaßten das Parlament von Michigan, im Februar 1993 ein Gesetz zu verabschieden, welches die Beteiligung an der Selbsttötung mit bis zu vier Jahren Gefängnis oder einer Geldstrafe von bis zu US$ 2.000 unter Strafe stellte.[270] Das Gesetz wurde zeitlich befristet, bis eine speziell einberufene staatliche Kommission zu einer abschließenden Bewertung der Strafwürdigkeit der Beteiligung an einer Selbsttötung kommen würde.[271]

Im August 1993, also nach Erlaß des Gesetzes, leistete Dr. Kevorkian dennoch dem 30jährigen Patienten Hyde Hilfe zur Selbsttötung.[272] Der Patient war unheilbar an Lou Gehring erkrankt und inzwischen nahezu vollständig gelähmt. Auf einem Parkplatz hinter dem Haus von Dr. Kevorkian fixierte der Arzt in einem Kleintransporter eine Atemmaske über dem Gesicht des Patienten. Der Patient stellte dann selbst mit seiner noch beweglichen linken Hand die Beatmung mit Luft auf tödliches Kohlenmonoxid um. Dr. Kevorkian wurde nach dem neuen Gesetz des Staates Michigan angeklagt, jedoch von den Geschworenen für nicht schuldig befunden und freigesprochen.[273]

In mehreren Verfahren argumentierte Dr. Kevorkian, daß das Gesetz des Staates Michigan verfassungswidrig sei, da jeder Person ein Wahlrecht auf Sterbehilfe aus der Bundesverfassung zustehe.[274] Diese Frage wurde dann im Fall *People v.*

---

267 Magnusson, 6 Pac. Rim L. & Pol'y 1, 16 (1997).

268 *People v. Kevorkian,* No. 90–3909637-AZ (Mich. Ct. CL.Feb. 5, 1991), abgedruckt in 7 Issues in L. & Med. 107 (1991).

269 MacBride, 68 Temple L. Rev. 755, 763 (1995); Benton, N.U. L. Rev. 769, 769 Fn. 6 (1994).

270 Das Gesetz lautete:

(1) A person who has knowledge that another person intends to commit or attempt to commit suicide and who intentionally does either of the following is guilty of criminal assistance to suicide; a felony punishable by imprisonment for not more than 4 years or by a fine of not more than $ 2,000.00, or both:

(a) Provides the physical means by which the other person attempts or commits suicide.

(b) Participates in a physical act by which the other person attempts to commit suicide ..." (Mich. Comp. Laws & 752.1027 (1993); Mich. Stat. Ann. § 28.547 (127) (Callaghan 1993)).

271 Die Kommission sprach sich dann im Jahr 1994 für die Freigabe der Beteiligung an der Selbsttötung aus, Final Report of the Michigan Commission on Death and Dying (1994); vgl. hierzu Grant, 36 Catholic Lawyer 357, 357 (1996).

272 Magnusson, 6 Pac. Rim L. & Pol'y 1, 16–17 (1997).

273 Zu den Gründen: Magnusson, 6 Pac. Rim L. & Pol'y 1, 17 (1997).

274 A.a.O.

Kevorkian vom Supreme Court des Staates Michigan behandelt.[275] Der Supreme Court des Staates Michigan befand entgegen der Ansicht Dr. Kevorkians, daß das (nunmehr bereits ausgelaufene) Gesetz des Staates Michigan verfassungsgemäß gewesen war.[276] Zudem stellte das Gericht fest, daß in Fällen der Beteiligung an einer Selbsttötung auch eine Bestrafung aus dem *Common Law* in Betracht komme.[277]

Trotz dieses Urteils beteiligte sich Dr. Kevorkian nach eigenen Angaben bis heute an 130 Selbsttötungen.[278] Insgesamt kam es mindestens sechsmal zur Einleitung eines Strafverfahrens gegen Dr. Kevorkian.[279] Hierbei kam es in zwei Fällen nicht zur Anklage, dreimal sprachen ihn die Geschworenen frei, und einmal erklärte der Vorsitzende Richter den Prozeß für gescheitert.[280] Die Staatsanwaltschaft des Staates Michigan erklärte deshalb, daß sie zunächst von weiteren Anklagen gegen Dr. Kevorkian wegen der Beteiligung an Selbsttötungen absehen wolle, da diese offensichtlich keine Aussicht auf Erfolg hätten.[281]

Eine entscheidende Veränderung trat aber ein, als Dr. Kevorkian im November 1998 einem terminal erkrankten Patienten aktive Sterbehilfe leistete. Da Verfahren und Entscheidung bei der Darstellung der Verurteilungspraxis der aktiven Sterbehilfe noch ausführlich behandelt werden[282], sei hier nur ausgeführt, daß der Arzt wegen Mordes des zweiten Grades zu einer Freiheitsstrafe von 10 bis 25 Jahren und wegen Verabreichung einer verbotenen Substanz zu einer Freiheitsstrafe zu 3 bis 7 Jahren verurteilt wurde.

Die Handlungen des Dr. Kevorkian sind auch unter Befürwortern der Sterbehilfe nicht unumstritten.[283] Die Kritik richtet sich zunächst darauf, daß Dr. Kevorkian, der auch als „Dr. Death" bezeichnet wird,[284] seine Patienten nur kurze Zeit betreut und daher deren Lebensumstände sehr wenig kennt.[285] Im August 1996 leistete er in einer Woche insgesamt vier Menschen Hilfe bei der Selbsttötung, wobei zwei

---

275 *People v. Kevorkian,* 527 N.W.2d, 714, 724; 447 Mich. 436 (Mich. 1994); (cert. denied 115 S. Ct. 1795 (1995); and cert. denied sub nom. *Hobbins v. Kelley,* 115 S. Ct. 1795 (1995)).

276 A.a.O.

277 A.a.O., 739.

278 Frankfurter Allgemeine Zeitung, 27. November 1998, S. 13.

279 Rademacher, Frankfurter Allgemeine Zeitung, 30. November 1998, S. 13; vgl. auch Lessenberry, The New York Times, 15. May 1996, S. 14.

280 Rademacher, Frankfurter Allgemeine Zeitung, 30. November 1998, S. 13.

281 A.a.O.; Clark, The Politics of Physician Assisted Suicide, S. 57.

282 Siehe Teil 3 (B V 1 b).

283 Vgl. z. B. die Aussage des Mitbegünder der *Hemlock Society,* Derek Humphrey, zitiert in Magnusson, 6 Pac. Rim L. & Pol'y 1, 16 (1997); vgl. zum Diskussionsstand in der amerikanischen Presse auch Lueken, Frankfurter Allgemeine Zeitung, 7. Dezember 1998, S. 53.

284 Pugliese, 44 Hastings L.J. 1291, 1293 (1993); Shih, 63 Fordham L. Rev. 1245, 1245 (1995).

285 Thomasma, 24 J.L. Med. & Ethics 24, 186 (1996).

Suizide nur etwa neun Stunden auseinanderlagen.[286] Ein weiterer Kritikpunkt ist die Tatsache, daß sich der Arzt an Selbsttötungen von Patienten beteiligt, welche nicht terminal erkrankt sind.[287] In einem seiner umstrittensten Fälle beteiligte er sich am Suizid einer Patientin, welche am *chronic fatigue syndrom* litt und als depressiv diagnostiziert war.[288] Auch die Umstände der Selbsttötungen werden kritisiert.[289] So reisen die Patienten trotz ihrer schweren Krankheiten zum Teil über große Entfernungen nach Michigan. Sie sterben nicht im Kreis ihrer Familie, sondern an anonymen Plätzen in einem Kleintransporter. Dies steht ganz im Gegensatz zu Dr. Quill, welcher seine Patientin „Diane" über acht Jahre lang ärztlich betreute, ihre Persönlichkeit und Familie gut kannte und zudem ausdrücklich auf medizinische Behandlungsmöglichkeiten der Krankheit sowie das Hospiz hingewiesen hatte.[290]

Dr. Kevorkian wird oftmals vorgeworfen, daß ihm nicht eigentlich am Schicksal der Patienten gelegen sei, sondern daß er diese zu seiner eigenen Medienpräsenz benutze.[291] Andererseits hat Dr. Kevorkian dazu beigetragen, die rechtspolitische Diskussion um Probleme der Hilfe zur Selbsttötung in den Blickpunkt der Öffentlichkeit zu rücken.[292] Zudem haben in allen Fällen die Patienten selbst den Kontakt zu Dr. Kevorkian hergestellt. In rechtlicher Hinsicht ist hervorzuheben, daß Dr. Kevorkian trotz eines Gesetzes, einer eindeutigen Intention des Gesetzgebers, des *Common Law* und einer Entscheidung des Supreme Court des Bundesstaates Michigan nicht wegen Beteiligung an einer Selbsttötung verurteilt wurde.

4. Ergebnis

In den Fällen der Beteiligung an einer Selbsttötung kommt es somit zu einer deutlichen Abweichung zwischen der gesetzlichen Lage und der Rechtspraxis. Der Unterschied von gesetzlicher Wertung und Rechtspraxis zeigt sich aber nicht nur hinsichtlich der Beteiligung an der Selbsttötung, sondern existiert auch in den Fällen der aktiven direkten Sterbehilfe. Diese Dichotomie soll zunächst dargelegt, anschließend soll auf ihre Ursachen eingegangen werden.

---

286 Magnusson, 6 Pac. Rim L. & Pol'y 1, 19 (1997).

287 The New York State Task Force on Life and the Law, When Death is Sought, S. 2.

288 A.a.O.

289 Magnusson, 6 Pac. Rim L.& Pol'y 1, 16 (1997).

290 Dworkin, Life's Dominion, S. 186.

291 So kleidete er sich in einem Gerichtsverfahren mit einer weißen Perücke, Dreispitz, blauen Litzen, einem goldenen Brokatmantel und Schnallenschuhen, weil es „dumm sei, moderne Kleider zu tragen, wenn man es mit einer veralteten Rechtstheorie zu tun hat". Magnusson, 6 Pac. Rim L. & Pol'y 1, 18 (1997).

292 Pugliese, 44 Hastings L.J. 1291, 1293 (1993); Magnusson, 6 Pac. Rim L. & Pol'y 1, 19 (1997).

V. Die aktive Sterbehilfe

Auch im amerikanischen Recht wird innerhalb der aktiven Sterbehilfe zwischen den Fallgruppen der direkten und der indirekten Sterbehilfe unterschieden.

1. Direkte Sterbehilfe

Die aktive direkte Sterbehilfe ist in allen Bundesstaaten der USA gesetzlich unter Strafe gestellt. In den Fällen der aktiven direkten Sterbhilfe kommt es bei Ärzten und Nichtmedizinern jedoch nur in den seltensten Fällen überhaupt zu einer Anklage, und Verurteilungen sind noch seltener.[293] In der Mehrheit der Fälle, welche überhaupt in eine Hauptverhandlung mündeten, werden insbesondere Ärzte vom Verdacht der aktiven Sterbehilfe freigesprochen.[294] Eine Ausnahme stellt hier aber der Fall Youk des Dr. Kevorkian dar, da letzterer im April 1999 zu einer hohen Gefängnisstrafe verurteilt wurde.[295]

a) Die gesetzliche Regelung

Die aktive direkte Sterbehilfe fällt in allen 50 Bundesstaaten der USA unter die allgemeinen Tötungsbestimmungen.[296] Die Einwilligung eines entscheidungsfähigen Patienten zur Vornahme einer aktiven Sterbehilfe schließt eine solche Bestrafung nicht aus.[297] So haben es Gerichte wiederholt abgelehnt, dem Antrag der Verteidigung zu folgen und Fälle der aktiven Sterbehilfe unter Einwilligung des Opfers unter die (milderen) Regelungen der Beteiligung an der Selbsttötung fallen zu lassen.[298] Die Einwilligung des Opfers und die Motive des Angeklagten können aber in der Strafzumessung berücksichtigt werden und spielen hinsichtlich der Milderung des Strafmaßes oftmals eine entscheidende Rolle.[299]

b) Die Verurteilungspraxis wegen aktiver direkter Sterbehilfe

In den Fällen der aktiven direkten Sterbehilfe handelt es sich meist um Taten von Nichtmedizinern, welche einem nahen Angehörigen – ihrem Ehegatten, Kind

---

293 Tsarouhas, 20 Ohio N.U. L. Rev. 793, 798 (1994); Humphrey, The Limits of Freedom, S. 157–161.

294 A.a.O., 157–159.

295 Siehe Teil 3 (B V 1 b).

296 The New York Task Force on Life and the Law, When Death is Sought, S. 63.

297 *State v. Fuller,* 203 Neb. 233, 241, 278 N.W.2d 756. 761 (Neb. 1979).

298 *State v. Cobb,* 229 Kan. 522, 525–26, 625 P 2d 1133, 1136 (Kan. 1981).

299 The New York State Task Force on Life and the Law, When Death is Sought, S. 63; American Law Institute, Model Penal Code § 210.5, Commentary, S. 106.

oder Elternteil – aktive Sterbehilfe geleistet haben.[300] Zwischen 1920 und 1985 wurden nur in 51 Fällen Nichtmediziner wegen aktiver Sterbehilfe angeklagt und nur zehn Angeklagte schließlich verurteilt.[301] Vielfach wird die im Jahr 1996 erfolgte Verurteilung des Angeklagten George Delury im Staat New York diskutiert. Delury hatte seiner 53jährigen Ehefrau, die an multipler Sklerose litt, eine tödliche Medikamentenmischung verabreicht.[302] Der Angeklagte hatte in seinem Tagebuch eingeräumt, daß er die Tat auch aus Eigeninteresse begangen habe, weil er die häusliche Pflege seiner Frau nicht mehr ertragen konnte. Zudem blieb unklar, ob die Ehefrau zum Tatzeitpunkt wirklich den Wunsch zu sterben geäußert hatte. Der Angeklagte bekannte sich des versuchten Totschlages für schuldig und wurde zu einer nur sechsmonatigen Freiheitsstrafe ohne Bewährung verurteilt.[303]

Bei Ärzten ist die Zahl der Verurteilungen wegen aktiver Sterbehilfe noch geringer. Dies wird zunächst darauf zurückgeführt, daß viele Fälle von aktiver ärztlicher Sterbehilfe überhaupt nicht bekannt werden.[304] Aber auch die wenigen Anklagen gegen Mediziner führten bis Ende 1998 zu keinen oder verhältnismäßig milden Strafen, welche zur Bewährung ausgesetzt wurden.[305] Eine der wenigen Verurteilungen wurde im Jahr 1986 gegen den Arzt Dr. Joseph Hassman ausgesprochen.[306] Dieser hatte seiner 80jährigen Schwiegermutter, welche an der Krankheit Alzheimer im Endstadium litt, eine tödliche Dosis Demerol injiziert. Der Arzt wurde zu einer zweijährigen Freiheitsstrafe auf Bewährung sowie zu einer Geldstrafe in Höhe von US$ 10.000 und 400 Stunden gemeinnütziger Arbeit verurteilt.

Im Jahr 1988 wurde der Arzt Dr. Donald Caraccio zu einer Freiheitsstrafe von fünf Jahren auf Bewährung verurteilt.[307] Er hatte in Anwesenheit von medizinischem Personal einer 70jährigen terminal erkrankten und komatösen Patientin eine tödliche Dosis Kaliumchlorid injiziert.

Im April 1999 wurde der Arzt Dr. Jack Kevorkian dann aber wegen Mordes des zweiten Grades (*murder of second degree*)[308] zu einer Freiheitsstrafe von 10 bis 25 Jahren und wegen Verabreichnung einer verbotenen Substanz zu einer weiteren Freiheitsstrafe von 3 bis 7 Jahren verurteilt.[309] Der Arzt hatte dem 52jährigen Pa-

300 Schanker, 68 Ind. L.J. 977, 987 Fn. 41 (1993).

301 Daar, Mich. U .J. L. 799, 825 Fn. 127 (1995).

302 Clark, The Politics of Physician Assisted Suicide, S. 54.

303 A.a.O.

304 The New York Task Force on Life and the Law, When Death is Sought, S. 57.

305 Im Jahr 1993 waren insgesamt 11 Fälle zur Anklage gelangt (Schanker, 68 Ind. L.J. 977, 987 Fn. 41 (1993)); vgl. auch Humphrey, The Limits of Freedom, S. 157 ff.; Pugliese, 44 Hastings L.J. 1291, 1299 (1993).

306 A.a.O., 158; Tsarouhas, 20 Ohio N.U. L. Rev. 793, 799 (1994).

307 Siehe Humphrey, The Limits of Freedom, S. 159.

308 Zu dem Begriff und Bedeutung der *degrees* vgl. Brunner, Die vorsätzliche Tötung im Strafrecht der Vereinigten Staaten, S. 16 ff.; vgl. auch Schmid, Strafverfahren und Strafrecht in den Vereinigten Staaten, S. 231.

tienten Thomas Youk, welcher terminal an Amyotropher Lateralsklerose erkrankt und nahezu bewegungsunfähig war, mit dessen Zustimmung und im Einvernehmen mit dessen Familie eine tödliche Spritze gegeben, mithin also aktive Sterbehilfe geleistet. Dr. Kevorkian hatte den Patienten erst einen Tag zuvor persönlich kennengelernt.[310] Der Fall war öffentlich bekannt geworden, weil der Fernsehsender CBS am 22. November 1998 ein von Dr. Kevorkian aufgezeichnetes und an den Sender übergebenes Videoband ausgestrahlt hatte, auf dem zunächst die Bitte des Patienten zu sterben und später die Verabreichung der tödlichen Spritze durch Dr. Kevorkian zu sehen war.[311] Gegen Ende des Videobandes forderte Dr. Kevorkian die Staatsanwaltschaft ausdrücklich auf, Anklage gegen ihn zu erheben, „um die Rechtslage bei der Sterbehilfe zu klären".[312]

Die Staatsanwaltschaft des Staates Michigan erhob daraufhin Anklage wegen Mordes, Beihilfe zur Selbsttötung und Verabreichung einer verbotenen Substanz.[313] Zu Beginn des Prozesses entschied Richterin McMillen, daß die Familienangehörigen des Patienten im Geschworenenprozeß nur hinsichtlich des Anklagepunktes der Beihilfe zur Selbsttötung zu hören seien, da die Leiden des Opfers kein Verteidigungsgrund in einem Mordfall seien.[314] Daraufhin ließ die Staatsanwaltschaft die Anklage in diesem Punkt fallen und verhinderte so, daß die Ehefrau und der Bruder des Patienten im Prozeß aussagten.[315] Die Geschworenen sprachen im März 1999 den Arzt Dr. Kevorkian wegen Mordes des zweiten Grades und Verabreichung einer verbotenen Substanz für schuldig.[316] Richterin McMillen verurteilte den Angeklagten im April 1999 zu einer Freiheitsstrafe von 10 bis 25 Jahren und zu einer Freiheitsstrafe von 3 bis 7 Jahren, obwohl die Ehefrau und der Bruder des Patienten im Prozeß um die Strafzumessung gehört und sich gegen eine Verurteilung des Arztes gewandt hatten.[317]

Zur Zeit bereiten die Anwälte des inhaftierten Dr. Kevorkian die Berufung des Urteils vor. Als möglicher Berufungsgrund kommt zum einen eine Verletzung des

309 The Associated Press, Kevorkian gets prison time, Internetdokument auf Server abcnews.go.com/sections/us/dailyNews/kevorkian_decision990413.html.

310 Robinson / Stevenson, Youk's former nurse says he didn't want to die, Internetdokument auf Server www.courttv.com/trials/kevorkian/032699_am_ctv.html.

311 Frankfurter Allgemeine Zeitung, 27. 11. 1998, S. 13; Berliner Zeitung, 26. 11. 1998, S. 10; Lueken, Frankfurter Allgemeine Zeitung, 7. Dezember 1998, S. 53.

312 Frankfurter Allgemeine Zeitung, 27. 11. 1998, S. 13.

313 Berliner Zeitung, 26. 11. 1998, S. 10.

314 The Associated Press, Kevorkian gets prison time, Internetdokument auf Server abcnews.go.com/sections/us/dailyNews/kevorkian_decision990413.html.

315 Weathersby, The Trial of Dr. Kevorkian, Internetdokument auf Server dying.miningco.com/library/weekly/aa040199.htm.

316 Murphy, Kevorkian backs off his threat to starve, Internetdokument auf Server www.freep.com/news/extra2/qkevo16x.htm.

317 The Associated Press, Kevorkian gets prison time, Internetdokument auf Server abcnews.go.com/sections/us/dailyNews/kevorkian_decision990413.html.

Rechtes auf Aussageverweigerung aus dem 5. Zusatzartikel in Betracht, da die Staatsanwaltschaft in ihrem Schlußplädoyer die Aussageverweigerung des Arztes ausdrücklich negativ hervorgehoben hatte.[318] Zum anderen könnte eine Berufung auf eine Verletzung eines verfassungsrechtlich geschützten Rechtes auf aktive Sterbehilfe gestützt werden.[319] Falls die Berufung keinen Erfolg hat, wird eine Haftentlassung des Arztes frühstens nach einer Verbüßung von $^2/_3$ seiner Mindeststrafe, also im Jahr 2007, möglich sein.[320]

Zur Zeit wäre es verfrüht, von einer grundlegenden Wendung in der Verurteilungspraxis oder gar einer Schließung der Dichotomie zwischen gesetzgeberischen Wertung und Rechtspraxis zu sprechen. Zunächst bleibt abzuwarten, ob die Berufung von Dr. Kevorkian zu einer Aufhebung des Urteils oder einer Milderung der Gefängnisstrafe führen wird. Zudem handelt es sich bisher um eine einzelne Entscheidung, und es ist fraglich, ob auch andere Gerichte in Zukunft bei der aktiven direkten Sterbehilfe diese härtere Linie verfolgen werden. Dies ist schon deshalb von Interesse, weil in der rechtspolitischen Diskussion die Ansichten zu dem Unrechtsgehalt der aktiven Sterbehilfe durchaus geteilt sind.

c) Die rechtspolitische Diskussion

Rechtspolitisch entzündet hat sich die Diskussion um aktive Sterbehilfe vor allem an dem Fall *„It's over Debbie"*, welcher anonym im *Journal of the American Medical Association* (*JAMA*) beschrieben wurde.[321]

In dem Tatsachenbericht erhielt ein junger Arzt im Bereitschaftsdienst in einem Krankenhaus einen Ruf zu der 20jährigen Patientin „Debbie", welche an Eierstockkrebs erkrankt war. Der Arzt erfuhr durch eine Überprüfung der Krankenakte und ein kurzes Gespräch mit der diensthabenden Krankenschwester, daß die Patientin bereits im Sterben lag. Die Patientin befand sich in einem sehr schlechten körperlichen Zustand. Sie wog nur noch 40 kg, atmete schwer und konnte seit zwei Tagen weder essen noch schlafen. Da eine Chemotherapie nicht erfolgreich gewesen war, wurde ihr nur noch *supportive care* gegeben. Auf Ansprache des Arztes sagte sie „Let's get this over with". Mit einer älteren Frau, welche im Zimmer die Hand der Patientin hielt, sprach der Arzt jedoch nicht. Er verabreichte der Patientin

318 Krodel, Kevorkian has shot on appeal, some say, Internetdokument auf Server www.freep.com/news/extra2/qkevo29.htm; Weathersby, The Trial of Dr. Kevorkian, Internetdokument auf Server dying.miningco.com/library/weekly/aa040199.htm; zum Recht, sich nicht selbst beschuldigen zu müssen, Schmid, Strafverfahren und Strafrecht in den Vereinigten Staaten, S. 128 ff.

319 A.a.O.

320 The Associated Press, Kevorkian gets prison time, Internetdokument auf Server abcnews.go.com/sections/us/dailyNews/kevorkian_decision990413.html; Murphy, Kevorkian has number, cell, Internetdokument auf Server www.freep.com/news/extra2/qkevo15.htm.

321 Anonymous, „It's over, Debbie", 259 JAMA 272 (1988).

eine Dosis Morphium, in der Erwartung, daß dies der Patientin Schlaf geben, aber auch zu ihrem Tod führen werde. Zu beiden Frauen sagte er, daß er der Patientin nunmehr ein Mittel zum Schlafen verabreichen werde, und daß sie sich verabschieden sollen. Unmittelbar nach der Injektion schlief die Patientin ein und verstarb etwa vier Minuten später.

Der Artikel erhielt eine große Medienresonanz.[322] In den Briefen an die Zeitschrift lehnten 80 Prozent der Ärzte das beschriebene Verhalten ihres Kollegen strikt ab, und drei Viertel waren der Ansicht, daß JAMA den Artikel nicht hätte veröffentlichen sollen.[323] Die Probleme dieses Falles liegen klar auf der Hand. Der Arzt kannte die Patientin nur durch das Krankenblatt und durch eine kurze Besprechung mit der Krankenschwester. Er sprach nicht mit der Frau in Debbies Zimmer, ja er fragte nicht einmal, wer sie war. Zudem besprach er sich nicht mit dem betreuenden Arzt, der wahrscheinlich die Patientin, deren Familie und Krankheitsverlauf gut kannte und primär für die Patientin verantwortlich war.[324] Der Verfasser des Artikels sowie der Fall der Patientin konnten jedoch aufgrund des Artikels nicht ermittelt werden, so daß es nicht zu einem gerichtlichen Verfahren kam.

Trotz der aktuellen rechtspolitischen Diskussion ist festzuhalten, daß die aktive direkte Sterbehilfe zur Zeit in allen Bundesstaaten unter Strafe gestellt ist, die Gesetze aber bisher nicht konsequent angewendet wurden.

2. Indirekte Sterbehilfe

Die strafrechtliche Beurteilung der Vergabe von Medikamenten mit Doppelwirkung, also indirekte Sterbehilfe, ist hingegen in den meisten Staaten gesetzlich nicht ausdrücklich geregelt. Im medizinischen Zusammenhang wird hier zwischen der Nützlichkeit der Handlung und der Wahrscheinlichkeit eines Schadenseintrittes abgewogen.[325] Ein Arzt macht sich trotz Doppelwirkung eines Medikamentes im Sinne des *principle of double effect* nicht strafbar, wenn die Gabe des Medikamentes zumindest auch einen medizinisch guten Zweck erfüllt und sein Vorsatz bei der Gabe nicht auf die Beschleunigung des Todes, sondern auf die Linderung der Schmerzen des Patienten gerichtet war.[326] Zudem muß die Schmerzlinderung im angemessenen Verhältnis (*proportionality*) zu der Beschleunigung des Todes stehen.[327] In Fällen der Schmerztherapie kann der Arzt sogar

322 Newman, 53 U. Pitt. L. Rev. 153, 156 f. (1991) m.w.Nachw.

323 Letters, 259 JAMA 2094–2098 (1988); Newman, 53 U. Pitt. L. Rev. 153, 156 (1991).

324 Gaylin et al., Doctors must not kill, in Baird/Rosenbaum, Euthanasia: The Moral Issues, S. 33, 34 (1995).

325 The New York State Task Force on Life and the Law, When Death is Sought, S. 62; dies., Supplement, Punkt IV.; vgl zur Problematik auch Baumgarten, The Right to Die?, S. 215 f.

326 A.a.O., 62 f.

nach dem ethischen Kodex verpflichtet sein, ein Medikament mit Doppelwirkung zu verabreichen.[328]

Kritiker werfen dem *principle of double effect* vor, daß hinsichtlich des Vorsatzes des Arztes tatsächlich nicht zu ermitteln sei, ob die Gabe des todesbeschleunigenden Schmerzmittels allein in der Absicht der Schmerzreduzierung oder auch der vorsätzlichen Lebensbeendigung diente.[329] Diese Unsicherheit müsse in Zweifelsfällen für den Angeklagten ausgelegt werden und führte zumindest im Fall *State v. Montemarano* zu einem Freispruch des angeklagten Arztes.[330]

Trotz dieser Kritik ist die Straflosigkeit der indirekten Sterbehilfe als Fallgruppe in der amerikanischen Öffentlichkeit aber aus humanitären Gründen allgemein anerkannt. Dies mag der Grund sein, daß es hinsichtlich der strafrechtlichen Beurteilung der Vergabe von Medikamenten mit Doppelwirkung bisher an einer vertieften rechtsdogmatischen Diskussion fehlt.[331] Auch die amerikanische Rechtsprechung hat für die indirekte aktive Sterbehilfe noch keine rechtsdogmatischen Grundsätze entwickelt.[332] Die American Medical Association hält die Medikamentierung mit Doppelwirkung grundsätzlich mit den ärztlichen Standesregeln für vereinbar.

VI. Die standesrechtlichen Regelungen und Verfahren

Die American Medical Association (AMA) veröffentlichte im Jahr 1973 eine Erklärung, in der die aktive direkte Sterbehilfe ausdrücklich als Verstoß gegen die ärztlichen Standesregeln und die Grundsätze der Gesellschaft bezeichnet wird.[333] Die AMA spricht sich aber für eine ethische Vereinbarkeit des Abbruches oder der Nichtaufnahme von Behandlungsmaßnahmen, also der passiven Sterbehilfe, sowie der aktiven indirekten Sterbehilfe in Fällen von terminal erkrankten Patienten

---

327 Beauchamp / Veatch, Forgoing Treatment and Causing Death, in Beauchamp / Veatch, Ethical Issues in Death and Dying, 211, 214 (1996).

328 The New York State Task Force on Life and the Law, When Death is Sought, S. 62 f.

329 Beauchamp / Veatch, Forgoing Treatment and Causing Death, in Beauchamp / Veatch, Ethical Issues in Death and Dying, 211, 214 (1996).

330 *State v. Montemarano*, zit. nach Humphrey, The Limits of Feedom, S. 158.

331 Vgl. Brunner, Die vorsätzliche Tötung im Strafrecht der Vereinigten Staaten, S. 70 f.

332 Vgl. Meisel, 24 Fordham U. L.J. 817, 836 (1997).

333 „The intentional termination of the life of one human being by another – mercy killing – is contrary to that for which the medical profession stands and is contrary to the policy of the American Medical Association. The cessation of the employment of extraordinary means to prolong the life of the body when there is irrefutable evidence that biological death is imminent is the decision of the patient and / or his immediate family. The advice and judgment of the physician should be freely available to the patient and / or his immediate family". (House of Delegates of the American Medical Association on December 4, 1973, zit. aus Rachels, Active and Passive Euthanasia, Steinbock / Norcross, Killing and Letting Die, 112 (1994)).

aus.[334] An der Ablehnung der Beteiligung an der Selbsttötung und der aktiven direkten Sterbehilfe hält die AMA bis heute fest.[335] Noch im Juni 1996 sprachen sich die Delegierten der AMA gegen die Freigabe der Beteiligung an der Selbsttötung aus.[336]

Neben den strafrechtlichen und zivilrechtlichen Konsequenzen kann jedes ärztliche Verhalten und damit auch die ärztliche Vornahme einer Sterbehilfe in einem speziellen standesrechtlichen Verfahren im jeweiligen Bundesstaat überprüft werden. Im Staat New York kann eine Klage wegen ärztlichem Fehlverhaltens bei dem *State Board for Professional Medical Conduct* eingereicht werden.[337] Die Kammer umfaßt insgesamt 230 Mitglieder, von denen circa $^3/_4$ zugelassene Ärzte sind. Diese Kammer überprüft die eingereichten Klagen zunächst darauf, ob ein formelles Verfahren eingeleitet wird. Jedes Jahr werden durchschnittlich 4000 Klagen eingereicht, von denen aber nur circa 5 Prozent einem formellen Verfahren zugeführt werden.[338]

In einem standesrechtlichen Verfahren wird ein Fall zunächst von einem dreiköpfigen Komitee gehört, welchem mindestens zwei zugelassene Ärzte angehören. Das Komitee hat die Möglichkeit, disziplinarische Maßnahmen zu verhängen wie einen Verweis, eine Rüge, eine Aussetzung oder den Entzug der ärztlichen Approbation, eine ärztliche Fortbildung, Geldstrafen sowie die Leistung von gemeinnützigen Arbeiten. Die Entscheidung des Komitees kann dann von einem fünfköpfigen Komitee überprüft und schließlich einem öffentlichen Gerichtsverfahren zugeführt werden.[339]

---

334 Statement of the AMA Council of Ethical and Judicial Affairs, Witholding or Withdrawing Life-Prolonging Medical Treatment (15. March 1986), zitiert aus *In the Matter of Guardianship of Grant,* 747 P.2d 445, 450 (Wash. 1987); vgl. hierzu auch Larson, 44 DePaul L. Rev. 461, 478 f. (1995), für die Unterscheidung auch: President's Commission for the Study of Ethical Problems in Medicine and Biomedical and Behavioral Research, Deciding to Forego Life-Sustaining Treatment (1983), in Beauchamp / Veatch, Ethical Issues in Death and Dying, 230 ff. (1994).

335 So lautet eine Erklärung der AMA aus dem Jahr 1991: „Physicians must not perform euthanasia or participate in assisted suicide. A more careful examination of the issue is necessary. Support, comfort, respect for patient autonomy, good communication and adequate pain control may decrease drastically the public demand for euthanasia and assisted suicide. In certain carefully defined circumstances, it would be humane to recognize that death is certain and suffering is great. However, the social risks of involving physicians in medical interventions to cause patients' death is too great to condone euthanasia or physician-assisted suicide at this time". (American Medical Association, Report B of the Council on Ethical and Judicial Affairs of the American Medical Association (1991)).

336 Thomasma, 24 J.L. Med. & Ethics 24, 183 f. (1996) unter Verweis auf American Medical Association, Code of Medical Ethics: Current Opinions with Annotations (Chicago, 1996).

337 Vgl. The New York State Task Force on Life and the Law, When Death is Sought, S. 64 ff.

338 A.a.O., 65.

339 A.a.O.

Die Verhängung einer disziplinarischen Maßnahme erfordert ein zumindest grob fahrlässiges Verhalten des Arztes.[340] Abweichend von dem hohen Beweisstandard im strafrechtlichen Verfahren („*beyond reasonable doubt*") muß im Rahmen des disziplinarischen Verfahren jedoch nur bewiesen werden, daß eine höhere Wahrscheinlichkeit für das Vorliegen eines Fehlverhaltens des Arztes spricht. Deshalb kann es trotz eines Freispruchs im Strafverfahren zu einer Verhängung von disziplinarischen Maßnahmen gegen einen Arzt kommen.

VII. Die Dichotomie zwischen der rechtlichen Lage und deren tatsächlicher Durchsetzung

In den Fällen der Beteiligung an einer Selbsttötung und der aktiven direkten Sterbehilfe herrscht hinsichtlich der gesetzlichen Lage und der tatsächlichen Rechtspraxis eine deutliche Dichotomie. Trotz der dargestellten gesetzlichen Regelungen kommt es, wie schon ausgeführt, nur in seltenen Fällen zu einer Verurteilung wegen Beteiligung an der Selbsttötung oder aktiven Sterbehilfe. Im folgenden sollen die Gründe aufgezeigt werden, welche zu der beschriebenen Dichotomie von Gesetzeslage und Rechtspraxis geführt haben.[341]

1. Die Gründe der Dichotomie

Die geringe Anzahl von Verurteilungen sowohl hinsichtlich der Beteiligung an der Selbsttötung als auch bezüglich der aktiven Sterbehilfe beruht sicher zunächst darauf, daß viele Fälle von Sterbehilfe nicht öffentlich bekannt werden, denn Sterbehilfe wird meist im privaten und engsten Kreis der Angehörigen geleistet.[342] Aber selbst wenn den Behörden Tatsachen bekannt werden, die einen einfachen oder gar dringenden Tatverdacht nahelegen, kommt es in vielen Fällen nicht zu einer Anklage oder zu einer Verurteilung. Die Gründe hierfür liegen in den von Deutschland abweichenden Strukturen eines strafrechtlichen Verfahrens, in welchem die rechtspolitische Ansicht der Bevölkerung sowohl direkt als auch indirekt starke Berücksichtigung findet.

---

340 A.a.O.

341 Vgl. hierzu auch Brunner, Die vorsätzliche Tötung im Strafrecht der Vereinigten Staaten, S. 69 f.

342 Vgl. The New York State Task Force on Life and the Law, When Death is Sought, S. 57.

a) Die rechtspolitische Ansicht der Bevölkerung

Umfrageergebnisse zeigen, daß eine wachsende Anzahl der amerikanischen Bevölkerung gegen eine Kriminalisierung jeglicher Formen der Sterbehilfe ist.[343] Für eine Entkriminalisierung der ärztlichen Beteiligung an der Selbsttötung sprachen sich im Jahr 1973 bereits 53 Prozent der amerikanischen Bevölkerung aus.[344] Im Jahr 1977 befürworteten 60 Prozent und im Jahr 1991 bereits 63 Prozent der Bevölkerung die gesetzliche Freigabe der ärztlichen Hilfe bei der Selbsttötung.[345] Eine Umfrage aus dem Jahr 1996 zeigte sogar eine 75%ige Zustimmung.[346] Etwa 37 Prozent aller Amerikaner befürworten zudem auch die Möglichkeit der Hilfe bei der Selbsttötung für nahe Verwandte oder enge Freunde.[347]

Umfrageergebnisse zeigen, daß die Zustimmung mit dem Grad der Schulbildung und der Höhe des Einkommens steigt.[348] Gegen die gesetzliche Freigabe der Beteiligung an der Selbsttötung sind vor allem die Mehrheit der schwarzen Bevölkerung (70 Prozent Ablehnung, 20 Prozent Zustimmung, 10 Prozent keine Angaben) und Menschen über 70 Jahre, welche mit deutlicher Mehrheit von 58 zu 35 Prozent eine Legalisierung ablehnen.[349]

Heute spricht sich auch die Mehrheit der Ärzte für eine rechtliche Freigabe der Beteiligung an der Selbsttötung aus. In einer Umfrage unter Ärzten im Staat Oregon im Jahr 1996 befürworteten 60 Prozent eine Legalisierung in bestimmten Fällen.[350] Für den Fall einer Legalisierung erklärten sich 46 Prozent der Ärzte grundsätzlich bereit, an Patienten eine tödliche Dosis an Medikamenten zu verschreiben, während 52 Prozent aus moralischen Bedenken keine Hilfe zum Suizid leisten würden.[351] Tatsächlich waren bereits 21 Prozent der Ärzte konkret nach einer Verschreibung einer tödlichen Überdosis an Medikamenten gefragt worden, und 7 Prozent hatten nach eigenen Angaben auf Wunsch eines Patienten bereits mindestens einmal eine Verschreibung einer tödlichen Überdosis an Medikamenten vorgenommen.[352]

---

343 Risley, 20 Ohio N.U. L. Rev. 597, 607 (1994); vgl. auch die umfangreichen Nachweise bei Meisel, Fordham U.L.J. 24, 817, 818 Fn. 6 (1997).

344 Harvard Program on Public Opinion und Health Care, Should Physicians Aid their Patients in Dying? 267 JAMA 2658, 2659 (1992); vgl. auch Pugliese, 44 Hastings L.J. 1291, 1317 f. (1993).

345 A.a.O.

346 Magnusson, 6 Pac. Rim L. & Pol'y 1, 9 (1997).

347 Knox, Boston Globe, 3. November 1991, National / Foreign, S. 1.

348 Rosenbaum, The New York Times, 8. June 1997, Section 4, S. 3.

349 A.a.O.

350 Magnusson, 6 Pac. Rim L. & Pol'y 1, 20–21 (1997); Pugliese, 44 Hastings L.J. 1291, 1305 (1993).

351 Magnusson, 6 Pac. Rim L. & Pol'y 1, 21 (1997).

352 A.a.O.

Studien in anderen Bundesstaaten weisen ähnliche Ergebnisse auf. Im Staat Michigan sprachen sich 40 Prozent der befragten Ärzte für eine Freigabe der Beteiligung an der Selbsttötung aus.[353] 37 Prozent befürworteten eine staatliche Regelung und nur 17 Prozent ein Verbot der Sterbehilfe. Für den Fall einer rechtlichen Freigabe bekundeten 35 Prozent der Ärzte ihre Bereitschaft, Hilfe zum Suizid zu leisten.[354] 22 Prozent gaben an, sogar in Einzelfällen zur Leistung einer aktiven Sterbehilfe bereit zu sein.[355]

Trotz dieser relativ klaren Umfrageergebnisse bleibt deren Aussagekraft zu bedenken. Denn auch die Umfrageergebnisse vor der Abstimmung über die Gesetzesentwürfe *Initiative 119* in Washington und *Initiative 161* in Kalifornien hatten eine klare Mehrheit für die Legalisierung der Beteiligung an der Selbsttötung ausgewiesen, sie konnten bei der tatsächlichen Abstimmung jedoch keine Mehrheit erzielen.[356] Die Billigung der Hilfe zum Suizid in Einzelfällen zeigt sich aber deutlich in den oben dargestellten Strafverfahren, in welchen Geschworene als Vertreter der Bevölkerung direkt beteiligt sind.

b) Die Stellung und das Ermessen der Staatsanwaltschaft

Ein zweiter Grund für die seltenen Verurteilungen ist in der Haltung der Staatsanwaltschaft hinsichtlich der Verfolgung von Fällen der Sterbehilfe zu sehen.

Die strafrechtliche Verfolgung von Fällen der Sterbehilfe fällt in die Zuständigkeit des auf Bezirksebene des Tatortes tätigen Bezirksanwalts (*district attorney* auch *prosecuting attorney, prosecutor, county prosecutor, county attorney, state's attorney*).[357] Dieser wird in den meisten Staaten direkt gewählt und versteht sich deshalb als politischer Interessenvertreter der Bevölkerung und des Staates.[358] In der Praxis nutzen Staatsanwälte ihr Amt oftmals als Sprungbrett für weitere öffentliche Ämter.[359] Sie richten deshalb ihr Vorgehen weitgehend am Willen ihrer Wähler aus, deren Rechtsvorstellungen und Wertüberzeugungen sie sich verpflichtet fühlen.[360] Das Interesse eines Staatsanwaltes, entgegen den klaren Umfrageergebnissen eine Strafverfolgung in Fällen der Sterbehilfe zu betreiben, ist deshalb oftmals gering.

---

353 A.a.O.

354 A.a.O.

355 A.a.O.

356 So wies zumindest eine Umfrage kurz vor der Wahl in Washington eine Mehrheit von 70 Prozent für die Sterbehilfe aus. Vgl. Gifford, 40 UCLA L. Rev. 1545, 1547 (1993).

357 Schmid, Strafverfahren und Strafrecht in den Vereinigten Staaten, S. 40.

358 Vgl. Herrmann, Die Reform der deutschen Hauptverhandlung, S. 191.

359 Magnusson, 6 Pac. Rim L. & Pol'y 1, 40 (1997); vgl. auch Herrmann, Der amerikanische Strafprozeß, in Der Strafprozeß, S. 133, 136; Schmid, Strafverfahren und Strafrecht in den Vereinigten Staaten, S. 41.

360 Herrmann, Der amerikanische Strafprozeß, in Der Strafprozeß, S. 133, 136.

Die Staatsanwaltschaft hat in den USA einen weiten Ermessensspielraum hinsichtlich der Einleitung einer Anklage[361] und nutzt diesen auch in Fällen der Sterbehilfe. Im anglo-amerikanischen Verfahren ist es allein Aufgabe des Anklägers darüber zu entscheiden, welche Vorwürfe Gegenstand des Strafverfahrens bilden sollen, und sicherzustellen, daß diese Tatbestände in geeigneter Form durch Anklage beim Gericht vorgebracht und dem Gericht auch die notwendigen Beweise unterbreitet werden.[362] Dem Ermessen der Staatsanwaltschaft obliegt es also, ob sie in Fällen deliktsverdächtigen Verhaltens Anklage erheben oder davon absehen will.[363]

Neben rechtspolitischen Erwägungen spielen bei der Staatsanwaltschaft auch die Erfolgsaussichten einer Anklage eine wesentliche Rolle. Im anglo-amerikanischen wie im deutschen Strafprozeß ist es Sache des Anklägers zu beweisen, daß der Angeklagte die ihm vorgeworfene Tat begangen hat.[364] Im Fall der Sterbehilfe sind die Erfolgsaussichten eher gering. So existieren in den Bundesstaaten häufig keine bzw. nur wenige Präzedenzfälle und die Beweislage ist oftmals äußerst schwierig. Zudem muß die Staatsanwaltschaft in jedem Verfahren alle Geschworenen von der Schuld des Angeklagten ohne jeden Zweifel (*beyond reasonable doubt*)[365] überzeugen.

Nach herrschender Lehre und Praxis soll zudem nur dann angeklagt werden, wenn dies unter gegebenen Umständen dem öffentlichen Interesse entspricht.[366] Hierbei spielen die Auswirkungen der Straftat auf den betroffenen Delinquenten, dessen Umgebung, den Geschädigten wie auch die Gesellschaft eine Rolle.[367] Auch bei der Beurteilung dieser Faktoren wird den Staatsanwälten ein weites Ermessen eingeräumt, welches gesetzlich nicht (einschränkend) geregelt ist.[368] In den Fällen der Beteiligung an einer Selbsttötung und der direkten aktiven Sterbehilfe geschieht die Tat auf Wunsch des Geschädigten und seiner Familie, was von weiten Teilen der Gesellschaft akzeptiert wird. Insofern wird seitens der Staatsanwaltschaft auch das öffentliche Interesse an einer Strafverfolgung als gering bewertet.

---

361 Pugliese, 44 Hastings L.J. 1291, 1297 (1993); Herrmann, Der amerikanische Strafprozeß, in Der Strafprozeß, S. 133, 138; Schmid, Strafverfahren und Strafrecht in den Vereinigten Staaten, S. 40 f.

362 Magnusson, 6 Pac. Rim L. & Pol'y 1, 40 f. (1997).

363 Zu den Gründen des weiten Ermessens vgl. Herrmann, Der amerikanische Strafprozeß, in Der Strafprozeß, S. 133, 138; vgl. auch Schmid, Strafverfahren und Strafrecht in den Vereinigten Staaten, S. 40 f.

364 Herrmann, Die Reform der deutschen Hauptverhandlung, S. 219 ff.

365 Vgl. hierzu a.a.O.

366 Schmid, Strafverfahren und Strafrecht in den Vereinigten Staaten, S. 40 f.

367 A.a.O., 41.

368 A.a.O.

Aus den genannten Gründen kommt es somit nur in seltenen Fällen überhaupt zu einer Anklage, die dann meist aus den dargelegten Gründen zu einem Freispruch des Angeklagten führt.

c) *Das gerichtliche Strafverfahren*

Eine Verurteilung des Angeklagten bedarf des einstimmigen Schuldspruchs der Geschworenen, die ohne jeden Zweifel (*beyond reasonable doubt*) von der Schuld des Angeklagten überzeugt sein müssen.[369] Die Geschworenen sind juristische Laien, welche durch den Richter am Ende der Beweisaufnahme über das anzuwendende Recht belehrt werden.[370] Die Jury hat aber die Freiheit, von dieser Belehrung abzuweichen und die Schuldfrage anhand ihrer eigenen Wertmaßstäbe und Überzeugungen zu entscheiden.[371] In Fällen der Sterbehilfe neigen die Geschworenen oftmals aus Mitleid und Mitgefühl zu einem Freispruch des Angeklagten.[372] Ein solcher Freispruch erlangt auch sofort Rechtskraft, denn Rechtsmittel gegen einen Freispruch sind nicht zulässig, selbst wenn dieser offensichtlich im Widerspruch zu Beweisergebnissen oder Rechtssätzen steht.[373]

In der juristischen Diskussion werden nunmehr u. a. die folgenden mehr oder weniger überzeugenden Gründe für einen Freispruch angeführt.

In *State v. Sander* wurde dem Arzt Dr. Sander vorgeworfen, die terminal erkrankte Krebspatientin Abbie Borrato durch eine Injektion von Luft getötet und sich somit eines Mordes schuldig gemacht zu haben.[374] Der Arzt hatte eigenhändig im Krankenreport vermerkt, daß er der Patientin viermal zehn Milliliter Luft intravenös gespritzt hatte und daß diese nach zehn Minuten aufgehört hatte zu atmen. Der Angeklagte bestätigte diese Angaben später gegenüber der Polizei. Trotzdem wurde der Angeklagte von den Geschworenen für nicht schuldig befunden, weil eine Kausalität zwischen der Injektion und dem Tod der Patientin nicht zweifelsfrei bewiesen worden sei.[375]

In *State v. Montemarano* war der Arzt Vincent A. Montemarano im Jahr 1973 angeklagt worden, weil er der Patientin Eugene Bauer Kaliumchlorid injiziert

369 Zum Ablauf eines adversary trial allgemein vgl. Herrmann, Models for the Reform, in Festschrift für Miyazawa, S. 611, 613 ff.

370 Vgl. Herrmann, Der amerikanische Strafprozeß, in Der Strafprozeß, S. 133, 138.

371 A.a.O.; vgl. zur Entwicklung dieses Grundsatzes auch Herrmann, Die Reform der deutschen Hauptverhandlung, S. 317 ff.

372 Pugliese, 44 Hastings L.J. 1291, 1298 (1993).

373 Herrmann, Der amerikanische Strafprozeß, in Der Strafprozeß, S. 133, 138.

374 Zit. nach Humphrey, The Limits of Freedom, S. 157; Schanker, 68 Ind. L.J. 977, 986 (1993); hierzu auch Möllering, Von der „Privatheit" des eigenen Todes, in Eser, Suizid und Strafrecht, S. 347 (354).

375 Wilson, Death by Decision, S. 148 ff. (1975).

hatte, welches zum Tod der Patientin führte.[376] Die Patientin litt an Kehlkopfkrebs, war komatös und hatte eine Lebenserwartung von circa zwei Tagen. Der Angeklagte berief sich auf ein Fehlen des Tötungsvorsatzes, da Kaliumchlorid auch als Krebsmittel eingesetzt werde und somit ein Fall der Medikamentierung mit Doppelwirkung vorliege. Die Jury befand ihn für nicht schuldig.

In *State v. Zygmaniak* hatte der Angeklagte Lester Zygmaniak seinen Bruder George im Krankenhaus mit einer Flinte erschossen.[377] Das Opfer war nach einem Motorradunfall querschnittsgelähmt und hatte den Angeklagten nach dessen Angaben um aktive Sterbehilfe mehrfach eindringlich gebeten. Die Verteidigung plädierte auf Freispruch wegen vorübergehender Unzurechnungsfähigkeit des Angeklagten. Die Beweislage blieb unklar, weil ein Psychiater den Angeklagten zum Zeitpunkt der Tat als voll zurechnungsfähig befand, hingegen zwei andere Psychiater dem Angeklagten eine zeitweilige Unzurechnungsfähigkeit attestierten. Der Angeklagte wurde von der Jury wegen vorübergehender Unzurechnungsfähigkeit zum Zeitpunkt der Tat freigesprochen.

d) Zwischenergebnis

Die Rechtspraxis läßt erkennen, daß die Verbote der Beteiligung an einer Selbsttötung und der aktiven direkten Sterbehilfe in den USA oftmals nicht umgesetzt werden, obwohl in gerichtlichen Einzelfällen eine Verurteilung dem reinen Wortlaut des Gesetzes nach geboten gewesen wäre. Maßgebend ist hierfür die Ansicht, daß es sich generell, zumindest aber in den jeweiligen Einzelfällen, nicht um ein strafwürdiges Verhalten handelt. Die juristischen Begründungen dienen dann nur dazu, mit mehr oder weniger plausiblen Argumenten die Einstellung des Verfahrens oder einen Freispruch des Sterbehelfers zu erreichen. Diese Diskrepanz wird allgemein wahrgenommen und führt zu einer heftigen rechtspolitischen Diskussion.

2. Der rechtspolitische Diskussionsstand hinsichtlich einer Schließung der Dichotomie

Zunächst besteht in der rechtspolitischen Diskussion keineswegs Einigkeit darüber, ob die Dichotomie zwischen gesetzlicher Lage und Rechtspraxis überhaupt geschlossen werden muß. So sprechen sich einige Stimmen in der Literatur für einen weiteren Bestand der generellen gesetzlichen Kriminalisierung der Beteiligung an einer Selbsttötung aus, obwohl die Beteiligung an einer Selbsttötung zumindest in Einzelfällen ethisch gerechtfertigt sein könne und insofern von der

---

376 Humphrey, The Limits of Freedom, S. 158; Schanker 68 Ind. L.J. 977, 986 (1993).

377 Wilson, Death by Decision, S. 148 ff. (1975).

Rechtsprechung auch nicht geahndet werden solle.[378] Begründet wird dies damit, daß Strafgesetze nicht nur dem direkten Zweck dienten, das Verhalten von Bürgern zu regeln. Vielmehr erfüllten Strafgesetze auch eine symbolische Funktion und vermittelten wichtige Botschaften hinsichtlich der zugrundeliegenden normativen Werte einer Gesellschaft.[379] Die strafrechtliche Bewehrung der Hilfe zur Selbsttötung und der aktiven Sterbehilfe erfülle durch die Aufrechterhaltung des Fremdtötungsverbotes eine solche symbolische Funktion.[380] Insofern dürften auch die Verbotsgesetze nicht aufgehoben werden. Vielmehr müsse in konkreten Einzelfällen die stillschweigende Tolerierung eines Verstoßes hingenommen werden.[381]

Gegen diese Argumentation wird jedoch zunächst vorgebracht, daß sie zu Rechtsunsicherheiten in Einzelfällen führe. Die derzeitig uneinheitliche Anwendung der Strafgesetze sei willkürlich, und den Beteiligten bleibe deshalb ex ante unklar, ob sie im konkreten Fall einer Suizidbeteiligung einem strafrechtlichen Verfahren unterworfen werden oder ihr Handeln rechtlich toleriert werde.[382] Gerade in schwierigen Situationen müßten insbesondere Ärzte die rechtlichen Konsequenzen ihres Handelns klar voraussehen können.[383]

Zudem führe die unklare Rechtslage dazu, daß Ärzte bereits heute Hilfe zum Suizid leisteten, ohne den Rat von Kollegen einzuholen.[384] Denn eine Beratung mit Kollegen oder Gremien über den konkreten Fall und deren ethische Implikationen sei aus Angst vor einer Strafverfolgung nicht möglich.[385] Diese negative Konsequenz wird tatsächlich durch neuere Umfragen belegt. So gaben in einer Umfrage in San Francisco mehr als die Hälfte der befragten 2000 Ärzte, welche Patienten mit Aids behandeln, an, daß sie bereits mindestens einmal auf Wunsch eines Patienten Hilfe bei der Selbsttötung geleistet hätten.[386] In einer Umfrage aus dem Jahr 1996 gaben im Staat Washington 20 Prozent aller befragten Ärzte an, von ihren Patienten ein Gesuch um Hilfe bei der Selbsttötung erhalten zu haben.[387] In einem Viertel der Fälle hatte der Arzt diesem Gesuch auch entsprochen und eine tödliche Dosis an Medikamenten verschrieben.[388] Eine Umfrage von Ärzten in Mi-

378 The New York State Task Force on Life and the Law, When Death is Sought, S. 140 f. (Mindermeinung); Tsarouhas, 20 Ohio N.U. L. Rev. 793, 812 (1994).

379 The New York Task Force on Life and the Law, When Death is Sought, S. 140.

380 Tsarouhas, 20 Ohio N.U. L. Rev. 793, 812 (1994).

381 A.a.O; The New York Task Force on Life and the Law, When Death is Sought, S. 140.

382 Baron et al., 33 Harv. J. on Legis. 1, 8 (1996).

383 A.a.O.; Previn, 84 Geo. L.J. 589, 615 (1996).

384 Baron et al., 33 Harv. J. on Legis. 1, 8 (1996).

385 Pugliese, 44 Hastings L.J. 1291, 1306 (1993).

386 Rosenbaum, The New York Times, 8. June 1997, D3.

387 A.a.O.

388 A.a.O.

chigan, welche Krebspatienten behandelten, zeigte, daß bereits 20 Prozent an einer Selbsttötung teilgenommen hatten.[389]

Auch für die Patienten habe die unklare Rechtspraxis negative Folgen. So sei der Patient von der Risikobereitschaft und der Einstellung des behandelnden Arztes abhängig, ob dieser aufgrund möglicher Sanktionen von einer Hilfe bei der Selbsttötung absehen werde oder das Risiko einer Bestrafung eingehe.[390] Besonders gefährlich sei aber, daß Ärzte nicht an bestimmte Richtlinien und Verfahrensweisen gebunden seien, die sicherstellen sollen, daß der Wunsch auf Sterbehilfe freiwillig und andauernd sei und von einem entscheidungsfähigen, über die medizinische Lage vollständig aufgeklärten Patienten geäußert werde.[391] Patienten seien zudem durch das Verbot der Sterbehilfe dazu gezwungen, sich in einem frühen Stadium der Krankheit das Leben selbst zu nehmen, weil sie befürchten müßten, in einem späteren Stadium der Krankheit hierzu nicht mehr allein in der Lage zu sein.[392] Verwiesen wird hier auf den Fall der Patientin Janet Adkins, welche eben aus dieser Motivation Suizid begangen habe, obwohl die Patientin eine Lebenserwartung von sieben bis zehn Jahren hatte und trotz ihrer Krankheit Alzheimer wahrscheinlich noch über zwei Jahre bei klarem Bewußtsein sowie ohne größere Beeinträchtigungen am Leben hätte teilhaben können.[393] Schließlich nähmen sich Patienten oftmals mit schmerzhaften Mitteln allein das Leben, um Ärzte und ihre Familie nicht dem Risiko einer Strafverfolgung auszusetzen.[394]

Eine Dichotomie zwischen formeller Gesetzeslage und Rechtspraxis führe aber auch zu einer generellen Erschütterung der Integrität des gesamten Rechtssystems.[395] So sollten Gesetze gewissen Mindestanforderungen entsprechen, u. a. daß sie individuelle Rechte des Einzelnen anerkennen und dem Gebot der gleichen Rechtsanwendung ohne Ansehung der Person entsprechen.[396] Symbolische Gesetze allgemein und speziell im Bereich der Sterbehilfe erfüllten aber diese beiden Anforderungen nicht.[397] So würden Ärzte und Patienten durch das Verbot der Sterbehilfe in ihrer Freiheit beschränkt, obwohl die Tat zumindest in Einzelfällen ethisch und rechtlich gerechtfertigt sei.[398] Zudem existiere keine Garantie, daß

---

389 A.a.O.

390 A.a.O.

391 The New York State Task Force on Life and the Law, When Death is Sought, S. 141; Baron et al., 33 Harv. J. on Legis. 1, 8–9 (1996).

392 A.a.O.

393 Vgl. Dworkin, Life's Dominion, S. 190.

394 Baron et al., 33 Harv. J. on Legis. 1, 9 (1996).

395 Tribe, Abortion: The Clash of Absolutes, S. 74 (1990), unter besonderem Bezug auf die parallele Problematik der gesetzlichen Regelung des Schwangerschaftabbruchs und deren Durchsetzung.

396 Previn, 84 Geo. L.J. 589, 616 (1996).

397 A.a.O., 615.

398 A.a.O.

diese symbolischen Gesetze fair und gleich angewendet werden.[399] Ein Freispruch eines Arztes trotz eindeutig entgegenstehenden Wortlautes des Strafgesetzes sei willkürlich, da es von der Ansicht der konkreten Jury und des Richters abhänge, ob es in vergleichbaren Fällen zu einer Verurteilung eines Arztes komme.[400] Insofern devaluierten symbolische Gesetze die Werte der individuellen Rechte und der Gleichheit in einer Rechtsordnung.[401] Aus den letzteren Gründen wird nach ganz überwiegender Ansicht eine bewußte Aufrechterhaltung der Dichotomie abgelehnt und ein Handlungsbedarf zumindest im Bereich der Beteiligung an der Selbsttötung gesehen.[402]

VIII. Ergebnis

Nach ganz überwiegender Ansicht werden die derzeitigen Spannungen zwischen den strafrechtlichen Regelungen und deren Durchsetzung in den Bereichen der Beteiligung an der Selbsttötung und der aktiven Sterbehilfe als rechtlich inakzeptabel eingestuft. Eine Schließung der Dichotomie wird daher angestrebt. Umstritten ist jedoch, ob diese Schließung darin besteht, die derzeitigen Strafgesetze konsequenter umzusetzen oder ob im Gegenteil eine Ausweitung der Rechte der Patienten auf Hilfe zum Suizid durch Aufhebung der strafrechtlichen Verbote erfolgen soll. Fraglich ist deshalb, ob sich aus der amerikanischen Verfassung eine eindeutige Lösung entnehmen läßt. Denn zum einen könnten die Gesetzgeber der Bundesstaaten zu einer Entkriminalisierung schon deshalb verpflichtet sein, weil sich aus der Bundesverfassung ein Individualrecht auf Entscheidungsfreiheit bei der Hilfe zur Selbsttötung oder sogar bei der aktiven direkten Sterbehilfe ergibt. Dann wären die entsprechenden strafrechtlichen Verbote der Bundesstaaten verfassungswidrig und dürften nicht mehr angewandt werden. Vielmehr wären die Gesetzgeber der Bundesstaaten verpflichtet, die jeweiligen Gesetze auch formell aufzuheben. Ergäbe sich zum anderen aus der Verfassung ein zwingendes Verbot der Beteiligung an der Selbsttötung, wären Gerichte und Staatsanwaltschaft dazu verpflichtet, Fälle der Sterbehilfe konsequenter zu verfolgen. Zumindest läge es dann nicht im Ermessen des Gesetzgebers, diese Fallgruppe der Sterbehilfe von Strafe freizustellen. Schließlich könnten sich aus der Verfassung weder eine Rechtsgarantie noch ein Verbot der Sterbehilfe ergeben. In diesem Fall wäre es nicht Aufgabe der Judikative, eine abschließende rechtliche Bewertung hinsichtlich der Thematik vorzunehmen, sondern die Regelungen der Sterbehilfe bliebe der gesetzgeberischen Prärogative der Bundesstaaten vorbehalten. Parallel zu der deutschen Diskussion steht

399 Tribe, Abortion: The Clash of Absolutes, S. 75 (1990).

400 Previn, 84 Geo. L J. 589, 615 f. (1996).

401 A.a.O., 616.

402 A.a.O.

damit auch in den USA die Frage eines verfassungsrechtlichen *right to die* im Mittelpunkt der derzeitigen Diskussion.

C. Die verfassungsrechtliche Problematik eines *right to die*

Der Text der amerikanischen Bundesverfassung und ihrer Zusatzartikel enthält ausdrücklich kein *right to die.* Im 9. Zusatzartikel wird jedoch festgelegt, daß durch die verfassungsrechtliche Positivierung von bestimmten Grundrechten nicht andere Rechte verkürzt oder abgeschnitten werden sollen. Damit ist unstreitig, daß über den reinen Wortlaut der Verfassung hinaus nicht-textuale sogenannte unbenannte Verfassungsrechte existieren können. Fraglich ist nunmehr, ob sich ein unbenanntes Recht auf freie Entscheidung zur Selbsttötung und zur Sterbehilfe aus der Verfassung ergibt.

I. Die möglichen Rechtsquellen eines *right to die*

Als Rechtsquelle eines *right to die* kommen aus amerikanischer Sicht insgesamt vier Ansätze in Betracht. Zum ersten könnte sich ein *right to die* aus dem Recht auf Selbstbestimmung ergeben, welches im ebenfalls nicht-textualen Recht auf Privatsphäre und im Freiheitskonzept der *due process clause* des 14. Zusatzartikels verankert ist.[403] Zweitens könnte sich ein *right to die* aus dem Recht auf medizinische Selbstbestimmung ergeben, welches sich – wie bereits dargelegt – auf die Lehre des *informed consent* des amerikanischen *Common Law* stützt.[404] Zum dritten könnte sich ein staatliches Toleranzgebot der Sterbehilfe aus dem Recht auf Religionsfreiheit des 1. Zusatzartikels ergeben.[405] Schließlich wird argumentiert, daß die derzeitigen strafrechtlichen Regelungen gegen das Gleichheitsgebot des 14. Zusatzartikels verstoßen, weil sie die Grenze zwischen der straffreien passiven Sterbehilfe und der strafbewehrten Beteiligung an der Selbsttötung willkürlich zögen.[406]

---

403 MacBride, 68 Temple L. Rev. 755, 793 (1995); Note, 105 Harv. L. Rev. 2021, 2023 (1992); Sloss, 48 Stan. L. Rev. 937 (1996); Neeley, 28 Akron L. Rev. 53, 76 (1994); Tucker / Buman, 18 Seattle U. L. Rev. 485, 508 (1995); Tarnow, 4 Elder L.J. 407, 407 (1996); Benton, 20 N.Y.U. L. Rev., 767, 772 (1994); Gabel, 22 Fla. St. U.L. Rev. 369, 387 (1994); für eine Freigabe der aktiven Sterbehilfe: Risley, 20 Ohio N.U. L. Rev. 597, 605 (1994).

404 Vgl. MacBride, 68 Temple L. Rev. 755, 768 (1995); *In the Matter of Eichner,* 423 N.Y.2d. 580 (N.Y. 1979).

405 Previn, Geo. L.J. 589, 590 f. (1996); Gifford, 40 UCLA L. Rev. 1545 (1993); siehe auch Dworkin, Life's Dominion, S. 179 – 241 (1993).

406 Note, 105 Harv. L. Rev. 2021, 2027 (1992); MacBride, 68 Temple L. Rev. 755, 796 ff. (1995).

Jeder dieser rechtlichen Ansätze[407] ist zwischen Befürwortern und Gegnern einer rechtlichen Freigabe der Sterbehilfe erbittert umstritten.[408] Dies liegt nicht allein an den inhaltlichen Fragen der Sterbehilfe, welche unmittelbar grundlegende ethische und moralische Positionen betreffen, sondern auch an der zugrundeliegenden kompetenzrechtlichen Frage, ob es Aufgabe des Supreme Court sein soll, die bei der Sterbehilfe auftretenden rechtlichen Probleme durch Auslegung der Verfassung zu lösen, oder ob eine Regelung der Sterbehilfe der Befugnis des Gesetzgebers überlassen bleiben soll.

II. Die Stellung und Befugnisse des U.S. Supreme Court

Der U.S. Supreme Court hat die Aufgabe, die Verfassung rechtsverbindlich auszulegen und Gesetze auf ihre Verfassungsmäßigkeit und Vereinbarkeit mit dem *Common Law* zu überprüfen (*judicial review*). Obwohl die genauen Kompetenzen des Supreme Court nicht ausdrücklich gesetzlich geregelt sind, ist nunmehr seit dem letzten Jahrhundert allgemein anerkannt, daß der Supreme Court Bundesgesetze,[409] Gesetze der Bundesstaaten,[410] Gerichtsentscheidungen der höchsten Ein-

---

407 Die Ansätze werden im einzelnen in diesem Teil 3 unter D – F behandelt.

408 Kamisar, 23 Hastings Center Rep. 32, 33 – 40 (1993); Marzen et al., 24 Duq. L. Rev. 1, 100 (1985); Tsarouhas, 20 Ohio N.U. L. Rev. 793, 807 ff. (1994); Larson, 18 Seattle U. L. Rev. 509, 519 (1995); Shih, 63 Fordham L. Rev. 1245, 1246 (1995); Kreimer, 44 Am. U. L. Rev. 803, 809 f. (1995).

409 Erstmals in der Entscheidung *Marbury v. Madison* (5 U.S. (Cranch) 137 (1803)) aus dem Jahr 1803 nahm der Supreme Court für sich die Kompetenz in Anspruch, Bundesgesetze auf ihre Verfassungsmäßigkeit zu überprüfen und gegebenenfalls zu verwerfen. Im betreffenden Fall war der Kläger Marbury vom ehemaligen federalistischen Präsidenten Adams kurz vor Ende von dessen Amtszeit als Richter ernannt worden, die formgerecht unterschriebene Ernennungsurkunde war ihm aber noch nicht zugestellt worden. Auf Anweisung des neuen republikanischen Präsidenten Thomas Jefferson verweigerte Staatssekretär Madison die Herausgabe der Urkunde. Marbury klagte daraufhin erstinstanzlich vor dem Supreme Court auf Erlaß eines Vollzugsbefehls, um so die Herausgabe der Urkunde zu erzwingen. In der Sache wies der Supreme Court unter Vorsitz von Richter Marshall die Klage jedoch ab, weil der Supreme Court für solche Fälle nicht erstinstanzlich zuständig sei. Die maßgebliche bundesrechtliche Norm, welche die erstinstanzliche Zuständigkeit des Supreme Court festlegte, stehe im Widerspruch zu Art. III und sei daher verfassungswidrig. Damit hatte der Supreme Court erstmals eine konkrete Normenkontrolle eines Bundesgesetzes vorgenommen (vgl. hierzu Schneider, Die Entwicklung des Supreme Court der USA, in Großfeld / Roth, Verfassungsrichter, S. 301; Brugger, Einführung in das öffentliche Recht, S. 7 ff.).

410 Im Jahr 1810 weitete der Supreme Court in der Entscheidung *Fletcher v. Peck* (6 U.S. (Cranch) 87 (1810)) seine Kompetenz dahingehend aus, auch Gesetze der Bundesstaaten auf ihre Vereinbarkeit mit der Bundesverfassung zu überprüfen. In der betreffenden Entscheidung erklärte der Supreme Court ein Gesetz des Staates Georgia für ungültig, welches die Nichtigkeit von zuvor getätigten staatlichen Landverkäufen feststellte, da das Gesetz gegen die in der Bundesverfassung festgeschriebene Vertragsklausel verstoße. Der Bundesstaat Georgia sei nicht nur an die eigene Verfassung gebunden, sondern unterliege als Teil der Verei-

zelgerichte[411] und strafrechtliche Verfahren der Bundesstaaten[412] auf ihre Vereinbarkeit mit der Verfassung überprüfen darf.

In solchen Verfahren analysiert der Supreme Court in einem ersten Schritt, ob eine staatliche Maßnahme in ein verfassungsrechtliches Recht des Einzelnen eingreift, mithin also analog dem deutschen Recht ein Grundrechtseingriff vorliegt. Dieser Prüfung unterliegt die hochumstrittene Frage, in welchem Umfang und mit welcher Interpretationsmethode der Supreme Court (neue) unbenannte Rechte in die Verfassung etablieren und dann bei der Überprüfung von staatlichen Maßnahmen, insbesondere bei der Überprüfung von Gesetzen, heranziehen darf. Denn durch die Etablierung und Individualisierung eines unbenannten Verfassungsrechtes erweitert der Supreme Court seine Kompetenzen gegenüber dem Gesetzgeber und entzieht die Problematik dem politischen Prozeß.

Die Judikative hebt im Normenkontrollverfahren bei einem Verfassungsverstoß eine Entscheidung des Gesetzgebers auf, welcher mit Mehrheit der Bevölkerung direkt gewählt und legitimiert ist. Hinsichtlich des verfassungsrechtlichen Prinzips der Volkssouveränität und der Gewaltenteilung[413] stellt sich gerade bei politisch und moralisch hochumstrittenen Problematiken wie der Sterbehilfe die Frage der richterlichen Legitimation für einen solchen Eingriff. Die Problematik der soge-

---

nigten Staaten auch der höherrangigen Bundesverfassung (vgl. Palstra, in Großfeld / Roth, Verfassungsrichter, S. 179, 190).

411 In der Entscheidung *Martin v. Hunter's Lessee* (14 U.S. 304 (1816)) aus dem Jahr 1816 stellte der Supreme Court klar, daß er auch für die Überprüfung der Verfassungsmäßigkeit der Entscheidungen der höchsten Bundesstaatengerichte zuständig sei. Der Supreme Court entschied, daß Sec. 25 des *Judiciary Act* von 1789 verfassungsgemäß sei, der festlegte, daß der Supreme Court das zuständige Rechtsmittelgericht für Entscheidungen der obersten Verfassungsgerichte der Bundesstaaten sein kann. Zur Begründung führte Richter Story aus, daß der historische Gesetzgeber klar davon ausgegangen sei, daß bundesstaatliche Angelegenheiten auch in Fällen der Bundesstaaten auftreten können. Dies lasse sich aus Art. VI der Verfassung ersehen. Zudem spreche der Wortlaut des Art. III, dem Supreme Court die Überprüfung *aller* Fälle zu übergeben, klar für eine solche Annahme. Die Regierungen der Bundesstaaten sowie die Gerichte unterlägen in bundesstaatlichen Angelegenheiten der Jurisdiktion des Supreme Court, denn nur so könne eine einheitliche Interpretation und Anwendung der Bundesverfassung in den gesamten USA sichergestellt werden. (Barron / Dienes, Constitutional Law, S. 8).

412 In der Entscheidung *Cohens v. Commonwealth of Virginia* (6 Wheaton 264 (1821)) aus dem Jahr 1821 weitete der Supreme Court seine Kompetenz dahingehend aus, daß er auch strafrechtliche Verfahren der Bundesstaaten auf deren Verfassungsmäßigkeit untersuchen dürfe. Im betreffenden Fall hatte der Staat Virginia einige Personen verurteilt, welche Lotterielose entgegen dem geltenden Bundesstaatenrecht verkauft hatten. Die Verurteilten glaubten sich hingegen durch ein Bundesgesetz gerechtfertigt. Der Supreme Court entschied, daß das Bundesgesetz die Angeklagten nicht schütze und stellte darüber hinaus klar, daß er generell Strafverfahren der Bundesstaaten überprüfen dürfe. Richter Marschall erklärte hier erneut, daß die Bundesverfassung über jeder bundesstaatlichen Autorität stehe und vor Angriffen derselben geschützt werden müsse. Der Supreme Court sei das geeignete Instrument zum Schutz der Verfassung.

413 Vgl. Fraenkel, Das amerikanische Regierungssystem, S. 39 ff., 220 ff.

nannten *antimajoritian difficulty*[414] führt in der richterlichen Praxis zu der methodischen Fragestellung, mittels welcher Methoden der Supreme Court die amerikanische Verfassung auslegen und damit entweder eine restriktive Rolle (*judicial restraint*) oder eine aktive Rolle (*judicial activism*) gegenüber dem Gesetzgeber einnehmen darf.

Obwohl im einzelnen nicht unumstritten, kann hinsichtlich der Auslegungsmethode zwischen der Theorie der restriktiven Interpretation (*restrictive interpretation*) – auch als Theorie des Interpretivismus (*interpretivism*) bezeichnet – und der Theorie der weiten liberalen Interpretation (*liberal interpretation*) – auch Non-Interpretivismus (*noninterpretivism*) genannt – unterschieden werden.[415] Nach Ansicht der restriktiven Interpretationstheorie muß sich der Supreme Court bei der Auslegung methodisch möglichst eng und restriktiv an die Verfassung selbst halten.[416] Nach dieser Ansicht darf der Supreme Court eine (unbenannte) Rechtsgarantie nur aus dem Wortlaut, den historischen Vorstellungen und Intentionen der Verfassungsväter und dem systematischen Zusammenhang der Verfassungsvorschrift herleiten.[417] Aufgabe der Richter ist es somit, die durch die Verfassungsväter festgelegte Bedeutung der Verfassung zu erkunden und diese dann gegenüber den anderen Gewalten zu schützen.[418] Die Etablierung neuer Rechte bleibt demnach gänzlich dem Gesetzgeber vorbehalten. Nach der restriktiven Interpretationstheorie nimmt der Supreme Court also eine eher bewahrende, streng an die Historie gebundene Funktion ein.[419]

Nach der Gegenansicht der weiten Interpretationstheorie darf der Supreme Court eine aktivere Rolle einnehmen und über die bereits genannten Interpretationsmethoden hinaus auch der Verfassung unterliegende normative und moralische Vorstellungen bei der Bestimmung von unbenannten Grundrechten heranziehen.[420] Nach der Ansicht der weiten Interpretationstheorie ist die Verfassung kein statisches Gebilde, sondern muß im Kontext der jeweiligen Zeit und Gesellschaft dynamisch ausgelegt werden.[421] Deshalb können nach dieser Ansicht in Einzelfällen sogar neue verfassungsrechtliche Rechte entgegen einer langen Tradition etabliert werden.[422] Innerhalb dieser Theorie ist aber im einzelnen umstritten, nach welchen

---

414 Vgl. hierzu auch Brugger, Einführung in das öffentliche Recht, S. 12 f.

415 Brugger, Grundrechte, S. 345.

416 Vertreter dieser Lehre sind die Richter Robert Bork sowie der Supreme Court Richter Scalia insbesondere in seinem zustimmenden Votum in *Cruzan v. Director, Mo Dep't of Health*, 497 U.S. 261, 294 (1990); vgl. zudem die Nachweise bei Shih, 63 Fordham L. Rev. 1245, 1264 (1995).

417 Bork, The Tempting of America: The Political Seduction of the Law 143, 150 (1990).

418 A.a.O.

419 A.a.O., 143–146; vgl. zur Problematik: Shih, 63 Fordham L. Rev. 1245, 1246 ff. (1995).

420 Dworkin, Life's Dominion, S. 127 f.

421 Vgl. Shih, 63 Fordham L. Rev. 1245, 1247 (1995).

422 So in *Roe v. Wade*, 410 U.S. 113 (1973); vgl. unten Teil 3 (D III 2 a).

Kriterien und mit welcher Methodik der Supreme Court die zugrundeliegenden normativen Prinzipien feststellen und die Grenzen der judikativen Kompetenz ziehen soll. Als Interpretationskriterien werden hier u. a. die persönlichen Werte des Richters, Naturrecht, neutrale Prinzipien, Vernunftgründe, Tradition, Konsens und die Einschätzung für die Zukunft angeführt.[423]

Dieser methodische Streit durchzieht nicht nur die gesamte amerikanische Literatur zum Verfassungsrecht, sondern wurde in der Vergangenheit auch in zahlreichen Fällen zwischen den Richtern des Supreme Court virulent.[424] Er spielte bei der Neubesetzung von Richtern am Supreme Court eine erhebliche Rolle.[425] Methodik und Rolle des Supreme Court bezüglich der unbenannten Verfassungsrechte hängen somit zum einen von der jeweiligen richterlichen Besetzung des Gerichtes[426] und zum anderen von der spezifischen Prüfung des jeweiligen Artikels der Verfassung ab. Denn je nach dem Wortlaut und dem spezifischen Hintergrund eines bestimmten Verfassungsartikels argumentieren einzelne Richter sowie die Literatur allein mit den Methoden der restriktiven Interpretationstheorie bzw. weitergehend auch mit Methoden der weiten Interpretationstheorie.

Obwohl es somit keine durchgängig anerkannte Methode zur Bestimmung von unbenannten Verfassungsrechten gibt, sind die ersten Schritte einer verfassungsrechtlichen Prüfung eines unbenannten Verfassungsrechtes in der Praxis meist gleich. So wird von den Richtern zunächst geprüft, ob sich ein unbenanntes Verfassungsrecht (im Sinne der restriktiven Interpretationstheorie) aus der Systematik bzw. aus der Tradition und Geschichte des spezifischen Verfassungsartikels ergibt, weil dies zumindest ein starkes Indiz für die richterliche Fassung eines unbenannten Verfassungsrechtes ist.[427] Erst wenn sich mittels dieser Auslegungsmethode kein unbenanntes Verfassungsrecht etablieren läßt, stellt sich die Frage nach weitergehenden Interpretationsmitteln, und der oben dargelegte methodische Streit kommt zum Tragen.

Entscheidend ist zudem, ob der Supreme Court einem unbenannten Verfassungsrecht einen fundamentalen Rang einräumt. Fundamentale Rechte werden im allgemeinen dadurch definiert, daß sie „so tief im Konzept der geordneten Freiheit verankert sind, daß weder Freiheit noch die Gerechtigkeit ohne dieses Recht existieren könnten".[428] Darüber hinaus muß ein solches Recht „tief in der Tradition und Geschichte der Nation verwurzelt sein".[429] Die Gerichte rekurrieren bei dieser Prü-

423 Ely, Democracy and Distrust, S. 44–69 (1980).

424 Vgl. Mayo, 49 Md. L. Rev. 103, 128–129 (1990).

425 So bei der öffentlichen Anhörung des Kandidaten Bork für das Amt des Richters am Supreme Court. (Vgl. Gardner, 71. B.U. L. Rev. 1, Fn. 4 (1991); Maack, Judge Robert H. Bork, in Großfeld / Roth, Verfassungsrichter, S. 249, 254 ff. (1995)).

426 Vgl. auch Herrmann, JZ 1985, 602, 604.

427 Kamisar, 72 U. Det. Mercy L. Rev. 735, 761 (1995).

428 *Palko v. Conneticut,* 302 U.S. 319, 325 (1937).

429 *Moore v. East Cleveland,* 431 U.S. 494, 503 (1977).

fung sowohl auf die (historischen) legislativen Regelungen als auch auf Präzedenzfälle der Judikative zu dem jeweiligen Verfassungsartikel.

Greift der Staat nunmehr in ein fundamentales Recht des Individuums ein, so muß er ein zwingendes staatliches Interesse (*compelling state interest*) für diesen Eingriff darlegen.[430] Damit steht dem Supreme Court also ein weiter Prüfungsumfang zu, und Handlungen der Legislative und Exekutive werden intensiv nach dem sogenannten strengen Maßstab (*strict scrutiny test*) überprüft. Greift der Staat in sonstige nicht-fundamentale Rechte des Einzelnen ein, so muß der Staat nur ein vertretbares, rationales und legitimes Interesse (*rational basis test*) vorweisen.[431] Im Fall des *rational basis test* findet deshalb nur eine eingeschränkte Überprüfung durch die Gerichte statt. Mit der methodischen Entscheidung über die Anwendung des *strict scrutiny test* oder des *rational basis test* wird deshalb oftmals schon das sachliche Ergebnis der Grundrechtsprüfung vorweggenommen.[432]

Vor diesem methodischen Hintergrund ist nunmehr zu prüfen, ob ein *right to die* in der Verfassung als (fundamentales) Recht verankert ist und damit dem Gesetzgeber bei der Ausgestaltung der strafrechtlichen Regelungen der Sterbehilfe verbindliche Grenzen setzt. Die Existenz eines geschriebenen Verfassungstextes schließt hierbei nicht aus, daß das amerikanische Verfassungsrecht der Gegenwart zum sehr erheblichen Teil Präjudizienrecht ist und damit nur unter Berücksichtigung der Fälle verstanden werden kann, welche den ursprünglichen Verfassungstext interpretiert und modifiziert haben.[433]

Im Folgenden wird zunächst auf die spezifische methodische und inhaltliche Entwicklung des Selbstbestimmungsrechts im *right of privacy and right of liberty* des 14. Zusatzartikels und des *Common Law* eingegangen, um dann die Implikationen für die Etablierung eines *right to die* darzulegen. Später wird dann die Bedeutung des Gleichheitsgrundsatzes des 14. Zusatzartikels und des Rechtes auf Religionsfreiheit des 1. Zusatzartikels behandelt.

D. Die Herleitung des Rechts auf medizinische Selbstbestimmung des Patienten aus dem 14. Zusatzartikel und dem amerikanischen *Common Law*

Im Mittelpunkt der Diskussion um ein *right to die* steht als Rechtsquelle das Selbstbestimmungsrecht des Einzelnen, welches verfassungsrechtlich in dem

430 Vgl. zum Ganzen: Brugger, Einführung in das öffentliche Recht, S. 118.

431 A.a.O.

432 Brugger, Grundrechte, S. 43.

433 Fraenkel, Das amerikanische Regierungssystem, S. 126.

Recht auf Privatsphäre (*right of privacy*) und dem Freiheitskonzept (*right of liberty*) der *due process clause* des 14. Zusatzartikels verankert ist.[434]

I. Die historische Entwicklung des Rechtes auf Privatsphäre *(right of privacy)* und des Freiheitskonzeptes *(right of liberty)*

Nach ihrem Inkrafttreten im Jahr 1868 wurde die *due process clause* des 14. Zusatzartikels („... kein Staat darf irgend jemandem Leben, Freiheit oder Eigentum ohne vorheriges ordentliches Gerichtsverfahren in Einklang mit dem Gesetz nehmen ...") zunächst als eine formelle Rechtsgarantie verstanden, „der schon dann Genüge getan war, wenn Eingriffe in Rechte auf einem fair geführten Gerichts- oder einem einwandfreien Gesetzgebungsverfahren beruhten".[435]

Zu Beginn dieses Jahrhunderts ging der Supreme Court aber mit der Entscheidung *Lochner v. New York*[436] im Bereich der Wirtschaft auf eine materielle und substantielle Ausfüllung der Norm über.[437] Obwohl der Supreme Court nach dem Jahr 1937 zunächst wieder zu einer eher formellen Auslegung der *due process clause* zurückkehrte,[438] kann heute als gesichert angesehen werden, daß bestimmte unbenannte Verfassungsrechte dem 14. Zusatzartikel entnommen werden können, mithin also eine zumindest begrenzt substantielle Deutung der *due process clause* des 14. Zusatzartikels zulässig ist.[439]

---

434 Beide Rechte werden kategoriell von der Rechtsprechung in der letzten Zeit nicht mehr ausdrücklich unterschieden; so rekurriert der Supreme Court in Entscheidungen über das Freiheitskonzept auf verschiedene Präzedenzfälle des *right of privacy.* Analog hierzu wird in der Literatur ein *right to die* als fundamentales Recht, Freiheitsinteresse, Aspekt des Freiheitskonzepts oder als Aspekt eines Rechts auf Privatsphäre bezeichnet. Siehe dazu Tarnow, 4 Elder L.J. 407, 409 (1996).

435 Weigend, Landesbericht Vereinigte Staaten von Amerika, in Eser / Koch, Schwangerschaftsabbruch, S. 1028 unter Hinweis auf *Slaughter-House Cases,* 83 U.S. (16 Wall.) 36, 21 L.Ed. 394 (1872); zur Entwicklung siehe auch Brugger, Grundrechte, S. 54 ff.

436 *Lochner v. New York,* 198 U.S. 45, 25 S.Ct. 539, 49 L.Ed. 937 (1905). Der Supreme Court entschied, daß das Privateigentum ein Freiheitswert von höchstem Rang ist und deshalb alle Versuche verfassungswidrig sind, die wirtschaftliche Bewegungsfreiheit eines Unternehmers durch unangemessene staatliche Sozialgesetzgebung einzuschränken. Damit sei ein Gesetz, welches eine maximale Arbeitszeit festlegte, verfassungswidrig, weil es gegen das Recht auf freie Vertragsgestaltung der Arbeitgeber verstoße (a.a.O.); vgl. auch Weigend, Landesbericht Vereinigte Staaten von Amerika, in Eser / Koch, Schwangerschaftsabbruch, S. 1028.

437 Weigend, Landesbericht Vereinigte Staaten von Amerika, in Eser / Koch, Schwangerschaftsabbruch, S. 1028

438 *West Coast Hotel Co. v. Parrish,* 300 U.S. 379 (1937).

439 Weigend, Landesbericht Vereinigte Staaten von Amerika, in Eser / Koch, Schwangerschaftsabbruch, S. 1028.

Eines der wichtigsten persönlichen Rechte im Bereich der *due process clause* ist das fundamentale Recht auf Privatsphäre, welches besagt, daß eine Person bei der Bildung und Durchführung von persönlichen Entscheidungen frei von staatlichen Eingriffen sein muß.[440] Das *right of privacy* ist im Wortlaut der Verfassung nicht erwähnt, wird jedoch nunmehr in ständiger Rechtsprechung anerkannt.

II. Die verfassungsrechtliche Anerkennung – *Griswold v. Connecticut*

Erstmals verfassungsrechtlich anerkannt wurde das *right of privacy* im Jahr 1965 durch den U.S. Supreme Court in der Leitentscheidung *Griswold v. Connecticut.*[441]

Der Entscheidung lag ein Gesetz des Staates Connecticut zugrunde, welches den Gebrauch von Schwangerschaftsverhütungsmitteln durch verheiratete Paare verbot und die Beratung oder Unterstützung durch Dritte in einem Straftatbestand erfaßte.[442] Der Supreme Court erklärte das Gesetz mit einer Mehrheit von sieben zu zwei für verfassungswidrig, da es gegen ein (unbenanntes) verfassungsrechtliches Recht auf Privatsphäre verstoße. Die dogmatische Herleitung und der Umfang eines solchen Rechtes war jedoch zwischen den Richtern umstritten.

Richter Douglas leitete für die Mehrheit des Gerichtes ein solches Recht als Begleitrecht (*penumbra*) aus anderen in der Bundesverfassung ausdrücklich garantierten Elementen eines Privatsphärenschutzes ab.[443] Er fand solche subjektiven fundamentalen Rechte der Verfassung im Schutz vor ungerechtfertigten Durchsuchungen (4. Zusatzartikel), vor zwangsweiser Selbstbezichtigung (5. Zusatzartikel) und vor Einquartierung von Soldaten in Friedenszeiten (3. Zusatzartikel) sowie im Recht, Mitgliedschaften in Vereinigungen nicht offenlegen zu müssen (1. Zusatzartikel).[444] Diese einzelnen von der Rechtsprechung anerkannten Privatsphärenelemente fügte Richter Douglas zusammen und verstärkte sie zu einem neuen, allgemeinen Recht auf Schutz der Privatsphäre.[445]

---

440 MacBride, 68 Temple L. Rev. 755, 767 (1995); erstmals erwähnt wurde das Konzept in der abweichenden Ansicht des Richters Brandeis in *Olmstead v. United States* (277 U.S. 438 (1928)): „Die Väter der Verfassung wollten die Amerikaner in ihrem Glauben, ihren Überlegungen, ihren Gefühlen und ihre Eindrücken schützen. Sie haben – gegenüber dem Staat, das Recht allein gelassen zu werden (*right to be let alone*) verliehen – das umfassenste aller Rechte und das in einer Gesellschaft wertvollste Recht." (A.a.O., 478).

441 *Griswold v. Connecticut,* 381 U.S. 479; 85 S. Ct. 1678; 14 L. Ed. 2d 510 (1965).

442 Die Kläger waren in einer Familienberatungsstelle tätig und hatten Ehepaare über Verhütungsmittel informiert sowie Rezepte für Verhütungsmittel ausgestellt. Sie waren deshalb zu einer Geldstrafe von jeweils US$ 100 verurteilt worden (a.a.O.); vgl zum Fall auch Füllmich, Der Tod im Krankenhaus, S. 11; Brugger, Grundrechte, S. 106 ff.

443 *Griswold v. Connecticut,* 381 U.S. 479, 484 (1965).

444 A.a.O.

In seinem zustimmenden Votum argumentierte Richter Goldberg hingegen vor allem mit dem Wortlaut und der Geschichte des 9. Zusatzartikels, welcher besagt, daß gewisse präkonstitutionelle fundamentale Rechte auch dann fortgelten, wenn sie nicht ausdrücklich in der Verfassung aufgeführt sind.[446] Bei der Bestimmung solcher Rechte müßten Richter überprüfen, ob ein Recht fundamentalen Rang habe. Dies sei dann der Fall, wenn es so in der Tradition und dem Bewußtsein der Bevölkerung verankert sei,[447] daß es nicht abgelehnt werden könne, „ohne daß die fundamentalen Prinzipien der Freiheit und Gerechtigkeit, die allen bürgerlichen und politischen Institutionen unterliegen, verletzt würden".[448] Das Recht auf ungestörtes eheliches Zusammenleben sei ein solches präkonstitutionelles Recht und müsse als fundamental eingestuft werden.[449] Mit dieser Interpretation des 14. Zusatzartikels weite das Gericht auch seine Kompetenz als Judikative nicht unzulässig aus, sondern werde vielmehr seiner Aufgabe gerecht, fundamentale Rechte gegen staatliche Übergriffe zu schützen.[450] Da der Staat Connecticut keine zwingenden staatlichen Interessen für die Notwendigkeit einer solchen Regelung dargelegt habe,[451] sei das Gesetz verfassungswidrig.

Richter Harlan und Richter White hielten hingegen das Gesetz für unvereinbar mit den Werten, die dem 14. Zusatzartikel und dem amerikanischen Gemeinwesen zugrunde liegen.[452] Bestimmte Rechte seien im Konzept der geordneten Freiheit (*concept of ordered liberty*) impliziert[453] und dürften daher vom Staat nicht verletzt werden. Rechte des Einzelnen müßten immer gegen Rechte der Gesellschaft abgewogen werden.[454]

Die grundsätzliche Anerkennung eines (unbenannten) Rechtes auf Privatsphäre war jedoch nicht unumstritten. So lehnten Richter Black und Richter Stewart in ihren Minderheitsvoten die richterliche Anerkennung eines solchen Rechtes strikt ab,[455] da es sich nicht aus dem Wortlaut der Verfassung oder dem Willen der Ver-

---

445 So führte Richter Douglas aus: „Diese Fälle bezeugen, daß das Recht auf Privatsphäre, das hier auf Anerkennung drängt, ein legitimes Recht ist." (A.a.O., 485); Brugger, Persönlichkeitsentfaltung, S. 7 f.

446 *Griswold v. Connecticut,* 381 U.S. 479, 488 (1965). Richter Goldberg betont unter Hinweis auf den 9. Zusatzartikel, daß auch andere Rechte als die *Bill of Rights* bestehen können und gegen Eingriffe des Staates zu schützen seien (a.a.O., 492).

447 A.a.O., 493.

448 A.a.O.

449 A.a.O., 492.

450 A.a.O., 492 f.

451 A.a.O., 497 ff.

452 A.a..O., 449, 502; Füllmich, Der Tod im Krankenhaus, S. 11 f.

453 *Griswold v. Connecticut,* 381 U.S. 479, 500 (1965).

454 A.a.O., 507. Das Gesetz des Staates Connecticut sei zumindest hinsichtlich der Wahl der Mittel nicht verfassungsmäßig, denn der Staat habe nicht nur den Verkauf, sondern auch die Benutzung von Verhütungsmittel unter Strafe gestellt und habe damit ein Mittel gewählt, welches den Staat dazu zwinge, in den traditionell geschützten räumlichen Bereich von Ehe und Familie einzudringen und die Intimität des Ehelebens zu beeinträchtigen (a.a.O., 502 ff.).

fassungsväter herleiten lasse. Das Gericht dürfe schon aus Gründen der Gewaltenteilung[456] keine Superrevisionsinstanz sein oder ein Vetorecht bei Gesetzen haben.[457]

Obwohl heute ein Recht auf Privatsphäre allgemein anerkannt ist, zeigt die Entscheidung bereits die grundlegenden Probleme der Etablierung eines unbenannten Verfassungsrechtes, insbesondere bei der Wahl der Interpretationsmethoden. So unterliegt der Ansicht der Minderheit die restriktive Interpretationstheorie, und in der Tat gilt Richter Black auch heute noch als einer der konsequentesten Vertreter dieser Theorie. Diese enge Auslegung des 14. Zusatzartikels hat sich jedoch nicht durchgesetzt. Bis heute wurde allerdings seitens der Rechtsprechung keine allgemeinverbindliche Definition des Rechtes auf Privatsphäre gegeben oder eine einheitliche und konsistente Interpretationsmethodik im Rahmen dieses Rechtes entwickelt. Dogmatische und methodische Fragen wurden vielmehr anhand von Einzelfällen behandelt; deshalb ist nach wie vor umstritten, welche Rechte vom *right of privacy* im einzelnen umfaßt werden.

III. Die Ausweitung des *right of privacy and liberty*

Ausgehend von *Griswold v. Connecticut* weitete der Supreme Court bis Mitte der 80er Jahre das Recht auf Privatsphäre zunächst immer weiter aus und verankerte weitere wichtige Grundrechte. Hierbei nahm der Supreme Court eine aktive Rolle bei der Ausgestaltung neuer unbenannter Verfassungsrechte ein.

1. Das *right of privacy* als individuelles Abwehrrecht gegen den Staat – *Eisenstadt v. Baird*

In *Eisenstadt v. Baird*[458] entschied der Supreme Court, daß das *right of privacy* auch und in erster Linie das Individuum gegen unzulässige staatliche Eingriffe schützt. Damit stellte das Gericht klar, daß nicht nur wie in *Griswold v. Connecticut*[459] bestimmte Sphären wie die Ehe vor staatlichen Eingriffen geschützt sind, sondern der Einzelne ein subjektives Abwehrrecht gegen bestimmte Eingriffe gegen den Staat hat.[460]

455 A.a.O., 507 ff.

456 A.a.O., 521.

457 A.a.O., 520 f.

458 *Eisenstadt v. Baird,* 405 U.S. 438; 92 S. Ct. 1029; 31 L. Ed. 2d 349 (1972); vgl. zum Fall: Brugger, Grundrechte, S. 111.

459 *Griswold v. Connecticut,* 381 U.S. 479 (1965).

460 Dem Fall lag ein Gesetz zugrunde, welches die Abgabe von Verhütungsmitteln durch einen Arzt oder Apotheker auf ärztliche Verschreibung an verheiratete Paare vorsah, nicht

Das Recht auf Privatsphäre schütze nicht nur die Institution der Ehe, sondern auch und vor allem anderen das Individuum als solches. So argumentierte der Supreme Court: „Das verheiratete Paar ist kein unabhängiges Wesen, das einen eigenen Verstand und ein eigenes Herz hat, sondern eine Vereinigung zweier Individuen mit einer getrennten intellektuellen und emotionalen Struktur. Wenn das *right of privacy* etwas bedeutet, dann meint es das Recht des Individuums, ob verheiratet oder nicht, frei von staatlichem Eingriff in Angelegenheiten zu sein, die eine Person so fundamental berühren wie die Entscheidung, ob man ein Kind zeugt oder in die Welt setzt."[461]

Das Verständnis des Rechtes auf Privatsphäre als ein subjektives Abwehrrecht gegen den Staat setzte sich in weiteren Entscheidungen fort, in denen weitere Rechte durch den Supreme Court etabliert wurden.[462]

2. Das fundamentale Recht auf Schwangerschaftsunterbrechung

Mit der Entscheidung *Roe v. Wade*[463] erreichte die Ausweitung des Rechtes auf Privatsphäre ihren bisherigen Höhepunkt. Mit einem bisher einzigartigen richterlichen Aktivismus legte der Supreme Court den 14. Zusatzartikel erstmals dahingehend aus, daß das Recht auf Privatsphäre auch ein Verfügungsrecht über den eigenen Körper umfaßt.[464] Mit der Entscheidung weitete der Supreme Court seine Kompetenz gegenüber den Gesetzgebern der Bundesstaaten stark aus, denn nach den Grundsätzen von *Roe v. Wade*[465] waren insgesamt 46 Gesetze der Bundesstaaten nicht (mehr) verfassungskonform.[466]

a) Roe v. Wade

In der Entscheidung *Roe v. Wade*[467] entschied der Supreme Court, daß das Recht auf Privatsphäre grundsätzlich auch die Entscheidung einer Frau umfaßt, ob sie eine Schwangerschaft vorzeitig beenden will. Dieses Wahlrecht sei ein fundamen-

jedoch an eine einzelne Person. Der Angeklagte war kein Mediziner. Er hatte einer Studentin nach einem Vortrag über Empfängnisverhütung ein Verhütungsmittel ausgehändigt und war deshalb zu einer Geldstrafe verurteilt worden. Der Supreme Court hob die Verurteilung auf, weil das Gesetz gegen den Gleichheitsgrundsatz und das Recht auf Privatsphäre verstoße. (*Eisenstadt v. Baird,* 405 U.S. 438, 453 (1972); vgl. hierzu Brugger, Grundrechte, S. 111).

461 A.a.O.

462 Lyon, 58 U.Cin. L. Rev. 1367, 1370 (1990).

463 *Roe v. Wade,* 410 U.S. 113; 93 S. Ct. 705; 35 L. Ed. 2d 147 (1973).

464 Vgl. MacBride, 68 Temple L. Rev. 755, 767 f. (1995).

465 *Roe v. Wade,* 410 U.S. 113 (1973).

466 Moors, Die Rolle von Verfassung, S. 93.

467 *Roe v. Wade,* 410 U.S. 113 (1973).

tales Recht und könne deshalb nur aufgrund zwingender staatlicher Interessen eingeschränkt werden.[468]

Zum Zeitpunkt der Entscheidung hatten alle Bundesstaaten Strafvorschriften über den Schwangerschaftsabbruch erlassen. Obwohl aus dem historischen *Common Law* und der amerikanischen Tradition ein Recht auf Schwangerschaftsabbruch nicht zu gewinnen war,[469] erklärte das Gericht, daß „das Recht auf Privatsphäre weit genug sei, um die Entscheidung einer Frau zu umfassen, ob sie ihre Schwangerschaft unterbrechen will oder nicht".[470] Offen ließ das Gericht die genaue verfassungsrechtliche Verankerung eines *right of privacy.* Ein solches Recht könne sich entweder aus dem gegen Eingriffe des Staates geschützten Freiheitskonzept des 14. Zusatzartikels[471] oder aus dem 9. Zusatzartikel ergeben.[472] In jedem Fall könnten aber nur solche Rechte in dem Recht auf Privatsphäre enthalten sein, welche als fundamental eingestuft oder vom *concept of ordered liberty* umfaßt seien.[473] Das Recht einer Frau auf Wahl eines Schwangerschaftsabbruchs sei ein solches fundamentales Recht.

Dieses Recht gilt jedoch nach Ansicht des Gerichtes nicht uneingeschränkt.[474] Es müsse vielmehr gegenüber anderen staatlichen Interessen abgewogen werden und könne unter Anwendung des *strict scrutiny test* aufgrund zwingender staatlicher Interessen eingeschränkt werden.[475] Im Urteil nahm das Gericht diese Abwägung selbst vor und stellte für die Gesetzgeber aller Bundesstaaten verbindliche Richtlinien in Form der sogenannten Trimesterregelung auf.[476] Damit weitete das

---

468 Dem Fall lag ein Gesetz des Staates Texas zugrunde, welches einen Schwangerschaftsabbruch nur für den Fall erlaubte, daß das Leben der Schwangeren in Gefahr war. Gegen das Gesetz hatte sich die Klägerin unter dem Pseudonym „Roe" gewandt, welche einen Schwangerschaftsabbruch in ihrem Heimatstaat Texas vornehmen lassen wollte, dessen medizinische Indikation jedoch nicht erfüllte. Der Supreme Court erklärte das Gesetz für verfassungswidrig, weil es gegen das Recht auf Privatsphäre der Klägerin verstoße (a.a.O. 113 ff.).

469 In der Begründung hatte das Gericht zunächst detailliert dargelegt, daß im historischen *Common Law* die Schwangerschaftsunterbrechung bis Mitte des 19. Jahrhunderts zunächst nicht strafbar war, dann aber mittels Gesetz unter Strafe gestellt wurde (a.a.O.).

470 A.a.O., 153; Zur Begründung wies das Gericht insbesondere auf die zahlreichen Beeinträchtigungen und Nachteile hin, die das Austragen einer ungewollten Schwangerschaft für die Frau mit sich bringe. (A.a.O.; vgl. auch Weigend, Landesbericht Vereinigte Staaten von Amerika, in Eser / Koch, Schwangerschaftsabbruch, S. 1033).

471 So die vom Gericht favorisierte Ansicht in *Roe v. Wade,* 410 U.S. 113, 153 (1973).

472 A.a.O.

473 A.a.O., 152.

474 A.a.O., 153, 155.

475 A.a.O., 155 f. Öffentliche Interessen in diesem Sinne sind nach Auffassung des Gerichts die Gesundheit der Schwangeren sowie das potentielle Leben des Fötus, obwohl dieser nach Ansicht der Mehrheit keine Person im Sinne des 14. Zusatzartikels ist. Diese beiden Interessen nähmen im Laufe der Schwangerschaft an Wichtigkeit zu. Einen dritten Grund, durch Verbotsgesetze unerlaubtes sexuelles Verhalten verhindern zu können, verwarf das Gericht unmittelbar, denn diese Ansicht werde weder vom Staat Texas, noch von irgendeinem Gericht oder von der Literatur ernsthaft vertreten (a.a.O.).

Gericht seine Zuständigkeit stark aus. Gerade diese aktivistische Haltung war in den beiden Minderheitsvoten der Entscheidung kritisiert worden.

So wies Richter White[477] darauf hin, daß die Mehrheit des Gerichts ein Recht auf Schwangerschaftsabbruch ohne genaue Angabe von Gründen einfach in unzulässiger Weise statuiert habe. So sei nicht klar, woher das Gericht die Befugnis nehme, die meisten derzeit bestehenden Regelungen der Bundesstaaten zu devaluieren. Die Problematik des Schwangerschaftsabbruchs sei ein politisches Problem und müsse deshalb durch einen politischen Prozeß gelöst, mithin also der Legislative überlassen bleiben.[478]

Richter Rehnquist[479] wandte sich gegen die Anwendung des *strict scrutiny test*. Bei der Frage des Schwangerschaftsabbruchs handele es sich nicht primär um eine Frage der Privatsphäre, sondern um eine soziale und ökonomische Regulierung. Damit liege kein fundamentales Recht vor, und das Gericht sei deshalb nur zu einer Anwendung des *rational basis test* befugt gewesen, anhand dessen die Regelung in Texas ohne weiteres zu rechtfertigen gewesen wäre.

Roe v. Wade[480] erlangte nicht nur aufgrund des hart umstrittenen Themas, sondern auch aufgrund der angewandten Methodik herausragende Bedeutung. Die Entscheidung stellte zunächst klar, daß das Gericht wie bereits in *Eisenstadt v. Baird*[481] den Schwerpunkt des verfassungsrechtlichen Schutzes eines *right of privacy* von einer räumlich verstandenen Intimsphäre[482] hin zur Autonomie des Individuums verlagerte.[483]

Methodisch wandte sich der Supreme Court zudem ausdrücklich gegen eine restriktive Auslegung der Verfassung. Obwohl das Gericht einräumte, daß die Ge-

---

476 Die Trimesterregelung lautet:

a) „Bis zum Ende des ersten Trimesters liegt die Entscheidung über den Schwangerschaftsabbruch allein bei der Schwangeren und ihrem (zugelassenen) Arzt.

b) Danach kann der Staat Regelungen im Hinblick auf die Durchführung des Schwangerschaftsabbruchs erlassen, die in vertretbarer Weise die Gesundheit der Schwangeren schützen.

c) Ab dem Zeitpunkt der Lebensfähigkeit des Fötus kann der Staat zum Schutz des ungeborenen Lebens den Schwangerschaftsabbruch regeln oder auch verbieten. Eine Ausnahme von einem Verbot ist jedoch vorzusehen, wenn das Leben oder die Gesundheit der Mutter in Gefahr ist."

(Vgl. *Roe v. Wade* 410 U.S. 113, 152 ff. in Brugger, Grundrechte, S. 113 f.; Brugger, Einführung in das öffentliche Recht, S. 106 ff.).

477 *Roe v. Wade*, 410 U.S. 113, 221 f. (1973).

478 A.a.O.

479 A.a.O., 171 ff.; vgl. auch Brugger, Einführung in das öffentliche Recht, S. 108.

480 *Roe v. Wade*, 410 U.S. 113 (1973).

481 *Eisenstadt v. Blaird*, 405 U.S. 438 (1972).

482 Wie des ehelichen Schlafzimmers in *Griswold v. Connecticut*, 381 U.S. 479 (1965).

483 So auch Weigend, Landesbericht Vereinigte Staaten von Amerika, in Eser/Koch, Schwangerschaftsabbruch, S. 1033.

schichte und Tradition die Etablierung eines Rechtes auf Wahl einer Schwangerschaftsunterbrechung gerade nicht unterstütze, wurde ein solches Recht der Schwangeren aus dem Konzept der Autonomie hergeleitet.[484] Dies stellte einen Bruch mit den bisher angewandten traditionellen verfassungsrechtlichen Interpretationsmethoden im Rahmen des 14. Zusatzartikels dar.

In den folgenden Jahren wurde die Entscheidung nicht nur inhaltlich, sondern auch methodisch vehement angegriffen und ebenso vehement verteidigt.[485] Da der Supreme Court ein Recht auf Wahl eines Schwangerschaftsabbruchs ohne großen Argumentationsaufwand im Recht auf Privatsphäre verankert hatte, hatte er die eigentliche Frage offengelassen, wie er zu diesem Ergebnis gelangt war.[486] Kernfrage dieser und zahlreicher Folgeentscheidungen war deshalb immer wieder, ob der Supreme Court zu Recht ein Wahlrecht auf Schwangerschaftsabbruch anerkannt oder durch *Roe v. Wade*[487] nicht seine Kompetenz in unzulässiger Weise gegenüber dem Gesetzgeber ausgeweitet hatte.

Im Anschluß an die Entscheidung versuchten die Gesetzgeber einzelner Staaten, durch Formvorschriften und belastende Begleitregelungen das in *Roe v. Wade*[488] statuierte Recht der Frau auf Schwangerschaftsunterbrechung einzugrenzen.[489] Der Supreme Court hielt jedoch auch in späteren Entscheidungen zunächst an den Prinzipien und der Trimesterregelung von *Roe v. Wade*[490] unvermindert fest und wies legislative Versuche einer partiellen Beschneidung[491] des weitgehenden Rechtes auf Wahl eines Schwangerschaftsabbruchs als verfassungswidrig zurück.[492] Noch 1989 bestätigte der Supreme Court in der Entscheidung *Webster v. Reproductive Health Service,*[493] wenngleich mit knapper Mehrheit, die Entscheidung und Methode von *Roe v. Wade.*

Im Jahr 1992 bahnte sich jedoch mit der Entscheidung *Planned Parenthood of Southeastern Pennsylvania v. Casey*[494] eine entscheidende Wende an. Eine Modifi-

---

484 Tarnow, 4 Elder L.J. 407, 428 (1996).

485 Vgl. zur Kritik, Brugger, Persönlichkeitsentfaltung, S. 16 ff.

486 Vgl. Brugger, Grundrechte, S. 116.

487 *Roe v. Wade,* 410 U.S. 113 (1973).

488 A.a.O.

489 Weigend, Landesbericht Vereinigte Staaten von Amerika, in Eser/Koch, Schwangerschaftsabbruch, S. 1024.

490 *Roe v. Wade,* 410 U.S. 113 (1973).

491 Etwa mittels eines Mitspracherechtes des Ehemanns (*Planned Parenthood v. Danford,* 428 U.S. 52 (1976)) oder Wartezeiten (*Akron v. Akron Center for Reproductive Health, Inc.,* 462 U.S. 416, (1983)).

492 Brugger, Einführung in das öffentliche Recht, S. 107 f.; vgl. auch Herrmann, JZ 1985, S. 602, 605.

493 *Webster v. Reproductive Health Service,* 109 S.Ct. 3040 (1989).

494 *Planned Parenthood of Southeastern Pennsylvania v. Casey,* 112 S. Ct. 2791; 505 U.S. 833; 120 L. Ed. 2d 674; 60 U.S.L.W. 4795 (1992).

zierung von *Roe v. Wade*[495] war auch durch die mittlerweile erfolgte Umbesetzung des Gerichts möglich geworden.[496]

b) Planned Parenthood of Southeastern Pennsylvania v. Casey

Der Supreme Court modifizierte in der Entscheidung *Planned Parenthood of Southeastern Pennsylvania v. Casey*[497] im Jahr 1992 die Entscheidung *Roe v. Wade,*[498] obgleich er sie nicht explizit aufhob. In dem Fall hatten sich fünf Kliniken und ein Arzt, welche regelmäßig Schwangerschaftsabbrüche vornahmen, gegen die Inkraftsetzung von gesetzlichen Regelungen gewandt, welche das Wahlrecht einer abtreibungswilligen Frau durch prozedurale Maßnahmen einschränkten.[499]

Der Supreme Court erklärte jedoch nur eine Bedingung für verfassungswidrig, weil nur sie der Schwangeren eine unangemessene Beschränkung (*undue burden*) auferlegte.[500]

Mit einem Verhältnis von 5 zu 4 bestätigte das Gericht, daß eine Frau das fundamentale Recht auf Wahl eines Schwangerschaftsabbruchs habe. Die Mehrheit der Richter führte zunächst aus, daß die Wahl eines Schwangerschaftsabbruches neben dem *right of privacy* auch vom *right of liberty* des 14. Zusatzartikels geschützt sei, da diese eine der intimsten und persönlichsten Entscheidungen einer Person wahrscheinlich während ihres ganzen Lebens betreffe.[501] So schütze die Verfassung nicht nur die Rechte der *Bill of Rights* oder Rechte, welche zum Zeitpunkt der Verabschiedung des 14. Zusatzartikels bereits existent waren, sondern auch individuel-

---

495 *Roe v. Wade,* 410 U.S. 113 (1973).

496 Von den sieben Richtern, welche *Roe v. Wade* im Jahr 1973 unterstützt hatten, war nur noch ein Richter im Amt. So waren politisch eher liberal eingestellte Richter, insbesondere die stärksten Befürworter von *Roe v. Wade* Richter Marshall und Richter Brennan, ausgeschieden und durch die konservativeren Richter Thomas und Richter Souter ersetzt worden (Barron / Dienes, Constitutional Law, S. 180; Brugger, Einführung in das öffentliche Recht, S. 109).

497 *Planned Parenthood of Southeastern Pennsylvania v. Casey,* 112 S. Ct. 2791 (1992).

498 *Roe v. Wade,* 410 U.S. 113 (1973).

499 So besagten die Regelungen, daß erstens jede abtreibungswillige Schwangere mindestens 24 Stunden vor dem Eingriff vom Arzt über die Risiken der und Alternativen zur Abtreibung unterrichtet werden müsse; daß zweitens Minderjährige zu einem Schwangerschaftsabbruch der Zustimmung eines Elternteiles oder ersatzweise eines Richters bedürften, und daß drittens eine verheiratete Frau im Regelfall vor Durchführung der Abtreibung erklären müsse, daß sie den Ehemann über ihr Vorhaben unterrichtet habe. Eine Ausnahme von diesen drei Regelungen galt für medizinische Notfälle. (*Planned Parenthood of Southeastern Pennsylvania v. Casey,* 112 S. Ct. 2791, 2803 (1992); vgl. zum Fall auch Brugger, Einführung in das öffentliche Recht, S. 109).

500 Die Pflicht der Ehefrau ihren Ehemann von der geplanten Abtreibung zu unterrichten. (*Planned Parenthood of Southeastern Pennsylvania v. Casey,* 112 S. Ct. 2791, 2803 (1992).

501 A.a.O., 2806 f.

le Rechte auf Wahlfreiheit hinsichtlich der Eheschließung, Zeugung, Verhütung, Familie, Elternschaft und körperlichen Integrität.[502] Die Entscheidung *Roe v. Wade*[503] habe diesen Bereich in zulässiger Weise auch auf ein Recht auf Wahl einer Schwangerschaftsunterbrechung ausgeweitet. Denn „Angelegenheiten, welche die intimsten und persönlichsten Entscheidungen betreffen, die eine Person unter gewissen Umständen im Leben treffen muß, Entscheidungen zentral in bezug auf persönliche Würde und Autonomie, zentral in bezug auf die im 14. Zusatzartikel geschützte Freiheit" seien verfassungsrechtlich geschützt.[504]

Ein Recht auf Wahl einer Schwangerschaftsunterbrechung sei jedoch nicht absolut, sondern müsse gegen andere staatliche Interessen abgewogen werden. Zwischen den fünf Richtern der Mehrheit war umstritten, welcher Prüfungsumfang dem Gericht dabei zustehen sollte. Richter Blackmun, welcher schon die Mehrheitsentscheidung von *Roe v. Wade*[505] verfaßt hatte, sprach sich methodisch für die Anwendung des *strict scrutiny test* aus und hielt damit inhaltlich als einziger vollständig an der Trimesterregelung *Roe v. Wade* fest.[506] Obwohl auch Richter Stevens ein zwingendes staatliches Interesse für einen Eingriff in das Recht auf einen Schwangerschaftsabbruch forderte, gab er die Einteilung in Trimester auf, denn die Zulässigkeit einer Abtreibung müsse stets auf der Basis des jeweiligen Falles entschieden werden.[507] Die übrigen drei Richter[508] der Mehrheit wichen methodisch deutlich von *Roe v. Wade*[509] ab. Trotz des Eingriffs in das verfassungsrechtlich garantierte Wahlrecht der Frau auf einen Schwangerschaftsabbruch müsse der Staat kein zwingendes Interesse darlegen, sondern die jeweilige Regelung dürfe lediglich keine unangemessene Beschränkung (*undue burden*) dieses Rechtes sein.[510] Eine solche unangemessene Beschränkung liege erst dann vor, wenn eine gesetzliche Regelung die Absicht oder den Effekt habe, ein wesentliches Hindernis in der Wahrnehmung eines Rechtes zu sein.[511]

---

502 A.a.O., 2804 f.

503 *Roe v. Wade*, 410 U.S. 113 (1973).

504 *Planned Parenthood of Southeastern Pennsylvania v. Casey*, 112 S.Ct. 2791, 2805 (1992). Das Gericht räumte zwar ein, daß das Recht auf Schwangerschaftsunterbrechung inhaltlich und politisch höchst umstritten sei, trotzdem dürfe der Gesetzgeber keine Regelungen treffen, welche einen unangemessenen Eingriff in den geschützten Bereich der Freiheit darstellten. (A.a.O., 2806 f.).

505 *Roe v. Wade*, 410 U.S. 113 (1973).

506 *Planned Parenthood of Southeastern Pennsylvania v. Casey*, 112 S.Ct. 2791, 2843 (1992).

507 A.a.O., 2838.

508 Die Richterin O'Connor, Richter Kennedy und Richter Souter.

509 *Roe v. Wade*, 410 U.S. 113 (1973).

510 *Planned Parenthood of Southeastern Pennsylvania v. Casey*, 112 S.Ct. 2791, 2816–21 (1992).

511 A.a.O., 2820.

Inhaltlich wurde das Urteil von Befürwortern wie Gegnern eines Rechtes auf Schwangerschaftsabbruch heftig kritisiert.[512] Methodisch wurde eingewandt, daß die Entscheidung die herkömmlichen Begriffe wie *right of privacy*, fundamentale Rechte oder den *strict scrutiny test* nicht verwandt habe.[513] Unklar bleibe insbesondere, in welchen Fällen der neue *undue burden standard* zukünftig von den Gerichten zu verwenden sei.[514]

Immerhin vier der neun Richter hätten die Entscheidung *Roe v. Wade*[515] ganz aufgehoben. Damit zeigte sich die wesentlich restriktivere Haltung des Supreme Court hinsichtlich der methodischen Auslegung des 14. Zusatzartikels. Diese restriktive Haltung hatte sich bereits in der Entscheidung *Bowers v. Hardwick*[516] aus dem Jahr 1986 bei der Anerkennung neuer unbenannter Verfassungsrechte erstmals angedeutet.

IV. Die restriktive Auslegung des *right of privacy and liberty* – *Bowers v. Hardwick*

In der Entscheidung *Bowers v. Hardwick*[517] aus dem Jahr 1986 hatte der Supreme Court es mit knapper Mehrheit von 5 zu 4 abgelehnt, den 14. Zusatzartikel auf ein Recht des Einzelnen auf Wahlfreiheit von Sexualpraktiken auszudehnen. Die Entscheidung stellte eine Wendung in der bisherigen Tendenz des Supreme Court dar, das Recht auf Privatsphäre auszuweiten und neue unbenannte Verfassungsrechte zu etablieren.

In dem Fall hatte sich der Beschwerdegegner Michael Hardwick gegen eine Strafrechtsvorschrift des Staates Georgia gewandt, welche bestimmte sexuelle Praktiken auch zwischen Erwachsenen – selbst wenn sie einvernehmlich vorgenommen wurden – kriminalisierte, wobei das Gesetz nicht zwischen homosexuellen und heterosexuellen Paaren unterschied.[518] Der Kläger war aufgrund der Vor-

---

512 Die *pro-life* Bewegung wandte sich vor allem gegen die erneute verfassungsrechtliche Anerkennung eines Rechtes auf Schwangerschaftsabbruch. Nach Ansicht der *abortion-rights* Bewegung entwertete hingegen die Entscheidung *Planned Parenthood of Southeastern Pennsylvania v. Casey* die Grundsätze von *Roe v. Wade* zu stark, denn der Staat habe nunmehr die Möglichkeit, die Rechte der Frau stärker einzuschränken. (vgl. Smolin, 75 Marq. L. Rev. 975, 975 f. (1992)).

513 Hierzu auch a.a.O., 976.

514 Entscheidend wird hier u. a. sein, ob sich Richter Breyer und Richterin Ginsburg, welche nach 1992 Richter Blackmun und Richter White ersetzten, dem Maßstab des *undue burden test* anschließen werden (Barron / Dienes, Constitutional Law, S. 185).

515 *Roe v. Wade*, 410 U.S. 113 (1973).

516 *Bowers v. Hardwick*, 478 U.S. 186; 106 S.Ct. 2841; 96 L. Ed. 2d 140; 54 U.S.L.W. 4919 (1986); vgl. zum Fall auch Brugger, Einführung in das öffentliche Recht, S. 110 ff.

517 *Bowers v. Hardwick*, 478 U.S. 186; 106 S.Ct. 2841; 96 L. Ed. 2d 140; 54 U.S.L.W. 4919 (1986).

schrift verhaftet worden, als er von der Polizei anläßlich einer Hausdurchsuchung bei einem durch das Gesetz verbotenen Sexualakt mit einem anderen erwachsenen Mann überrascht worden war. Nach Ansicht des Beschwerdegegners Hardwick verstieß das Gesetz gegen sein Recht auf Privatsphäre des 14. Zusatzartikel der Bundesverfassung.[519]

In einem Minderheitsvotum folgten vier Richter dieser Meinung und sahen das Recht des Beschwerdegegners auf Schutz der Privatsphäre und intimen Assoziation als verletzt an.[520] So sei „das Recht auf sexuelle Intimität und Privatsphäre ein entscheidender Faktor in der menschlichen Existenz, zentral für das Familienleben, das öffentliche Wohl und die Entwicklung der menschlichen Persönlichkeit".[521]

Die Mehrheit des Supreme Court lehnte es jedoch ab, das Recht auf Privatsphäre auszuweiten und das Gesetz des Staates Georgia für verfassungswidrig zu erklären. So gehe es hier nicht um die Freiheit von intimer Assoziation, sondern um die Freiheit zu homosexueller Betätigung. Das Recht auf Privatsphäre umfasse zwar das Recht auf Erziehung der Kinder, familiäre Beziehungen, Zeugung, Ehe, Verhütungsmittel und Abtreibung, ein Recht auf homosexuelle Betätigung sei aber nicht im *right of privacy* enthalten.[522] Ein solches Recht sei weder in der nationalen Geschichte und Tradition verankert noch ergebe es sich aus dem Konzept der geordneten Freiheit.[523] Deshalb sieht sich die Mehrheit am Ende ihrer richterlichen Aufgabe und Kompetenz.[524] So sei der Supreme Court „am verletzlichsten und komme der Illegitimität am nächsten, wenn er richterliche Verfassungsrechte schaffe, welche geringe oder keine Wurzeln im Text oder dem Konzept der Verfassung haben".[525] Ansonsten nehme die Judikative selbst „eine Autorität in Anspruch, das Land ohne ausdrückliche Ermächtigung durch die Verfassung zu regieren".[526]

Die Mehrheit der Richter hatte in *Bowers v. Hardwick* das zugrundeliegende Recht eng gefaßt und war unter Anwendung der Methoden der restriktiven Interpretationstheorie zu einer Ablehnung eines unbenannten Verfassungsrechtes ge-

518 Vgl. Brugger, Persönlichkeitsentfaltung, S. 41.

519 *Bowers v. Hardwick*, 478 U.S. 186 f. (1986).

520 A.a.O., 199, 202.

521 Jedes Individuum habe ein Recht auf Wahl und Kontrolle seiner intimen sexuellen Beziehungen im Rahmen seiner häuslichen Privatsphäre, denn in einer pluralistischen Gesellschaft gebe es hinsichtlich der Führung solcher Beziehungen mehrere „richtige" Wege. (A.a.O., 205 ff.).

522 A.a.O., 190.

523 A.a.O., 194. So habe das *Common Law* seit jeher die homosexuelle Betätigung kriminalisiert, und bis 1961 hätten auch alle Bundesstaaten eine entsprechende gesetzliche Regelung gehabt. Auch heute seien in insgesamt 24 Bundesstaaten und dem District of Columbia Gesetze in Kraft, welche homosexuelle Praktiken unter Strafe stellten. (A.a.O., 192).

524 Brugger, Einführung in das öffentliche Recht, S. 111.

525 *Bowers v. Hardwick*, 478 U.S. 186, 194 (1986).

526 A.a.O., 194 f.

kommen. Vor diesem Spannungsfeld zwischen der aktiven Haltung des Supreme Court in *Roe v. Wade*[527] und seiner restriktiveren Haltung in *Bowers v. Hardwick*[528] stellte sich die Frage, welche Haltung der Supreme Court in der Problematik eines *right to die* einnehmen würde. Zu berücksichtigen war zudem, daß sich seit der bereits dargelegten Leitentscheidung *In the Matter of Quinlan*[529] aus dem Jahr 1976 zu dieser Frage eine umfangreiche Rechtsprechung entwickelt hatte.[530]

V. Die Entscheidung des Supreme Court zur passiven Sterbehilfe – *Cruzan v. Director, Missouri Department of Health*

In der Entscheidung *Cruzan v. Director, Missouri Department of Health*[531] hatte der Supreme Court über den Antrag der Eltern von Nancy Cruzan zu entscheiden, die lebenserhaltende künstliche Ernährung und Beatmung ihrer komatösen Tochter einstellen zu dürfen. Das Gericht gab der Klage der Eltern nicht statt. In der Urteilsbegründung ließ die Mehrheit der Richter die grundlegende Frage offen, ob Patienten ein verfassungsrechtliches Recht auf Abbruch von Behandlungsmaßnahmen haben, denn der Staat Missouri grenze ein etwa vorhandenes Recht in zulässiger Weise ein.

Die 30jährige Nancy Cruzan hatte im Jahr 1983 bei einem Verkehrsunfall schwere Verletzungen erlitten. So war u. a. ihr Gehirn durch Sauerstoffmangel irreversibel geschädigt. Die Patientin befand sich in einem dauerhaft vegetativen Zustand, in welchem ihre Atmung und ihr Kreislauf normal waren; sie nahm aber ihre Umwelt nicht mehr wahr und reagierte nur reflexhaft auf Geräusche und Schmerzzufügung. Außerdem waren ihre Gliedmaßen verkrümmt und ihr Schluckreflex gestört, so daß sie nur durch eine Magensonde künstlich ernährt werden konnte. Nachdem mehrere Jahre lang keine Besserung des Zustandes eintrat, verlangten die Eltern von der Leitung des Krankenhauses, daß die künstliche Ernährung ihrer Tochter eingestellt werden sollte. Allen Beteiligten war bewußt, daß dies innerhalb von kurzer Zeit zum Tod der Patientin führen würde. Die Leitung des Krankenhauses wies deshalb den Wunsch der Eltern zurück, zumindest solange, bis eine gerichtliche Erlaubnis für den Abbruch der künstlichen Ernährung vorliegen würde.

Während die erste Instanz dem Antrag der Eltern stattgegeben hatte,[532] verwarf der Supreme Court des Staates Missouri den Antrag der Eltern. Er entschied, daß

---

527 *Roe v. Wade*, 410 U.S. 113 (1973).

528 *Bowers v. Hardwick*, 478 U.S. 186 (1986).

529 *In the Matter of Quinlan*, 355 A.2d, 647 (N.J. 1976).

530 Siehe hierzu Teil 3 (B II).

531 *Cruzan v. Director, Missouri Department of Health*, 497 U.S. 261; 111 L. Ed. 2d 224; 110 S. Ct. 2841 (1990); zum Fall auch Weigend / Künschner, Landesbericht USA, in Eser / Koch, Materialien zur Sterbehilfe, S. 746 ff.

532 *Cruzan v. Harmon*, 760 S.W.2d 408, 416 f. (Mo. 1988).

im Staat Missouri ein Abbruch von Behandlungsmaßnahmen bei einem entscheidungsunfähigen Patienten nur dann erfolgen dürfe, wenn der entsprechende Antragsteller „klare und eindeutige" Beweise vorlegen könne, daß der Patient unter den gegebenen Umständen die medizinischen Maßnahmen abgebrochen haben würde.[533] Einen solchen Beweis hätten die Eltern aber in dem gegenwärtigen Verfahren nicht erbracht.

Der Supreme Court bestätigte mit einer knappen Mehrheit von 5 zu 4 die Entscheidung des Missouri Supreme Court. Nur die vier Richter der Minderheit[534] sahen das Recht des Patienten auf Abbruch von Behandlungsmaßnahmen als fundamentales Recht an, welches vom 14. Zusatzartikel umfaßt sei und damit die Anwendung des *strict scrutiny test* gebiete. Das Erfordernis des „klaren und eindeutigen Beweises" beruhe aber nicht auf einem zwingenden staatlichen Interesse und schränke somit das fundamentale Recht der Patientin in unzulässiger Weise ein.

Die Richter der Mehrheit ließen hingegen ausdrücklich die Frage offen, ob ein Recht auf Abbruch von Behandlungsmaßnahmen für entscheidungsunfähige Patienten in der Verfassung oder dem *Common Law* enthalten ist.[535] Vielmehr ging die Mehrheit zunächst hypothetisch von einem solchen Recht aus und führte dann aus, daß die Anforderungen des „klaren und eindeutigen Beweises" des Staates Missouri in jedem Fall ein solches unterstelltes Recht in verfassungsrechtlich zulässiger Weise einschränken.[536] Der Staat Missouri habe das Recht, im Falle eines entscheidungsunfähigen Patienten einen Abbruch von lebenserhaltenden Behandlungsmaßnahmen an das Erfordernis des klaren und eindeutigen Beweises für den mutmaßlichen Willen des Patienten zu knüpfen. Hinsichtlich der Wichtigkeit der individuellen Interessen und der absoluten Finalität einer solchen Entscheidung sei die Entscheidung des Staates gerechtfertigt, einen hohen Beweismaßstab für den Wunsch des Patienten zu fordern, welcher die Chance einer fehlerhaften Entscheidung mindere.[537] Der Staat sei nicht verpflichtet, „ein eigenes objektiviertes Urteil über die Lage der Patientin zu treffen". Auch eine Entscheidung der Familienmitglieder stimme nicht immer mit den Willen des Patienten überein.[538] Deshalb dürfe der Staat in einer Situation, in welcher der Patient seine Wünsche vorher nicht klar geäußert habe, die Erhaltung des Lebens höher bewerten als jedes entgegenstehende Interesse.[539] Hier habe der Supreme Court des Staates Missouri in plausibler Weise dargelegt, daß einzelne Äußerungen Nancy Cruzans gegenüber Freunden zur Frage künstlicher Lebenserhaltung den Maßstab des „klaren und überzeugen-

---

533 *Cruzan v. Director, Missouri Department of Health*, 497 U.S. 261 (1990).

534 A.a.O., 304–308 (Richter Brennan, Marshall und Blackmun); a.a.O., 343 (Richter Stevens).

535 A.a.O., 278–280.

536 A.a.O., 280–285.

537 A.a.O., 281.

538 A.a.O.

539 A.a.O., 283.

den" Beweises für den Verzicht auf Ernährung durch eine Magensonde nicht erfüllten.[540] Daher werde die Entscheidung des Missouri Supreme Court bestätigt.

In Einzelvoten stimmten mit abweichenden Begründungen auch Richterin O'Connor und Richter Scalia der Mehrheitsansicht zu.

Richterin O'Connor war zwar der Ansicht, daß das Freiheitskonzept des 14. Zusatzartikels die individuelle Entscheidung umfaßt, medizinische Behandlungsmaßnahmen abzulehnen.[541] Jedoch stimmte sie mit der Mehrheit darin überein, daß das Erfordernis des klaren und überzeugenden Beweises das Recht in zulässiger Weise einschränke.

Richter Scalia verneinte hingegen als einziger ausdrücklich, daß der 14. Zusatzartikel ein Recht auf Abbruch von Behandlungsmaßnahmen des entscheidungsunfähigen Patienten enthalte.[542] Ein solches Recht ergebe sich weder aus dem Text der Verfassung noch aus der Tradition. Bei dem Abbruch der lebenswichtigen künstlichen Ernährung handele es sich um die Unterstützung einer Selbsttötung. Die Beteiligung an einer Selbsttötung sei aber zum Zeitpunkt der Verabschiedung des 14. Zusatzartikels in den USA allgemein als strafbar angesehen worden. Insofern dürfe die vorliegende Frage nicht vom Verfassungsgericht entschieden werden, sondern bleibe vielmehr dem gesetzgeberischen Ermessen der Bundesstaaten überlassen, ob und in welchem Umfang sie Selbstmordverhütung betreiben wollten.[543]

Der Supreme Court hatte somit in seinem Mehrheitsvotum durch eine sehr eng an die Tatsachen des Falles gebundene Argumentation die Frage einer verfassungsrechtlichen Verankerung eines Rechtes auf passive Sterbehilfe ausdrücklich offengelassen. Immerhin fünf Richter[544] waren hingegen der Ansicht, daß ein fundamentales Recht auf passive Sterbehilfe im *right of privacy* der Bundesverfassung verankert sei. Einzig Richter Scalia hatte sich ausdrücklich gegen eine verfassungsrechtliche Anerkennung ausgesprochen.

---

540 In einem neuen Verfahren vor dem erstinstanzlichen Gericht traten Freunde von Nancy Cruzan als Zeugen auf und erklärten, daß Nancy ihnen gegenüber geäußert habe, daß sie in einer Situation wie der von Karen Ann Quinlan nicht künstlich ernährt werden wolle. Der Richter wertete dies als klaren und überzeugenden Beweis für den Willen der Patentin und gab die Erlaubnis, die Behandlungsmaßnahme abzubrechen. Die Patientin verstarb im Dezember 1990, kurz nachdem die Magensonde entfernt worden war. (vgl. Annas, 24 Duq. L. Rev. 875, 884 (1996)).

541 A.a.O., 287–292.

542 A.a.O., 292–301.

543 A.a.O., 293.

544 Richter Brennan, Stevens, Marshall, Blackmun und Richterin O'Connor (a.a.O., 301 ff.).

VI. Das Recht des Patienten auf Selbsttötung und auf Beteiligung an der Selbsttötung

In den letzten Jahren wurde vor allem die Fallgruppe der Beteiligung an einer Selbsttötung und deren rechtliche Freigabe heftig diskutiert. Nunmehr hat sich auch die Rechtsprechung mit der Frage einer verfassungsrechtlichen Verankerung eines subjektiven Rechtes auf Beteiligung an der Selbsttötung beschäftigt.

1. Die erste verfassungsrechtliche Thematisierung – *People v. Kevorkian*

Im Dezember 1994 entschied der Supreme Court des Staates Michigan in der Entscheidung *People v. Kevorkian,*[545] daß das strafrechtliche Verbot der Beteiligung an der Selbsttötung des Staates Michigan nicht gegen die Bundesverfassung verstoße. So hatte sich der Arzt Dr. Kevorkian im Rahmen eines Strafverfahrens gegen das Gesetz des Staates Michigan gewandt, welches die Beteiligung an der Selbsttötung mit einer Freiheitsstrafe bis zu vier Jahren und einer Geldstrafe in Höhe von maximal US$ 2.000 pönalisierte.[546]

Eine Mehrheit von fünf Richtern war der Ansicht, daß die Anerkennung eines Rechtes auf Beteiligung an einer Selbsttötung zunächst ein fundamentales verfassungsrechtliches Recht des Patienten auf Selbsttötung voraussetze.[547] Da sich aber ein Recht auf Selbsttötung weder aus der Verfassung noch aus früheren Entscheidungen des Supreme Court ergebe, sei auch die Beteiligung an der Selbsttötung nicht verfassungsrechtlich geschützt.[548]

In der Begründung führten die Richter aus, daß sich ein solches Recht insbesondere nicht aus den Entscheidungen der Gerichte hinsichtlich der passiven Sterbehilfe herleiten lasse, da sich beide Fallgruppen der Sterbehilfe kategoriell unterschieden.[549] So liege in den Fällen der passiven Sterbehilfe lediglich ein Unterlassen weiterer Behandlungen gegen eine natürliche Krankheit des Patienten vor, und der Tod trete eben durch die unterliegende Krankheit ein.[550] Die Selbsttötung sei demgegenüber eine aktive Tat, mit der dem Leben eines Menschen durch künstliche Mittel ein Ende gesetzt werde. Daher seien beide nicht zu vergleichen.[551]

---

545 *People v. Kevorkian,* 527 N.W.2d 714; 447 Mich. 436 (1994), cert. denied, 115 S. Ct. 1795 (1995) (Antrag von Dr. Kevorkian); und cert. denied sub nom. *Hobbins v. Kelley,* 115 S. Ct. 1795 (1995) (Anträge der Patienten von Dr. Kevorkian).

546 Vgl. hierzu auch die Ausführungen in Teil 3 (B III 3 b).

547 *People v. Kevorkian,* 527 N.W.2d 714, 724 (1994).

548 A.a.O.

549 A.a.O., 721.

550 A.a.O., 721 f.

551 A.a.O.

Ein Recht auf Beteiligung an der Selbsttötung könne auch nicht aus den Entscheidungen des Supreme Court hinsichtlich eines Rechtes auf Schwangerschaftsabbruch hergeleitet werden. Denn diese Fälle seien (1) historisch einzig in ihrer Art und (2) höben methodisch selbst die Notwendigkeit hervor, unbenannte fundamentale Rechtsgarantien auf solche Rechte zu beschränken, welche in der Geschichte und Tradition fest verankert seien.[552] Unbestritten sei ein Recht auf Selbsttötung aber historisch und traditionell nicht fest etabliert, vielmehr gebe es im Gegenteil eine lange Tradition in der amerikanischen Gerichtsbarkeit, die Selbsttötung zu pönalisieren und generell abzulehnen.[553]

Der Supreme Court des Staates Michigan hatte sich damit klar gegen eine verfassungsrechtliche Etablierung eines *right to die* ausgesprochen. Er ging aber noch einen Schritt weiter. Das Gericht war der Ansicht, daß die Beteiligung an der Selbsttötung selbst dann strafrechtlich hätte verfolgt werden können, wenn das Gesetz des Staates Michigan rechtswidrig gewesen wäre.[554] So sei die Beteiligung an der Selbsttötung auch nach dem amerikanischen *Common Law* strafbar.[555] Damit widersprach das Gericht ausdrücklich der Ansicht der Kläger, welche für die Anerkennung eines *right to die* aus der Lehre des *informed consent* des *Common Law* argumentiert hatten.[556]

Das Ergebnis und die Begründung der Entscheidung wurde durch die im Jahr 1997 vom Supreme Court getroffene Entscheidung *Washington v. Glucksberg*[557] in den wesentlichen Punkten bestätigt. Die Entscheidung stellt einen Meilenstein in der Behandlung der Sterbehilfe im amerikanischen Recht dar.

2. Die Entscheidung des Supreme Court – *Washington v. Glucksberg*

Im Juli 1997 erließ der Supreme Court zwei Urteile, welche sich mit Fragen einer verfassungsrechtlichen Rechtsgarantie auf Beteiligung an einer Selbsttötung beschäftigten. Fast zeitgleich waren in den Bundesstaaten Washington und New York Gerichtsverfahren anhängig geworden, welche eine verfassungsrechtliche Überprüfung der beiden bundesstaatlichen Verbote der Beteiligung an der Selbsttötung vornahmen. Beide Prozesse wurden in sämtlichen Instanzen von der Öffentlichkeit mit großem Interesse verfolgt. Dem Supreme Court lagen schließlich insgesamt 53 Schriftsätze von *amici curiae*[558] vor, welche den Vortrag jeweils einer Prozeßpartei unterstützten.[559]

---

552 A.a.O., 729 ff.

553 A.a.O., 730 f.

554 A.a.O., 739.

555 A.a.O.

556 A.a.O., 724 f.

557 *Washington v. Glucksberg*, U.S., No. 96–110, WL 348094 (1997).

Die höchsten Gerichte beider Bundesstaaten hatten die zu überprüfenden Gesetze für verfassungswidrig erklärt, die Begründungen waren jedoch unterschiedlich. Während das Bundesberufungsgericht des 9. Gerichtsbezirks das Gesetz des Staates Washington für unvereinbar mit dem Freiheitskonzept des 14. Zusatzartikels erklärt hatte,[560] kam das Bundesberufungsgericht des 2. Gerichtsbezirks hinsichtlich der gesetzlichen Regelung des Staates New York zu einem Verstoß gegen das Gleichheitsgebot des 14. Zusatzartikels.[561] Der Supreme Court nahm beide Entscheidungen gemeinsam an. Er untersuchte in *Washington v. Glucksberg*[562] die Frage, ob ein *right to die* in dem Recht auf Privatsphäre und dem Freiheitskonzept des 14. Zusatzartikels enthalten ist und beurteilte in *Vacco v. Quill*[563] die noch später darzulegende Fragestellung des Gleichheitsgebotes.

Der Entscheidung *Washington v. Glucksberg*[564] lag ein Gesetz des Staates Washington zugrunde, welches die Verursachung und Hilfe bei einem Selbsttötungsversuch mit einer Freiheitsstrafe von bis zu fünf Jahren und einer Geldstrafe von bis zu US$ 10.000 unter Strafe stellte.[565] Gegen dieses Gesetz hatte sich eine Klägergemeinschaft gewandt, die aus vier Ärzten bestand.[566] Diese behandelten u. a.

558 *Amicus curiae* (Freund des Gerichts) ist eine häufig genutzte Art der Prozeßbeteiligung, bei der Schriftsätze eingereicht werden, in denen Argumentationen zu dem Fall dargelegt werden. (Vgl. Moors, Die Rolle von Verfassung, S. 57 m. w. Nachw.).

559 Vgl. *Washington v. Glucksberg*, U.S., No. 96 – 110, WL 348094, Absatz 2 (1997).

560 *Compassion in Dying v. Washington*, 79 F. 3d 790 (1996).

561 *Quill v. Koppell*, 80 F. 3d 716 (1996).

562 *Washington v. Glucksberg*, U.S., No. 96 – 110, WL 348094 (1997).

563 *Vacco v. Quill*, U.S., No. 95 – 1858, Lexis 4038 (1997).

564 *Washington v. Glucksberg*, U.S., No. 96 – 110, WL 348094 (1997).

565 Washington Revised Code § 9A.36.060:

(1) A person is guilty of promoting a suicide attempt when he knowingly causes or aids another person to attempt suicide.

(2) Promoting a suicide attempt is a class C felony.

566 In den Vorinstanzen waren an der Klägergemeinschaft noch die gemeinnützige Organisation *„Compassion in Dying"* mit Sitz im Staat Washington beteiligt, welche es sich laut ihrer Satzung unter anderem zur Aufgabe gemacht hatte, zurechnungsfähigen und terminal erkrankten Personen durch Informationen, Beratung und psychische Unterstützung bei dem Entschluß, ihr Leben zu verkürzen, zu helfen, nicht jedoch die (aktive) Gabe von tödlichen Medikamenten zu unterstützen. Zudem waren drei entscheidungsfähige und bereits im Zeitpunkt der Einreichung der Klage terminal erkrankte Patienten beteiligt gewesen, welche aber noch während des Prozesses verstorben waren. Die Patientin mit dem Pseudonym Jane Roe war eine 69jährige Ärztin, welche terminal an Krebs erkrankt war. Eine Operation, Chemotherapie und Radiation hatte nicht zu einer Heilung geführt, und Metastasen hatten sich an verschiedenen Stellen des Körpers gebildet. Die Patientin war seit sieben Monaten bettlägerig und litt unter starken Schmerzen, welche durch steigende Dosen von Morphium gemildert, aber nicht vollständig beseitigt werden konnten. Sie war entscheidungsfähig und wollte mit Hilfe von *Compassion in Dying* eine Überdosis an Medikamenten zu sich nehmen. Der zweite Patient John Doe war ein 44jähriger Künstler, der an Aids erkrankt und bereits teilweise erblindet war. Er litt an zahlreichen Begleiterscheinungen der HIV-Infektion wie Lungenentzündungen, chronischen Hauterkrankungen und extremer Müdigkeit. Der 69jährige Patient

entscheidungsfähige, terminal erkrankte Patienten und hatten jeweils mindestens in einem Fall das Gesuch eines solchen Patienten auf Hilfe bei der Selbsttötung abgelehnt, um sich nicht gemäß der Regelung des Staates Washington strafbar zu machen. Die Ärzte traten als Kläger in eigenen und in (fremden) Rechten ihrer Patienten auf.[567]

Zu prüfen war damit, ob das Recht auf Privatsphäre und das Freiheitskonzept des 14. Zusatzartikels zumindest das von den Klägern geltend gemachte Recht eines entscheidungsfähigen und terminal erkrankten Patienten auf Hilfe zur Selbsttötung enthielt und damit ein entsprechendes Recht der Ärzte, für eine solche Hilfeleistung nicht strafrechtlich verfolgt zu werden.

a) Die Entscheidungen der Vorinstanzen

Im Mai 1994 entschied ein Federal District Court im Staat Washington, daß in der Bundesverfassung ein Recht des entscheidungsfähigen Patienten auf Hilfe bei der Selbsttötung im 14. Zusatzartikel enthalten sei.[568] Unter Bezugnahme auf die beiden Entscheidungen des Supreme Court *Planned Parenthood of Southeastern Pennsylvania v. Casey*[569] und *Cruzan v. Director, Missouri Department of Health*[570] argumentierte das Gericht, daß die Entscheidung eines terminal erkrankten Patienten, sein Leben zu beenden, „eine der intimsten und persönlichsten Entscheidungen einer Person sei und deshalb im Kernbereich des Freiheitskonzeptes des 14. Zusatzartikels liege".[571] Die Regelung des Staates Washington stelle damit eine unangemessene Beschränkung (*undue burden*) der Ausübung dieses verfassungsrechtlich geschützten Rechtes dar und sei verfassungswidrig.[572] Zudem sei durch die gesetzliche Regelung das Gleichheitsgebot verletzt, weil innerhalb der Klasse von entscheidungsfähigen und terminal erkrankten Patienten nicht unterschieden werden dürfe, ob Patienten lebensverlängernde Maßnahmen ablehnen oder Hilfe bei der Selbsttötung in Anspruch nehmen wollten.[573]

James Poe litt an chronischem Lungenhindernis und war permanent auf eine Sauerstoffzufuhr angewiesen. Er litt an chronischen Schmerzen. Die drei Patienten waren trotz ihrer terminalen Erkrankungen entscheidungsfähig, dies sowie die übrigen Fakten waren im Prozeß unstreitig. Vgl. *Washington v. Glucksberg*, Brief of Respondents, WL 708925, Absatz 2 (1996).

567 Auch in den USA gibt es die Zulässigkeitsvoraussetzung der Klagebefugnis. Allerdings wird eine Ausnahme dann gemacht, wenn die Verletzung der Rechte eines Dritten in der direkten Verletzung der Kläger resultiert. Diese *ius tertii* Ausnahme hat zur Voraussetzung, daß der Kläger persönlich verletzt ist, daß diese Verletzung an das Recht eines Dritten gebunden ist und daß der Dritte gehindert ist, die Verletzung selbst geltend zu machen. (Vgl. Moors, Die Rolle von Verfassung, S. 60 f. m. w. Nachw.).

568 *Compassion in Dying v. Washington*, 850 F. Supp. 1454 (1994).

569 *Planned Parenthood of Southeastern Pennsylvania v. Casey*, 112 S.Ct. 2791 (1992).

570 *Cruzan v. Director, Missouri Department of Health*, 497 U.S. 261 (1990).

571 *Compassion in Dying v. Washington*, 850 F. Supp. 1454, 1459–1461 (1994).

572 A.a.O., 1465.

Dieses Urteil hob das Bundesberufungsgericht des 9. Gerichtsbezirks zunächst in kleiner Besetzung mit 2 zu 1 Stimmen auf und begründete dies damit, daß in der 205jährigen Gerichtstradition kein oberstes Gericht ein verfassungsrechtliches Recht auf Hilfe bei der Selbsttötung angenommen habe.[574] Nach Ansicht des Gerichts hatte die Vorinstanz (1) die Entscheidung *Casey* inkorrekt als Präzedenzfall angewandt, (2) nicht zwischen dem Recht auf Nichtaufnahme und dem Abbruch von Behandlungsmaßnahmen unterschieden, (3) historische Präzedenzfälle nicht angewandt, (4) die staatlichen Interessen nicht richtig gewertet, (5) eine unklare Entscheidung getroffen sowie (6) keine Unterscheidung getroffen zwischen Handlungen, welche direkt das Leben nehmen und solchen, welche ein Leben nicht aufrechterhalten.[575]

Eine große Besetzung (*en banc*) des Bundesberufungsgerichts des 9. Gerichtsbezirks hob jedoch diese Entscheidung auf und bestätigte mit 8 zu 3 Stimmen den Tenor der Entscheidung des Federal District Court.[576] Nach einer Untersuchung der historischen und der derzeitigen sozialen Behandlung der Selbsttötung und der Hilfe zur Selbsttötung kam das Gericht zum Schluß, daß „die Bundesverfassung ein Freiheitsinteresse des Einzelnen enthalte, die Zeit und die Umstände seines eigenen Todes selbst zu bestimmen", und damit auch ein verfassungsrechtliches *right to die* auf Beteiligung an der Selbsttötung umfasse.[577] Dieses Recht wird nach Ansicht des Berufungsgerichts auch nicht durch entgegenstehende staatliche Interessen aufgewogen.[578] Somit verstoße das Gesetz gegen das Recht der Kläger auf Privatsphäre und das Freiheitskonzept des 14. Zusatzartikels und sei verfassungswidrig.[579] Eine Überprüfung hinsichtlich des Gleichbehandlungsgebotes nahm das Berufungsgericht nicht mehr vor.[580]

Erstmals hatte damit ein oberstes Bundesberufungsgericht ausdrücklich anerkannt, daß die Bundesverfassung ein fundamentales Recht eines terminal erkrank-

573 A.a.O.

574 *Compassion in Dying v. Washington,* 49 F.3d 586, 591 (1995).

575 A.a.O.

576 *Compassion in Dying v. Washington,* 79 F.3d 790, 798 (1996).

577 A.a.O., 816.

578 Das Gericht prüfte vier entgegenstehende staatliche Interessen. Hinsichtlich des staatlichen Interesses am Schutz des Lebens argumentierte das Gericht, daß bei diesem Schutzbedürfnis die medizinische Lage und die Wünsche des entscheidungsfähigen Patienten entscheidend zu berücksichtigen seien. So habe der Staat Washington durch die Freigabe der passiven Sterbehilfe selbst indirekt eingeräumt, daß das staatliche Interesse auf Schutz des Lebens nicht absolut sei, sondern unter bestimmten Umständen gegenüber den Selbstbestimmungsrechten des Einzelnen zurückweichen könne. Auch die drei weiteren entgegenstehenden staatlichen Interessen, die Verhinderung von Selbsttötungen, der Ausschluß von unzulässigem Druck auf die Patienten und der Schutz der medizinischen Ethik schränkten nach Ansicht des Gerichts das Recht des Einzelnen im vorliegenden Fall nicht ein, weil sie durch entsprechende gesetzliche Sicherheitsvorkehrungen aufgefangen werden könnten.

579 A.a.O., 836 f.

580 A.a.O., 838.

ten entscheidungsfähigen Patienten auf Hilfe zur Selbsttötung durch einen Arzt enthielt.

b) Das Urteil des Supreme Court

Der Supreme Court hob die Entscheidung des Bundesberufungsgericht des 9. Gerichtsbezirks im Jahr 1997 einstimmig auf. Alle neun Richter waren in der Entscheidung *Washington v. Glucksberg*[581] der Ansicht, daß sich aus dem Recht auf Privatsphäre und dem Freiheitskonzept des 14. Zusatzartikels kein generelles Recht des entscheidungsfähigen terminal erkrankten Patienten auf Hilfe bei der Selbsttötung herleiten lasse. Die Regelung des Staates Washington verstoße damit nicht gegen die Bundesverfassung.[582]

Für das Gericht führte Richter Rehnquist in der Begründung aus, daß zunächst das in Frage stehende Recht sorgfältig beschrieben und definiert werden müsse, weil die Vorinstanzen das Recht nicht deutlich genug gefaßt und präzisiert hätten.[583] Die entscheidende Frage sei, ob das Recht auf Privatsphäre und das Freiheitskonzept des 14. Zusatzartikels ein Recht auf Selbsttötung umfaßten, in dem dann ein Recht auf Hilfe bei der Selbsttötung enthalten sein könne.[584]

Methodisch sei in Fragen eines Rechtes auf Privatsphäre und des Freiheitskonzeptes des 14. Zusatzartikels zu überprüfen, ob ein Recht oder rechtliches Interesse fundamental in der Geschichte, Tradition und Praxis und dem Konzept der *ordered liberty* enthalten sei.[585] Ein Recht auf Selbsttötung und dementsprechend ein Recht auf Hilfe bei der Selbsttötung könne aber weder aus der nationalen Geschichte noch aus der Tradition oder der Praxis gewonnen werden.[586] Dies werde durch eine zu Beginn der Entscheidung dargelegte Analyse der historischen Behandlung der Selbsttötung und der Beteiligung an der Selbsttötung in der Tradition des englischen und amerikanischen Rechtes deutlich. Diese belege, daß das anglo-amerikanische *Common Law* die Selbsttötung und die Beteiligung an einer Selbsttötung seit über 700 Jahren ablehne: So sei die Hilfe zur Selbsttötung zum Zeitpunkt der Ratifizierung des 14. Zusatzartikels in den meisten Staaten ein Verbrechen gewesen; die Hilfe zum Suizid sei in allen Bundesstaaten der USA sowie den meisten anderen westlichen Kulturen verboten; gesetzliche Verbote seien in den meisten Bundesstaaten zwar in den letzten Jahren überprüft, aber dann bestätigt worden. Desweiteren habe Präsident Clinton noch im Jahr 1997 den *Federal Assisted Suicide Funding Restriction Act* unterzeichnet, welcher verbiete, öffentliche Gelder des

---

581 *Washington v. Glucksberg*, U.S., No. 96–110, WL 348094 (1997).

582 A.a.O., Absatz 2.

583 A.a.O., Absatz 9 f.

584 A.a.O., Absatz 10.

585 A.a.O., Absatz 9.

586 A.a.O., Absatz 10.

Bundes im Fall der ärztlichen Hilfe bei der Selbsttötung zu verwenden.[587] Vor diesem geschichtlichen Hintergrund und der durchgehend allgemeinen Tradition, welche ein Recht auf Beteiligung an der Selbsttötung auch für entscheidungsfähige terminal erkrankte Patienten ablehne, könne auch der Supreme Court ein solches Recht nicht etablieren.[588] Im entgegengesetzten Fall sähe sich das Gericht gezwungen, eine Jahrhunderte alte rechtliche Doktrin und Praxis ins Gegenteil zu verkehren und zudem die Vorgehensweise der meisten Staaten zu verwerfen.[589]

In der weiteren Begründung lehnte der Supreme Court auch die Ansicht der Beschwerdegegner ab, welche argumentiert hatten, daß es methodisch letztendlich nicht darauf ankomme, ob sich ein *right to die* aus der Geschichte, der Tradition oder dem Konzept der *ordered liberty* ergebe.[590] So könnten Rechte dynamisch aus früheren Entscheidungen des Supreme Court hergeleitet werden, die schließlich auch eine Tradition darstellten, und dürften nicht statisch in einer bestimmten Zeit oder einem Gedankengebäude eingefroren werden.[591] Deshalb sei die entscheidende Frage, ob sich aus früheren Entscheidungen des Supreme Court ein Recht des Patienten ableiten lasse, persönliche Entscheidungen hinsichtlich des eigenen Körpers, seiner medizinischen Betreuung und seiner Lebensweise ohne staatliche Eingriffe treffen zu können.[592] Ein solches Recht auf Entscheidung über die Umstände des eigenen Todes ergab sich nach Ansicht der Beschwerdegegner aus den beiden Entscheidungen *Casey*[593] und *Cruzan*[594] des Supreme Court. Diese seien Ausdruck eines verfassungsrechtlich verankerten Selbstbestimmungsrechtes des Patienten.[595] Durch die richterliche Anerkennung eines Rechtes auf passive Sterbehilfe, insbesondere durch die Entscheidung *Cruzan* des Supreme Court, sei ein *right to die* bereits anerkannt. Das *right to die* in *Cruzan* umfasse aber nicht nur das Recht eines entscheidungsunfähigen Patienten auf bloße Abwehr von körperlichen Eingriffen. Die Entscheidung sei vielmehr Ausdruck eines umfassenden Rechtes des Patienten, medizinische Eingriffe abzulehnen und insbesondere den Zeitpunkt und die Art und Weise des eigenen Todes selbst zu bestimmen. Genau dieses Recht wolle ein entscheidungsfähiger Patient sowohl im Falle einer passiven Sterbehilfe als auch im Falle der Hilfe bei der Selbsttötung wahrnehmen. Insofern dürfe weder moralisch noch rechtlich ein Unterschied zwischen passiver Sterbehilfe und der Beteiligung an einer Selbsttötung gezogen werden.[596]

---

587 A.a.O., Absätze 4–8.

588 A.a.O.

589 A.a.O.

590 *Washington v. Glucksberg,* Brief of Respondents, WL 708925, Absatz 17 (1996).

591 A.a.O.

592 A.a.O., Absätze 17 und 18.

593 *Planned Parenthood of Southeastern Pennsylvania v. Casey,* 112 S.Ct. 2791 (1992).

594 *Cruzan v. Director, Missouri Department of Health,* 497 U.S. 261 (1990).

595 *Washington v. Glucksberg,* Brief of Respondents, WL 708925, Absatz 22 f. (1996); Tarnow, 4 Elder L.J. 407, 430 (1996).

Der Supreme Court wies die Argumentation jedoch zurück, weil sich in der Entscheidung *Cruzan* kein Hinweis auf die Erweiterung des Rechts auf Abbruch von Behandlungsmaßnahmen in ein Recht auf Beteiligung an einer Selbsttötung finden lasse.[597] Die Gerichte hätten vielmehr ein Recht auf Hilfe zum Suizid immer von einem Recht auf passive Sterbehilfe deutlich unterschieden. Auch in der Entscheidung *Cruzan* habe das Gericht selbst das Recht auf Ablehnung der lebensnotwendigen Beatmung und Ernährung nicht auf ein allgemeines Recht des Patienten auf Autonomie gestützt. *Cruzan* beruhe vielmehr auf einem Abwehrrecht des *Common Law,* welches die erzwungenen Behandlungsmaßnahmen als eine Körperverletzung ansah und deshalb die Entscheidung auf Ablehnung vor ungewollten medizinischen Maßnahmen stützte.[598]

Auch aus den Entscheidungen zum Schwangerschaftsabbruch, insbesondere der Entscheidung *Casey,*[599] ließ sich nach Ansicht des Gerichts kein Recht auf Beteiligung an der Selbsttötung herleiten. Hierüber war im Prozeß heftig gestritten worden. Nach Ansicht der Beschwerdegegner ergab sich schon aus dem Wortlaut der Entscheidung *Casey* die Notwendigkeit einer Anerkennung eines *right to die.* Argumentiert wurde hier mit dem folgenden Zitat aus *Casey:* „Ein Zentralaspekt der Freiheit des 14. Zusatzartikels ist es, ein eigenes Konzept hinsichtlich der Existenz, der Bedeutung des Universums und des Geheimnisses des menschlichen Lebens zu definieren und hieraus sich ergebende intime und persönliche Entscheidungen, welche insbesondere die Würde und Selbstbestimmung des Einzelnen betreffen, nicht dem Staat, sondern dem Einzelnen zu überlassen." Nach Ansicht der Beschwerdegegner waren Fragen des eigenen Todes und dessen Beschleunigung genau solche höchst privaten und intimen Entscheidungen; deshalb sei *Casey* als ein einschlägiger Präzedenzfall anzusehen. Die Beschwerdeführer hatten hingegen argumentiert, daß die vorgebrachte Passage in unzulässiger Weise aus dem Zusammenhang der gesamten Entscheidung gerissen werde.[600] Eine generelle Anerkennung eines Autonomierechtes liege schon deshalb nicht vor, weil der Supreme Court an anderer Stelle der Entscheidung im einzelnen die Rechte aufliste, welche aus früheren Entscheidungen des Supreme Court hergeleitet werden könnten.[601] Zudem behandle *Casey* die Frage des Schwangerschaftsabbruchs, beruhe methodisch auf der Doktrin der *stare decisis* und inhaltlich auf *Roe v. Wade*[602]. Aus diesem Kontext dürfe der Fall nicht entfernt werden.[603] Schließlich spreche die Entscheidung *Bowers v. Hardwick*[604] gegen die Anerkennung eines *right to die,* denn

596 *Washington v. Glucksberg,* Brief of Respondents, WL 708925, Absätze 18 ff., 22 (1996).

597 *Washington v. Glucksberg,* U.S., No. 96–110, WL 348094, Absatz 11 (1997).

598 A.a.O.

599 *Planned Parenthood of Southeastern Pennsylvania v. Casey,* 112 S. Ct. 2791 (1992).

600 *Washington v. Glucksberg,* Brief of Petitioners, WL 656349, Absätze 31 f. (1996).

601 A.a.O., Absätze 5 f.

602 *Roe v. Wade,* 410 U.S. 113 (1973).

603 *Washington v. Glucksberg,* Reply of Petitioners, Absätze 5 f. (1996).

der Supreme Court habe hier das Recht auf Privatsphäre inhaltlich und methodisch deutlich eingegrenzt.[605]

Mit ähnlicher Begründung argumentierte Richter Rehnquist für den Supreme Court. Auch er lehnte es ab, ein Recht auf Beteiligung an der Selbsttötung auf die Entscheidungen zum Schwangerschaftsabbruch zu stützen.[606] Zwar werde in *Casey* anerkannt, daß viele durch die *due process clause* geschützten Rechte und Freiheiten im Konzept der persönlichen Autonomie ihren Ursprung hätten, hieraus folge jedoch nicht, daß alle wichtigen, intimen und persönlichen Entscheidungen verfassungsrechtlich geschützt seien.[607] Das Gericht sehe sich hier außerstande, gerade ein Recht auf Beteiligung am Suizid aus den Entscheidungen abzuleiten.

Da sich nach Ansicht des Gerichts kein fundamentales Recht auf Beteiligung an einer Selbsttötung aus dem Recht auf Privatsphäre und aus dem Freiheitskonzept des 14. Zusatzartikels ableiten ließ, überprüfte Richter Rehnquist das Gesetz des Staates Washington dann anhand des *rational basis test* darauf, ob zumindest rational nachvollziehbare Gründe für das Verbot der Beteiligung an der Selbsttötung vorlagen.[608] Dies war nach Ansicht des Gerichts unzweifelhaft der Fall, weil die Interessen des Staates folgende Aufgaben umfaßten: den Schutz des menschlichen Lebens; die Verhinderung von Selbsttötungen; den Schutz der medizinischen Ethik und die Aufrechterhaltung der Rolle des Arztes als Heiler der Patienten; den Schutz vor psychologischem und finanziellem Druck auf Lebensbeendigung vor allem für Arme, Alte, Behinderte, terminal Erkrankte und andere verwundbare Gruppen der Gesellschaft und schließlich die Vermeidung eines Dammbruchs zunächst zur freiwilligen und dann eventuell zu einer unfreiwilligen aktiven Euthanasie.[609] Diese Interessen des Staates haben nach Ansicht des Gerichts ein so starkes Gewicht, daß auf eine genaue Abwägung verzichtet werden könne, weil das Gesetz des Bundesstaates Washington zumindest in rationaler Weise die Förderung und den Schutz dieser staatlichen Interessen verfolge.[610]

c) Analyse der abweichenden Voten und Kritik der Entscheidung

In *Washington v. Glucksberg* hat der Supreme Court unter Anwendung einer restriktiven, stark historisch orientierten Auslegungsmethode schon die verfassungsrechtliche Etablierung eines fundamentalen Rechtes auf Selbsttötung und aus die-

604 *Bowers v. Hardwick*, 478 U.S. 186 (1986).

605 *Washington v. Glucksberg*, Reply of Petitioners, Absätze 5 f. (1996); vgl. auch Kamisar, U. Det. Mercy L. Rev. 735, 764 (1995).

606 *Washington v. Glucksberg*, U.S., No. 96–110, WL 348094, Absatz 12 (1997).

607 A.a.O.

608 A.a.O., Absatz 13.

609 A.a.O., Absätze 13–16.

610 A.a.O., Absatz 16.

sem Grund auch ein Recht auf Beteiligung an einer Selbsttötung des entscheidungsfähigen terminal erkrankten Patienten aus der *due process clause* des 14. Zusatzartikels abgelehnt.

Vier Richter kamen jedoch jeweils in ihren zustimmenden Voten zu der Ansicht, daß die Etablierung eines Rechtes auf Beteiligung an der Selbsttötung in der Verfassung zumindest in Einzelfällen nicht ausgeschlossen sei. Am weitesten ging Richter Stevens in seinem zustimmenden Votum. Seiner Ansicht nach kann in konkreten Einzelfällen aus der Entscheidung *Cruzan* ein verfassungsrechtliches Recht des Patienten abgeleitet werden, die Umstände des eigenen Todes zu bestimmen.[611] Damit sei das Gesetz des Staates Washington zwar nicht als solches verfassungswidrig, weil ein Recht auf Selbstbestimmung nicht generell die Rechte des Staates überwiege. In bestimmten Einzelfällen könne aber die Anwendung des Gesetzes nicht legitim sein, weil das Recht auf Selbstbestimmung des Patienten Priorität besitze.[612]

Nach den Minderheitsvoten der Richterin O'Connor, der sich Richterin Ginsburg anschloß, und des Richters Breyer hat die Mehrheit bereits durch die (unrichtige) Fassung des Problems als Frage eines Rechtes auf Suizid dessen inhaltlich negative Entscheidung determiniert. Denn es sei in der Literatur und Rechtsprechung nahezu unbestritten, daß sich aus der amerikanischen Geschichte kein Recht auf Selbsttötung ableiten lasse.[613]

Nach Ansicht der Richterin O'Connor, der sich die Richterin Ginsburg anschloß,[614] kommt es auf diese historische Entwicklung eines Rechtes auf Selbsttötung jedoch nicht an.[615] Die entscheidende Fragestellung des Falles *Glucksberg v. Washington* sei vielmehr, ob eine entscheidungsfähige, schwer leidende Person ein verfassungsrechtliches Recht darauf habe, die Umstände ihres eigenen Todes zu bestimmen. Dieser Frage geht die Richterin dann aber inhaltlich nicht mehr nach, weil selbst im Falle der hypothetischen Annahme eines solchen Rechtes die entgegenstehenden Interessen des Staates ein solches Recht aufwiegen könnten. Eine entsprechende Abwägung müsse vielmehr in einem demokratischen Prozeß vorgenommen werden.[616]

---

611 A.a.O., Absätze 18–25.

612 Im Anschluß an den Prozeß wurde von den Parteien wie den Medien die Meinung vertreten, daß die Problematik durch die Entscheidung keineswegs abschließend behandelt worden sei, sondern eine Klage einzelner Patienten auch in Zukunft sehr wahrscheinlich sei. Zu den Bewertungen des Stellvertretenden Generalstaatsanwalt William Williams und eines Anwalts der Beschwerdeführer, vgl. McKee, The Recorder, 27. 6. 1997, S. 1.

613 MacBride, 68 Temple L. Rev. 793, 803 (1995); Sunstein, 106 Yale L J. 1123, 1133 (1997).

614 *Washington v. Glucksberg,* U.S., No. 96–110, WL 348094, Absatz 45 (1997).

615 A.a.O., Absatz 17.

616 A.a.O.

Auch nach Ansicht des Richters Breyer hat die Mehrheit des Supreme Court die zu behandelnde Frage nicht richtig definiert.[617] So geht es seiner Meinung nach nicht um ein Recht auf Selbsttötung, sondern um das Recht, in Würde zu sterben. Über die Fundamentalität eines solchen Rechtes müsse aber nicht entschieden werden, weil die Interessen des Staates das Interesse des Patienten überwiegen könnten. Dies sei insbesondere deshalb der Fall, weil die Regelung des Staates Washington eine intensive Schmerztherapie, auch im Fall einer Therapie mit Doppelwirkung, nicht verbiete.

Richterin O'Connor, Richterin Ginsberg und Richter Breyer versuchten somit, durch die veränderte Fassung des Problems eine direkte Anknüpfung an die eindeutig ablehnende Geschichte und Tradition eines Rechtes auf Selbsttötung zu vermeiden. Beide Ansichten überzeugen aber nicht. So erscheint ein Ergebnis widersinnig, daß einem Patienten kein Recht auf Selbsttötung aus der Verfassung zusteht, ihm jedoch eine verfassungsrechtliche Rechtsgarantie auf Hilfe bei der Selbsttötung gewährt wird. Beide Rechte sind also durchaus miteinander verknüpft. Es ist deshalb konsistent und im Sinne des Grundsatzes der Akzessorietät auch folgerichtig, zunächst zu prüfen, ob dem Patient selbst ein Recht auf Selbsttötung zusteht, und dann zu entscheiden, ob ein Arzt sich an dieser Selbsttötung beteiligen darf. Allein dies determiniert aber noch nicht das (negative) Ergebnis der Prüfung eines *right to die*.

Die entscheidende Frage lautet damit, ob die Anwendung der restriktiven Interpretationstheorie auf die Problematik des *right to die* angemessen war und welche Rolle der Supreme Court der Geschichte und Tradition bei der Interpretation der Verfassung zuweisen soll. Denn aus der Entscheidung *Roe v. Wade*[618] wird deutlich, daß der Supreme Court gerade im Rahmen des 14. Zusatzartikels durchaus auch ein neues Verfassungsrecht entgegen einer langen Tradition und Geschichte hätte etablieren und gegenüber dem Gesetzgeber durchsetzen können. Auf die Problematik der Kompetenz zwischen Legislative und Judikative in der Frage des *right to die* hatte schon Richter Souter in seinem zustimmenden Votum verwiesen.[619]

Nach Ansicht des Richters Souter war es die Aufgabe der Gerichte zu prüfen, ob das Gesetz des Staates Washington eine willkürliche Auflage oder eine nutzlose Einschränkung eines geltend gemachten Rechtes des Patienten aus dem 14. Zusatzartikels sei.[620] Eine solche willkürliche Einschränkung durch den Gesetzgeber liege aber dann nicht vor, wenn erstens eine ernsthafte Kontroverse über die zugrundeliegenden Fakten bestehe, zweitens diese Tatsachen in einem Gerichtsverfahren nicht eindeutig geklärt werden könnten und drittens die Legislative durch Forschung und Erfahrungen eine bessere Klärung der genauen Tatsachen herbeiführen

617 A.a.O., Absätze 45–47.

618 *Roe v. Wade*, 410 U.S. 113 (1973).

619 *Washington v. Glucksberg*, U.S., No. 96–110, WL 348094, Absätze 25–45 (1997).

620 A.a.O.

könne.[621] Bezüglich der Beteiligung an einer Selbsttötung sei es der Judikative nicht möglich, die der Problematik zugrundeliegenden Tatsachen und Risiken eindeutig aufzuklären. Vielmehr könne die Legislative durch flexiblere Mechanismen und die Möglichkeit des Experimentierens zu einem sachlich angemessenen Ergebnis kommen. Deshalb falle es nicht in die Kompetenz der Judikative, diesen Bereich verfassungsrechtlich auszugestalten. Die Regelung der Beteiligung an der Selbsttötung müsse als solche dem Gesetzgeber vorbehalten bleiben.

Eine restriktive Ausübung von richterlicher Macht hat sicher den Vorteil, daß wichtige Entscheidungen nicht durch eine staatliche Gewalt getroffen werden, welche nicht direkt demokratisch und konkret verfassungsrechtlich legitimiert ist.[622] Denn (Verfassungs-)Richter werden in den USA ernannt und nicht direkt vom Volk gewählt. Durch die Verwerfung eines Gesetzes stellt sich der Supreme Court über die Ansicht der demokratisch gewählten Gesetzgeber und damit in einer repräsentativen Demokratie meist gegen die Ansicht der Mehrheit der Bevölkerung. Zu bedenken ist zudem die Gefahr des Mißbrauchs, weil Verfassungsrichter nicht wie Politiker durch Abwahl zur Verantwortung gezogen werden können.[623]

Andererseits haben Richter aber aufgrund ihrer Unabhängigkeit die Möglichkeit, unabhängig von Parteiinteressen zu einem gerechten Ergebnis zu kommen. So muß den Gerichten schon im Sinne der Gewaltenteilung ein originärer Entscheidungsfreiraum verbleiben. Denn die Verfassungsväter haben durch die Verankerung des Grundrechtskataloges bestimmte Rechte bewußt dem Schutz der Verfassung unterstellt und damit gerade nicht von einfachen politischen Mehrheiten abhängig gemacht.[624] Diese Grundrechte sollen garantieren, daß auch Minderheiten einen besonderen Schutz genießen und daß sie eine gewisse Beständigkeit haben, weil sie nur unter den erschwerten Bedingungen einer Verfassungsänderung modifiziert werden können.[625]

Auch in der Literatur ist hoch umstritten, inwieweit die Verfassung bei politisch und moralisch kontroversen Fragen wie der der Sterbehilfe herangezogen und von den Richtern als Instrument für einen sozialen Wandel genutzt werden darf. Dieser Frage soll im folgenden dadurch nachgegangen werden, daß einige wichtige Methoden der Verfassungsinterpretation auf die Frage eines *right to die* angewandt werden.

---

621 A.a.O., Absatz 43.

622 Vgl. Moors, Die Rolle von Verfassung, S. 226.

623 A.a.O.

624 A.a.O.

625 A.a.O.

d) Die Methoden der Verfassungsinterpretation am Beispiel des right to die

Die oben dargelegte Analyse von Entscheidungen des Supreme Court zum 14. Zusatzartikel hat gezeigt, daß das höchste amerikanische Gericht bei der Auslegung und Ausweitung eines Rechtes auf Privatsphäre und des Freiheitskonzepts bisher keiner dogmatisch einheitlichen und konsistenten Linie gefolgt ist. Als Beispiel sei auf das konträre Vorgehen in den Entscheidungen *Roe v. Wade*[626] und *Bowers v. Hardwick*[627] verwiesen. In *Roe v. Wade* hatte das Gericht eine stark aktivistische Haltung eingenommen und sich über historische Argumente hinweggesetzt. In der Entscheidung *Bowers v. Hardwick* rekurrierte der Supreme Court auf eine stark historische Auslegungsmethode und übte damit richterliche Zurückhaltung (*judicial restraint*) gegenüber dem Gesetzgeber.

Die Literatur zu der generellen verfassungsrechtlichen Problematik ist nicht überschaubar, weil es sich um eines der umstrittensten Probleme des amerikanischen Verfassungsrechtes handelt.[628] Im folgenden sollen die wichtigsten Methoden der Interpretation auf die Frage einer Rechtsgarantie auf die Wahl der Umstände des eigenen Todes und auf Sterbehilfe angewandt werden.[629]

aa) Die restriktive Interpretationstheorie

Nach Ansicht der restriktiven Interpretationstheorie (Richter Hugo L. Black,[630] Raoul Berger[631] und Robert H. Bork[632]) ist die Aufgabe der Verfassungsrichter darauf beschränkt, „diejenigen Vorschriften durchzusetzen, welche im Text der Verfassung dargelegt und klar impliziert sind“[633]. Neue Rechte dürfen durch die Richter hingegen nicht in die Verfassung, auch nicht in die Generalklauseln, hineingelesen werden, wenn sie von diesen nicht klar umfaßt sind. Die Gerichte haben daher eine Wertentscheidung der Legislative zu akzeptieren, „solange diese Entscheidung nicht gegen eine Ansicht verstößt, welche von den Vätern der Verfassung bei der Verabschiedung der Verfassung getroffen wurde“[634].

---

626 *Roe v. Wade*, 410 U.S. 113 (1973).

627 *Bowers v. Hardwick*, 478 U.S. 186 (1986).

628 Brady, 36 Cath. Law. 137 (1995); Brugger, Grundrechte, S. 345 ff.

629 Zur Auswahl der Methoden vgl. auch a.a.O.

630 *Katz v. United States*, 389 U.S. 347, 365 (1968) (abw. Meinung Richter Black).

631 Berger, 51 Geo. Wash. L. Rev. 532 (1983); ders., 47 Ohio St. L.J. 1 (1986); ders., 55 Geo. Wash. L. Rev. 1 (1986); ders., 85 Nw. U. L. Rev. 993 (1991).

632 Bork, 47 Ind. L.J. 1 (1971); ders., The Tempting of America: The Political Seduction of Law, 144 (1990) mit Besprechung von Dworkin, 57 U. Chi.L. Rev. 657 (1990); Macedo, 84 Nw. U. L. Rev. 1203 (1990); Nagel; 57 U. Chi. L. Rev. 633 (1990).

633 Ely, Democracy and Distrust, S. 1.

634 Bork, 47 Ind. L.J. 1, 11 (1971).

Innerhalb dieser Theorie wird unterschiedlich gewichtet, welche Rolle die Intention der Verfassungsväter und die Systematik der Norm neben dem Wortlaut der Verfassung spielen soll. Da aber, wie vom Supreme Court in *Washington v. Glucksberg*[635] zutreffend ausgeführt, weder aus dem Wortlaut noch der Geschichte oder der Tradition ein *right to die* abgeleitet werden kann, führt die restriktive Interpretationstheorie in all ihren Spielarten jedoch dazu, daß eine Rechtsgarantie auf Sterbehilfe nicht in die Verfassung hineingelesen werden kann.

bb) Die Methode der objektiven und neutralen Prinzipien

Nach der auf Herbert Wechsler zurückgehenden Methode der objektiven und neutralen Prinzipien sollen Richter ihre Entscheidungen bezüglich der Auslegung einer Norm auf sogenannte objektive oder neutrale Prinzipien stützen.[636] Die Gerichte sollen auf solche allgemeinen und neutralen Prinzipien rekurrieren, die erstens keine bestimmten Interessen bevorzugen und zweitens über die Entscheidung des jeweiligen Falles hinaus Bestand haben können. Solche allgemeinen und neutralen Prinzipien müßten durch Analyse gewonnen und mit guten Gründen zu rechtfertigen sein.[637]

In der Frage der Sterbehilfe liegt ein Konflikt zwischen dem (medizinischen) Selbstbestimmungsrecht des Einzelnen und den Interessen des Staates vor. Beide Prinzipien bevorzugen jedoch keine bestimmten Interessen und sind verallgemeinerungsfähig. Damit sind sie objektive und neutrale Prinzipien im Sinne der Theorie. Ungeklärt bleibt aber, welches Prinzip hier gegenüber dem anderen den Vorrang haben soll. Für den Fall der Sterbehilfe erweist sich die Theorie deshalb als wenig aussagekräftig und einer Lösung der verfassungsrechtlichen Problematik eines *right to die* wenig dienlich.[638]

cc) Das repräsentationsoptimierende Modell

Nach Ansicht des sogenannten repräsentationsoptimierenden Modells ist es die Aufgabe der Judikative, über prozessuale Fragen der Demokratie- und Repräsentationsanforderungen zu urteilen und demokratische Mitwirkungsrechte sicherzustellen.[639] Die Richter haben somit zu überprüfen, ob erstens alle Gesellschaftsmitglieder am politischen Prozeß teilnehmen können und ob zweitens auch die

---

635 *Washington v. Glucksberg*, U.S., No. 96–110, WL 348094, 1997.

636 Wechsler, 73 Harv. L. Rev. 1 (1959).

637 A.a.O., 15; vgl. zur Bedeutung der Theorie Friedman, 50 Vand. L. Rev. 503 (1997).

638 Zur allgemeinen Kritik Brugger, Grundrechte, S. 359 ff.

639 Ely, Democracy and Distrust, S. 56–60; ders., 53 Ind. L.J. 399, 404 ff. (1978); vgl. auch *United States v. Carolene Products Co.*, 304 U.S. 144, 152 Fn. 4 (1938).

Interessen der Minderheiten angemessen berücksichtigt werden.[640] Materielle und moralisch umstrittene Fragestellungen bleiben hingegen der Legislative vorbehalten.

Auf den ersten Blick scheint die Problematik eines *right to die* damit in die Kompetenz der Legislative zu fallen, weil die inhaltliche Regelung der Sterbehilfe eine moralisch und politisch höchst umstrittene Thematik ist. Zu bedenken ist jedoch, daß bei den Verboten der Sterbehilfe die Interessen einiger terminal erkrankter und entscheidungsfähiger Patienten nicht berücksichtigt werden. Damit erscheint ein Verbot der Sterbehilfe zumindest für diesen Teil der Bevölkerung höchst ungerecht, und es ist fraglich, ob es sich um eine typische Erscheinung des demokratischen Prinzips handelt, daß in jeder umstrittenen Frage die Interessen bestimmter Personengruppen zurücktreten müssen, oder ob es sich um einen Fall handelt, in dem das Gericht den inhaltlichen Interessen der genannten Patienten einen solchen Raum einräumen sollte, daß es aufgrund des Minderheitenschutzes zum Einschreiten verpflichtet ist.

Insgesamt jedoch scheint sich die Diskussion über ein *right to die* mehr auf moralische und politische Fragen als auf solche des Mitwirkungsrechtes einer besonderen Patientengruppe zu konzentrieren. Deshalb handelt es sich nach der Methode des repräsentationsoptimierenden Modells um eine Problematik, welche im politischen Prozeß durch den Gesetzgeber gelöst werden sollte. Ein *right to die* sollte daher nach dieser Theorie nicht durch den Supreme Court in dem Recht auf Privatsphäre und dem Freiheitskonzept des 14. Zusatzartikels etabliert werden.

dd) Die weite Interpretationstheorie

Die Vertreter der weiten Interpretationstheorie (Michael J. Perry[641], Ronald Dworkin[642], Michael Moore[643]) rekurrieren bei der Auslegung verfassungsrechtlicher Normen zunächst auch auf die wörtliche, historische und systematische Interpretationsmethode. Diese Methoden seien aber insbesondere im Bereich der verfassungsrechtlichen Generalklauseln nicht abschließend. Vielmehr unterlägen der Verfassung substantielle materielle und moralische Werte wie Freiheit, Gleichheit und Gerechtigkeit, die von den Richtern bei der Auslegung verfassungsrechtlicher Normen beachtet werden müßten.[644] Komme es zu einem Widerspruch zwischen dem Auslegungsergebnis nach der restriktiven Interpretationstheorie und den

640 Ely, Democracy and Distrust, S. 76 ff., 86 f.

641 Perry, 77 Vand. L. Rev. 669, 683–686 (1991); ders., 58 S. Cal. L. Rev. 551, 592 ff. (1995); ders., The Constitution, The Courts, and Human Rights (1982) mit Bespr. von Lynch, 84 Colum. L. Rev. 537 (1984).

642 Dworkin, Life's Dominion, S. 143.

643 Moore, 63 S. Cal. L. Rev. 107 (1989); ders., 58 S. Cal. L. Rev. 277 (1985).

644 Dworkin, Taking Right Seriously, S. 139.

grundlegenden moralischen Prinzipien, dann sei letzteren der Vorrang einzuräumen. Die Richter dürften dann in Einzelfällen sogar entgegen dem Wortlaut von Verfassungsnormen entscheiden.

Damit stellt sich die Frage, wie die Richter diese grundlegenden moralischen Prinzipien ermitteln sollen. Von den Vertretern der nicht-interpretativen Methode wird hier auf eine Studie von moralphilosophischen Arbeiten verwiesen[645] bzw. auf die Ermittlung eines gesellschaftlichen Konsenses rekurriert.[646] Dieser gesellschaftliche Konsens sei jedoch nicht allein anhand der momentanen faktischen Situation zu ermitteln, sondern auch aus der durch das Sozialethos geläuterten Meinung der Gesellschaftsmitglieder.

Einige bekannte Vertreter der weiten Interpretationstheorie haben sich in einem *amicus brief* in *Washington v. Glucksberg* ausdrücklich für die Anerkennung eines *right to die* ausgesprochen.[647] Sie argumentierten, daß es nicht die Aufgabe des Staates sei zu entscheiden, wie eine Person ihrem eigenen Tod gegenübertreten soll.[648] Schwierige Entscheidungen über den Wert und die Bedeutung des Lebens und des Sterbens müßten dem Einzelnen überlassen bleiben und dürften nicht durch religiöse, ethische oder rechtliche Argumente eingeschränkt werden. Dieses Recht müsse deshalb durch die höchstrichterliche Anerkennung eines verfassungsrechtlichen *right to die* gegenüber Eingriffen von Gesetzgeber und Judikative geschützt werden.[649]

Unklar blieb jedoch, wie die Verfasser zu diesem Ergebnis gelangt waren. In der Frage der Sterbehilfe liegt kein moralisch eindeutiger Konsens vor. Hieraus aber den Schluß zu ziehen, daß eine moralisch durchaus different zu beantwortende Frage immer der Beurteilung des Einzelnen überlassen bleiben sollte, erscheint zumindest nicht zwingend. Vielmehr würde der Supreme Court durch die Anerkennung eines *right to die* eine eindeutige Wertung treffen und dem Gesetzgeber eine klare Handlungsanweisung geben. Eine verfassungsrechtliche Anerkennung eines *right to die* ist mit der Anwendung einer substantiellen Deutung der Verfassung zwar möglich, jedoch nicht zwingend. Dem Ergebnis der Entscheidung *Washington v. Glucksberg* kann damit auch bei Anwendung der nicht-interpretativen Theorie nicht eindeutig widersprochen werden.

---

645 Perry, The Constitution, the Courts, and Human Rights, S. 110 ff.

646 Siehe hierzu Brugger, Grundrechte, S. 390.

647 *Washington v. Glucksberg*, Nos. 95 – 1858, 96 – 110, 1996 (Brief for Ronald Dworkin, Thomas Nagel, Robert Nozick, John Rawls, Thomas Scalon, and Judith Jarvis as amici curiae in support of respondents).

648 A.a.O., Absatz 1.

649 A.a.O.

e) Zwischenergebnis

Durch konsequente Anwendung der hier dargelegten verfassungsrechtlichen Theorien wird somit der Minimalkonsens erreicht, daß die Ableitung eines *right to die* aus dem Recht auf Privatsphäre und aus dem Freiheitskonzept des 14. Zusatzartikels durch die Judikative zumindest nicht eindeutig gefordert werden kann. Allein mit der weiten Interpretationstheorie wäre die Etablierung eines *right to die* möglich, jedoch nicht zwingend. Die ablehnende Haltung des Supreme Court in *Washington v. Glucksberg*[650] wird damit durch die verfassungsrechtlichen Theorien der Literatur unterstützt bzw. nicht eindeutig widerlegt. Auch zahlreiche Untergerichte sind der Ansicht, daß die grundsätzliche Regelung der Sterbehilfe dem Gesetzgeber vorbehalten bleiben sollte.[651]

Dieses Ergebnis erscheint zunächst unbefriedigend, weil die oben aufgezeigte Dichotomie zwischen der derzeit gültigen Gesetzeslage und deren tatsächlicher Durchsetzung bestehen bleibt.[652] So wurde die Problematik auf den erfahrungsgemäß meist langwierigen und politisch schwierigen Weg der Gesetzgebung verwiesen. Die bestehenden Rechtsunsicherheiten könnten sich in naher Zukunft sogar noch verschärfen. Denn nach der Entkriminalisierung der Beteiligung an der Selbsttötung im Staat Oregon liegen auch in anderen „liberaleren" Staaten wie Kalifornien und Florida verstärkte politische Bemühungen für deren gesetzliche Freigabe vor.[653] In „konservativeren" Staaten existieren hingegen nicht einmal entsprechende Gesetzesentwürfe, so daß in naher Zukunft die gesetzlichen Regelungen in den Bundesstaaten völlig unterschiedlich sein könnten.

Eine Inkonsistenz in der strafrechtlichen Beurteilung beruht zunächst auf dem grundlegenden Prinzip, daß das Strafrecht generell in die Zuständigkeit der einzelnen Bundesstaaten fällt, wodurch Unterschiede zwischen den bundesstaatlichen Regelungen möglich bzw. nicht unwahrscheinlich sind. Eine unterschiedliche rechtliche Behandlung der Sterbehilfe wird sogar als Vorteil angesehen, weil in einem Bundesstaat zunächst vorsichtig Erfahrungen mit gesetzlicher Freigabe und Anwendung der Sterbehilfe gesammelt und die Auswirkungen auf die medizinische Praxis sorgfältig beobachtet werden können.[654] Diese Erfahrungen könnten dann den Gesetzgebern anderer Staaten Hilfe und Richtwert bei der angemessenen Beurteilung der Sterbehilfe sein.[655]

---

650 *Washington v. Glucksberg*, U.S., No. 96–110, WL 348094 (1997).

651 Vgl. *Satz v Perlmutter*, 379 So.2d 359, 360 (Fla. 1980); *In the Matter of Storar*, 52 N.Y.2d 363, 370 (1991); vgl. hierzu auch Lyon, 58 U. Cin. L. Rev. 1367, 1393 (1990).

652 Siehe Teil 3 (B VII).

653 Scott, Modern Healthcare, 30. 6. 1997, S. 3.

654 Sunstein, 106 Yale L.J. 1123 (1997); *Washington v. Glucksberg*, U.S., No. 96–110, WL 348094, Absatz 44 (1997) (zust. Ansicht Richter Souter).

655 A.a.O.

Die Anwendung der wichtigsten Verfassungstheorien unterstützt das Ergebnis, daß eine rechtliche Regelung der Beteiligung an der Selbsttötung zumindest unter dem Gesichtspunkt des *right of privacy and liberty* grundsätzlich den Gesetzgebern vorbehalten sein sollte. Die Aufgabe der Judikative ist vielmehr darauf begrenzt, in Einzelfällen zu einem sachangemessenen Ergebnis zu kommen.

VII. Ergebnis und Ausblick

Eine richterliche Etablierung einer umfassenden generellen Rechtsgarantie auf Hilfe bei der Selbsttötung im Recht auf Privatsphäre und im Freiheitskonzept des 14. Zusatzartikels ist durch die einstimmige und deshalb klare Entscheidung des Supreme Court in *Washington v. Glucksberg*[656] zumindest in naher Zukunft sehr unwahrscheinlich geworden. So stellt dieses Urteil nach allgemeiner Ansicht eine Leitentscheidung zu der Frage eines *right to die* und folglich auch einen Präzedenzfall für zukünftige Entscheidungen dar.

Die Entscheidung hat jedoch auch wichtige Fragen einer verfassungsrechtlichen Verankerung eines *right to die* im Recht auf Privatsphäre und des Freiheitskonzeptes offengelassen.[657] So hat der Supreme Court sich weder in *Cruzan v. Director, Missouri Department of Health*[658] noch in *Washington v. Glucksberg*[659] zu der Frage eines verfassungsrechtlichen *right to die* in Form der passiven Sterbehilfe direkt geäußert. Beide Entscheidungen schließen zumindest nicht aus, daß der Supreme Court in einer weiteren Entscheidung ein subjektives Recht auf passive Sterbehilfe ausdrücklich anerkennen wird, zumal das Gericht in *Cruzan v. Director, Missouri Department of Health* die entsprechenden untergerichtlichen Entscheidungen nicht aufgehoben hat. Die Anerkennung dieser Fallgruppe des *right to die* durch den Supreme Court ist zudem insofern unproblematisch, als sie kein direktes Konfliktpotential mit der Legislative birgt. Denn die passive Sterbehilfe ist in keinem Bundesstaat gesetzlich unter Strafe gestellt.

Offen ist jedoch die von Richter Stevens aufgeworfene Frage, ob der Supreme Court in Zukunft nicht in Einzelfällen das Recht eines Patienten auf Hilfe bei der Selbsttötung verfassungsrechtlich anerkennen oder zumindest die Anwendung eines Strafgesetzes als verfassungswidrig beurteilen wird. Der Supreme Court würde durch eine entsprechende richterliche Entscheidung zugleich einen Präzedenzfall und damit hohe Rechtsbindung schaffen und nähme mithin eine aktive rechtsgestaltende Rolle gegenüber der Legislative ein. Damit stellt sich im Einzelfall auch die bereits angesprochene Problematik, ob eine solche richterliche Entscheidung

---

656 *Washington v. Glucksberg*, U.S., No. 96–110, WL 348094 (1997).

657 Vgl. Dylan Lowe, ABA J., September 1997, S. 48 ff.

658 *Cruzan v. Director, Missouri Department of Health*, 497 U.S. 261 (1990).

659 *Washington v. Glucksberg*, U.S., No. 96–110, WL 348094 (1997).

dem Schutz des Einzelnen bzw. einer Minderheit dient und den verfassungsrechtlichen Grundsätzen der Volkssouveränität und der Gewaltenteilung entspricht.[660]

Von besonderem Interesse wird deshalb sein, wie der Supreme Court generell in Zukunft seine Rolle gegenüber den beiden anderen staatlichen Gewalten definieren wird. Im Rahmen des Rechtes auf Privatsphäre und des Freiheitskonzepts des 14. Zusatzartikels zeigen die neueren Entscheidungen *Bowers v. Hardwick,*[661] *Planned Parenthood of Southeastern Pennsylvania v. Casey*[662] und *Washington v. Glucksberg*[663] eine starke Tendenz zur Theorie einer richterlichen Zurückhaltung. Die Etablierung eines neuen unbenannten Verfassungsrechtes im *right of privacy and liberty* entgegen der Geschichte und Tradition ist damit in der derzeitigen Besetzung des Supreme Court sehr unwahrscheinlich.

Unklar ist hingegen, ob das höchste amerikanische Gericht auch im Rahmen anderer Verfassungsartikel gleichermaßen restriktiv vorgehen und richterliche Zurückhaltung bei der Überprüfung staatlicher Maßnahmen üben wird. Weiterhin zu prüfen ist deshalb, ob ein *right to die* nicht aus anderen Rechtsquellen abgeleitet werden kann. Mit einem Aspekt dieser Frage hat sich der Supreme Court bereits in der Entscheidung *Vacco v. Quill*[664] auseinandergesetzt, als er die Vereinbarkeit der gesetzlichen Regelung der Sterbehilfe des Bundesstaates New York mit dem Gleichheitsgebot überprüfte.

E. Das Gleichheitsgebot des 14. Zusatzartikels

Der 14. Zusatzartikel enthält das Gleichheitsgebot und damit die Verpflichtung des Staates, Personen in gleicher Situation gleich zu behandeln. Die amerikanischen Gerichte prüfen einen Verstoß gegen das Gleichheitsgebot ähnlich der deutschen Vorgehensweise.[665] Zunächst wird ermittelt, ob eine staatliche Maßnahme eine Gruppe von Personen in einer bestimmten Lage ungleich behandelt. Hieran schließt sich die Frage an, ob ein hinreichend sachlicher Grund für diese Ungleichbehandlung vorliegt. Die Gerichte überprüfen die Gründe für einen staatlichen Eingriff nach einem strengen Maßstab (*strict scrutiny test*), wenn eine sogenannte „verdächtige" Klassifizierung (*suspect classification*) vorliegt oder eine Maßnahme in ein fundamentales Recht des Klägers eingreift.[666]

---

660 Vgl. hierzu auch die Ausführungen in Teil 3 (D VI 2 c); zur Problematik der Gewaltenteilung vgl. auch Giegerich, Die Privatwirkung der Grundrechte in den USA, S. 172 ff.

661 *Bowers v. Hardwick,* 478 U.S. 186 (1986).

662 *Planned Parenthood of Southeastern Pennsylvania v. Casey,* 112 S.Ct. 2791 (1992).

663 *Washington v. Glucksberg,* U.S., No. 96 – 110, WL 348094 (1997).

664 *Vacco v. Quill,* U.S., No. 95 – 1858, Lexis 4038 (1997).

665 Zum deutschen Recht siehe: Schwalm, Grundrechte, Rn. 532; v. Münch / Gubelt, GG-Kommentar, Art. 3 Rn. 11.

Das Kriterium der „Verdächtigkeit" wurde vom Supreme Court zunächst hinsichtlich Klassifizierungen nach der Rasse entwickelt. In der Entscheidung *Korematsu v. United States*[667] aus dem Jahr 1944 führte das Gericht aus: „Alle rechtlichen Beschränkungen, die die bürgerlichen Rechte einer einzelnen rassischen Gruppe beschneiden, sind unmittelbar *verdächtig:* Damit soll nicht gesagt sein, daß alle solche Beschränkungen verfassungswidrig sind. Gemeint ist, daß Gerichte solche Beschränkungen der strengsten Prüfung unterziehen müssen. Eine drängende öffentliche Notwendigkeit kann manchmal Tatsachen solcher Beschränkungen rechtfertigen; rassischer Antagonismus dagegen nie."[668] Seither wenden die Gerichte bei den sogenannten verdächtigen Klassifizierungen nach Rasse oder nationaler Herkunft sowie bei einem Eingriff in fundamentale persönliche Rechte den *strict scrutiny test* an.[669] Solche Klassifizierungen sind nur dann aufrechtzuerhalten, wenn sie „zur Verwirklichung eines zwingenden, überragenden öffentlichen Interesses notwendig" sind.[670] Die Anwendung des *strict scrutiny test* führt dann meist zur Verfassungswidrigkeit. Bei unverdächtigen Klassifizierungen oder bei einem Eingriff in nicht-fundamentale Rechte wenden die Gerichte den *rational basis test* an. Ein Eingriff ist dann verfassungskonform, wenn für die staatliche Ungleichbehandlung rational nachvollziehbare Gründe vorliegen. Dazwischen liegen die sogenannten quasi-verdächtigen Klassifizierungen nach Geschlecht, Unehelichkeit und Fremdenstatus, bei denen ein mittlerer Prüfungsmaßstab angewandt wird.[671] In der amerikanischen Diskussion war nunmehr mit Spannung erwartet worden, wie und anhand welchen Prüfungsmaßstabes die Gerichte einen Gleichheitsverstoß bei der Problematik der Sterbehilfe beurteilen würden.

In den USA liegen nunmehr zwei Entscheidungen zur Sterbehilfe vor, welche den Gleichheitsgrundsatz betrafen. In der Entscheidung *Lee v. Oregon*[672] hatte ein Federal District Court im Staat Oregon die Frage zu entscheiden, ob der Gesetzesentwurf *The Oregon Death with Dignity Act* in verfassungswidriger Weise bestimmte Patienten vom staatlichen Schutz vor Selbsttötung ausnahm. In der Leitentscheidung *Vacco v. Quill*[673] beschäftigte sich der Supreme Court mit der vieldis-

666 Vgl. Brugger, Grundrechte, S. 164; ders., Einführung in das öffentliche Recht, S. 118.

667 *Korematsu v. United States,* 323 U.S. 214 (1944).

668 A.a.O., 216; vgl. die Übersetzung von Brugger, Grundrechte, S. 172.

669 „Die idealtypische verfassungsrechtliche „Verdächtigkeit" rassischer Klassifizierungen – historisch gesehen vor allem Diskriminierungen im Hinblick auf Schwarze – rührt daher, daß durch sie (1) an ein unveränderbares Persönlichkeitsmerkmal angeknüpft wird; (2) daß gegen Schwarze eine Geschichte bewußter staatlicher und gesellschaftlicher Diskriminierung vorliegt; (3) daß diese Gruppen sozial stigmatisiert wurde und Vorurteile gegen sie herrschen; (4) daß es sich bei Schwarzen um eine leicht identifizierbare und sozial isolierte Gruppe handelt." Brugger, ZRP 1987, S. 52 (54).

670 Brugger, Grundrechte S. 173.

671 A.a.O.

672 *Lee v. Oregon,* 891 F. Supp. 1429 (1995).

673 *Vacco v. Quill,* U.S., No. 95 – 1858, Lexis 4038 (1997).

kutierten Frage, ob die strafrechtliche Unterscheidung der Bundesstaaten zwischen der legalen passiven Sterbehilfe und der strafbaren Beteiligung an der Selbsttötung von den Gesetzgebern nicht willkürlich und damit verfassungswidrig getroffen worden war.

I. Die Überprüfung der legislativen Freigabe der Beteiligung an der Selbsttötung – *Lee v. Oregon*

In der Entscheidung *Lee v. Oregon*[674] erklärte ein Federal District Court im Staat Oregon, daß der Gesetzesentwurf *The Oregon Death with Dignity Act* des Staates Oregon nicht mit dem Gleichheitsgebot des 14. Zusatzartikels vereinbar sei.

Im Juli 1995 war in Oregon in einer Volksabstimmung durch *Measure 16* der Gesetzesentwurf *The Oregon Death with Dignity Act* mit einer Mehrheit von 51 zu 49 Prozent der Abstimmungsberechtigten angenommen worden. Das Gesetz stellte unter bestimmten Voraussetzungen die Verschreibung einer tödlichen Dosis an Medikamenten durch einen Arzt für terminal erkrankte Patienten von Strafe frei.[675] Die im Gesetz verankerten Sicherheitsvorkehrungen verlangten, daß es sich um einen volljährigen und entscheidungsfähigen Bürger des Staates Oregon handelte, welcher terminal erkrankt war und nach Ansicht von zwei voneinander unabhängigen Ärzten eine Lebenserwartung von weniger als sechs Monaten hatte.[676] Der Patient mußte medizinisch aufgeklärt worden sein und zwei mündliche sowie in Gegenwart von zwei Zeugen eine weitere schriftlichen Bitte um Hilfe bei der Selbsttötung geäußert haben. Das Gesetz umfaßte zudem eine Wartezeit, genaue Bestimmungen über die Person der Zeugen und die Aufklärungspflicht des behandelnden Arztes. Gegen das Gesetz hatte sich unmittelbar nach der Bekanntgabe des Abstimmungsergebnisses eine Klägergemeinschaft, bestehend aus zwei entscheidungsfähigen terminal erkrankten Patienten, zwei Hospizeinrichtungen und zwei Ärzten gewandt.[677] Sie hatte geltend gemacht, daß der Gesetzesentwurf in verfassungswidriger Weise bestimmte Patienten von dem staatlichen Schutz vor Selbsttötungen ausnehme.[678] Nachdem Richter Hogan kurz nach der Volksabstimmung in einem einstweiligen Verfahren zunächst die Inkraftsetzung des Gesetzes verhindert hatte,[679] erklärte er im August 1995 die aktuelle Fassung des Gesetzes für unvereinbar mit dem Gleichheitsgrundsatz des 14. Zusatzartikels.[680]

---

674 *Lee v. Oregon,* 891 F. Supp. 1429 (D. Or. 1995).

675 *The Oregon Death with Dignity Act,* in Beauchamp / Veatch, Ethical Issues, S. 199–206 (1995).

676 A.a.O.

677 *Lee v. Oregon,* 891 F. Supp. 1421, 1429, 1431–1434 (D. Or. 1995).

678 A.a.O., 1433 f.

679 *Lee v. Oregon,* 869 F. Supp. 1491 (D. Or. 1994).

680 *Lee v. Oregon,* 891 F. Supp. 1429 (D. Or. 1995).

In der Begründung stellte der Richter zunächst eine Ungleichbehandlung insoweit fest, als das Gesetz die Gruppe der terminal erkrankten Patienten im Gegensatz zu nicht-terminal erkrankten Patienten von dem staatlichen Schutz vor Selbsttötung ausnehme.[681] Ohne nähere Begründung wandte das Gericht den *rational basis test* an und überprüfte, ob es für diese Ungleichbehandlung rationale Gründe gebe. Das Gericht rekurrierte auf die von dem beklagten Staat Oregon geltend gemachten Gründe: (1) Vermeidung von unnötigen Schmerzen und Leiden, (2) Schutz und Ausweitung des Rechtes eines entscheidungsfähigen Erwachsenen, eigene gesundheitliche Entscheidungen zu treffen, (3) Vermeidung von tragischen Fällen der versuchten oder vollendeten Selbsttötung in einer weniger humanen und würdevollen Art, (4) Schutz der terminal Erkrankten und ihrer Angehörigen vor ungewollten finanziellen Bürden und (5) Schutz der terminal Erkrankten und ihrer Angehörigen vor einem ungewollten Eingriff in ihre persönlichen Angelegenheiten durch Polizei und andere Staatsorgane.[682] Nach Ansicht des Gerichts waren dies zumindest rational vertretbare Gründe für eine generelle Differenzierung. Dies eröffne die Möglichkeit, bestimmte entscheidungsfähige terminal erkrankte Personen nicht mehr gegen die Vornahme eines Suizids zu schützen.[683]

Obwohl daher nach Ansicht des Gerichts eine Differenzierung zwischen verschiedenen Gruppen von Patienten grundsätzlich rechtmäßig sein kann, genüge die aktuelle Fassung des Gesetzesentwurfes *The Oregon Death with Dignity Act* nicht den verfassungsrechtlichen Ansprüchen des Gleichheitsgebotes. Da die Unterscheidung auch zahlreiche Risiken berge, müsse ein Gesetz sicherstellen, daß nur ganz bestimmte terminal erkrankte Patienten vom staatlichen Schutz ausgenommen werden. *The Oregon Death with Dignity Act* enthalte aber nicht genügend Sicherheitsvorkehrungen, so daß zwischen entscheidungsfähigen, entscheidungsunfähigen und unzulässigerweise beeinflußten Patienten nicht klar differenziert werden könne.[684] Nach Ansicht des Gerichts war die derzeitige Fassung des Gesetzesentwurfes an drei Punkten verfassungsrechtlich unzureichend.

Zum einen werde durch *The Oregon Death with Dignity Act* festgelegt, daß der Selbsttötungswunsch des Patienten durch den behandelnden Arzt diagnostiziert werde. Das Gesetz versäume es aber sicherzustellen, daß der Arzt für die Diagnose auch über ausreichende psychologische Kenntnisse und Wissen verfüge oder daß der Wunsch von einem entscheidungsfähigen Dritten auf seine Ernsthaftigkeit evaluiert werde, denn der Wunsch zu sterben beruhe oftmals auf einer behandelbaren Depression und nicht auf dem freien Willen des Patienten.[685]

Zum anderen erfordere das Gesetz nur, daß der Arzt die Diagnose im guten Glauben (*good faith*) stelle.[686] Dieser Maßstab sei aber nicht ausreichend, da auch

---

681 A.a.O., 1438.

682 A.a.O., 1434.

683 A.a.O.

684 A.a.O., 1438.

685 A.a.O., 1435 f.

der Arzt im Falle einer fahrlässigen Fehldiagnose des Zustandes seines Patienten oder der fahrlässigen Verschreibung einer tödlichen Dosis an Medikamenten von Strafe freigestellt werde.[687]

Schließlich stelle *The Oregon Death with Dignity Act* nicht sicher, daß der Patient zum Zeitpunkt der Einnahme der tödlichen Dosis an Medikamenten nach wie vor entscheidungsfähig sei.[688] So dürfe der Arzt nach dem Gesetz Medikamente verschreiben, die der Patient erst Wochen oder Monate später ohne den Schutz des Gesetzes einnehmen könne. Zu diesem Zeitpunkt bestehe aber die Möglichkeit, daß der Wunsch des Patienten zu sterben bereits nicht mehr auf dessen freiem Willen beruhe.[689]

Aufgrund dieser drei Punkte kam das Gericht zu dem Schluß, daß der Gesetzesentwurf den Schutz der terminal erkrankten Patienten nicht in ausreichendem Maße sichere und damit verfassungswidrig sei.[690]

Das Urteil wurde sehr ambivalent aufgenommen. Kritisiert wurde unter anderem, daß das Gericht nicht geprüft habe, ob die Beteiligung an der Selbsttötung ein fundamentales Recht sei und damit der *strict scrutiny test* anzuwenden gewesen wäre.[691] Die Entscheidung enthalte auch keine konkreten Vorgaben, welche Sicherheitsvorkehrungen nach Ansicht des Gerichts erforderlich gewesen wären, um einen Verfassungsverstoß zu vermeiden.[692] Schließlich wurde kritisiert, daß schon die Anwendung des Gleichheitsgebotes auf die gesetzliche Freigabe der Beteiligung an der Selbsttötung unzulässig war, denn die Freigabe der Sterbehilfe sei keine Belastung, sondern eine gesetzliche Wohltat.[693]

Der Staat Oregon legte gegen das Urteil Berufung ein. Im Februar 1997 entschied das Bundesberufungsgericht des 9. Gerichtsbezirks, daß die Klage schon mangels Klagebefugnis (*standing and ripeness*)[694] nicht zulässig gewesen sei, weil die Kläger und Berufungsbeklagten im Prozeß ihre aktuelle und tatsächliche Betroffenheit durch das Gesetz nicht hinreichend dargelegt hätten.[695] Im Oktober 1997 lehnte der U.S. Supreme Court die Annahme des Falles ohne nähere Begründung ab.[696]

---

686 *The Oregon Death with Dignity Act,* in Beauchamp / Veatch, Ethical Issues, S. 199–206 (1995).

687 *Lee v. Oregon,* 891 F. Supp. 1429, 1436 f. (1995).

688 A.a.O., 1437.

689 A.a.O.

690 A.a.O., 1429.

691 Tarnow, 4 Elder L.J. 407, 443 (1996); Manning, 9 Harv. J. of L.& Tech., 71 (1996).

692 Martino, 41 N.Y.L. Sch. L. Rev. 285, 297 (1996).

693 Manning, 9 Harv. J. of L.& Tech., 136 (1996).

694 Vgl. zu beiden Begriffen: Brugger, Einführung in das öffentliche Recht, S. 17 f.

695 *Lee v. Oregon,* 107 F. 3d 1382, 1387 ff. (1997).

696 Coppieters, Way cleared for Oregon assisted-suicide law, Internetdokument auf Server www.oricom.ca (Coppieters 1997).

Der Gesetzgeber des Staates Oregon legte aber im November 1997 durch das Referendum *Measure 51* den *The Oregon Death with Dignity Act* noch einmal zur Abstimmung vor. Hierbei sprach sich eine Mehrheit von 60 zu 40 Prozent der Wahlberechtigten dafür aus, den Gesetzesentwurf unverändert in Kraft treten zu lassen.[697] Die hiergegen eingelegte Klage blieb erfolglos, weil sich Richter Hogan nunmehr der Ansicht des Berufungsgerichtes anschloß und die Klage mangels Klagebefugnis für unzulässig erklärte.[698] Gleichzeitig ließ er aber offen, ob eine modifizierte Klage nicht doch Aussicht auf Erfolg hätte.[699]

Bei einer erneuten Klage wäre jedoch zu beachten, daß der Supreme Court im Juni 1997 mit der Entscheidung *Vacco v. Quill*[700] bereits eine Leitentscheidung über die grundlegende Problematik des Gleichheitsgrundsatzes im Rahmen der Sterbehilfe erlassen hat.

II. Die Entscheidung des Supreme Court – *Vacco v. Quill*

In *Vacco v. Quill*[701] hatte der Supreme Court zu entscheiden, ob das im Staat New York geltende gesetzliche Verbot der Beteiligung an einer Selbsttötung gegen das Gleichheitsgebot des 14. Zusatzartikels verstieß. Entscheidungsfähige und terminal erkrankte Patienten durften nach den Regelungen des Staates New York mit Hilfe ihres Arztes zwar lebenserhaltende medizinische Maßnahmen verweigern oder abbrechen, jedoch war die Hilfe zur Selbsttötung oder versuchten Selbsttötung gesetzlich unter Strafe gestellt.[702]

Die Kläger waren drei im Bundesstaat New York praktizierende Ärzte.[703] Sie hatten geltend gemacht, daß sie durch die strafrechtliche Regelung daran gehindert

697 Taylor, Suicide Watch, Internetdokument auf Server www.abcnews.com (Taylor, 1998).

698 Pro-life Infonet, Oregon Assisted Suicide Law back in Court, www.euthanasia.com (prolife.org. 1998).

699 A.a.O.

700 *Vacco v. Quill*, U.S., No. 95–1858, Lexis 4038 (1997).

701 A.a.O.

702 N.Y. Penal Law § 125.15 (McKinney 1987) („Manslaughter in the second degree"):
„A person is guilty of manslaughter in the second degree when ...(3) he intentionally causes or aids another person to commit suicide. Manslaughter in the second degree is a class C felony."
Section 120.30 („Promoting a suicide attempt"):
„A person is guilty of promoting a suicide attempt when he intentionally causes or aids another person to attempt suicide. Promoting a suicide attempt is a class E felony."

703 In den Vorinstanzen waren noch drei terminal erkrankte entscheidungsfähige Patienten an der Klägergemeinschaft beteiligt, welche aber während des Prozesses verstarben. Die Klägerin Jane Roe konnte aufgrund eines Krebstumors im Rachen nur noch flüssige Nahrung in kleinen Mengen zu sich nehmen. Die Patienten George Kinsley und William Barth waren an Aids erkrankt und litten an mehreren Folgekrankheiten. Die drei Patienten waren terminal

würden, einem entscheidungsfähigen terminal erkrankten Patienten eine tödliche Dosis an Medikamenten auf Wunsch zu verschreiben, obgleich dieses Verhalten ihrer Ansicht nach mit den medizinischen Standesregeln vereinbar sei. Die Ärzte hatten deshalb u. a. angeführt, daß das Gesetz in verfassungswidriger Weise innerhalb der Klasse der entscheidungsfähigen, terminal erkrankten Patienten unterscheide. So dürften terminal erkrankte Patienten, welche von künstlich lebensverlängernden Maßnahmen abhängig seien, ihren Tod durch Maßnahmen der passiven Sterbehilfe beschleunigen. Terminal erkrankten Patienten aber, welche nicht von Apparaten abhängig seien, werde die Beschleunigung ihres Todes verboten. Diese Ungleichbehandlung beruhe auf keinem rationalen Grund, sondern sei vom Gesetzgeber willkürlich festgelegt worden. Die strafrechtliche Regelung entspreche deshalb nicht dem Gleichheitsgebot des 14. Zusatzartikels.

1. Die Entscheidungen der Vorinstanzen

Der Federal District Court des Staates New York[704] verwarf als erste Instanz die Klage. Nach Ansicht des Gerichts handele der Staat weder grundlos noch irrational, wenn er zwischen der bloßen Erlaubnis, der Natur auch in schweren Situationen ihren natürlichen Lauf zu lassen, und der vorsätzlichen (aktiven) Beibringung von tödlichen Hilfsmitteln differenziere.[705] So habe der Staat New York ein offensichtlich legitimes Interesse, den Wert des menschlichen Lebens einerseits und den Kreis der betroffenen Personen andererseits zu schützen. Die Entscheidung über die Ausgestaltung dieser Problematik müsse dem demokratischen Prozeß der Bundesstaaten überlassen bleiben.[706]

Das Bundesberufungsgericht des 2. Gerichtsbezirks[707] hob das Urteil des District Court einstimmig auf. Ein Verstoß gegen das Gleichbehandlungsgebot liege darin, daß das Gesetz entscheidungsfähige Personen, welche sich im Endstadium einer Krankheit befinden und die Beschleunigung ihres Todes wünschten, in verfassungsrechtlich unzulässiger Weise ungleich behandele. Zwar dürften terminal erkrankte Patienten ihren Tod dadurch beschleunigen, daß lebensrettende Systeme entfernt werden. Terminal erkrankten Patienten, welche zwar nicht an eine lebensrettende Maschine angeschlossen seien, sich aber ansonsten in einer vergleichbaren Situation befänden, sei es aber verwehrt, durch Einnahme ärztlich verschriebener Medikamente ihren Tod zu beschleunigen. Der Abbruch von le-

---

erkrankt und litten unter starken schmerzhaften Nebenwirkungen der Therapie, welche medikamentös nicht vollständig beseitigt werden konnten. *Vacco v. Quill*, Brief of Respondents, WL 708912, Absatz 5 (1996).

704 *Quill v. Koppell*, 870 F. Supp. 78 (S.D.N.Y. 1994).

705 A.a.O., 84.

706 A.a.O., 84 f.

707 *Quill v. Vacco*, 80 F.3d 716 (1996).

bensrettenden Behandlungsmaßnahmen sei aber nicht mehr und nicht weniger eine Lebensbeendigung als die Hilfe bei der Selbsttötung. In einem dictum gingen zwei der drei Richter sogar noch einen Schritt weiter und erklärten, daß der Staat New York auch in Zukunft eine ähnliche Regelung nicht mit anderer Begründung in Kraft setzen dürfe.

2. Das Urteil des Supreme Court

Der Supreme Court hob in *Vacco v. Quill*[708] die Entscheidung des Berufungsgerichtes einstimmig auf und erklärte das Gesetz des Bundesstaates New York für vereinbar mit dem Gleichheitsgebot des 14. Zusatzartikels.[709]

In der Begründung führte Richter Rehnquist für das Gericht aus, daß es schon an dem Erfordernis der Ungleichbehandlung fehle.[710] Mit der Argumentation der Beschwerdeführer[711] stellte das Gericht darauf ab, daß die strafrechtliche Regelung auf alle Personen des Staates New York gleichermaßen anwendbar sei. Alle Personen hätten im Staat New York gleichermaßen das Recht, ungewollte medizinische Maßnahmen abzubrechen, nicht aber ein Recht auf Hilfe oder Beteiligung an einer Selbsttötung.[712] Deshalb differenziere das Gesetz des Staates New York nicht zwischen verschiedenen Personen oder Situationen.[713]

Eine Ungleichbehandlung wäre nach Ansicht des Supreme Court aber auch sachlich gerechtfertigt gewesen. Da das Gesetz des Staates New York weder ein fundamentales Recht verletze noch eine „verdächtige Klassifizierung" enthalte, wäre der *rational basis test* anzuwenden gewesen.[714] Entgegen der Ansicht des Berufungsgerichtes gibt es nach Ansicht des Supreme Court sachliche Gründe, rechtlich zwischen dem Abbruch von Behandlungsmaßnahmen und der Beteiligung an einer Selbsttötung zu unterscheiden.[715] Eine solche Unterscheidung werde in der Medizin und in der rechtlichen Tradition anerkannt und vom Gericht als wichtig und logisch bewertet. Sie sei in jedem Fall rational begründbar.[716]

So beruhe die gesetzliche Differenzierung zwischen der Hilfe bei einer Selbsttötung und der passiven Sterbehilfe auf den zwei gesetzlichen Prinzipien der Kausal-

---

708 *Vacco v. Quill*, U.S., No. 95 – 1858, Lexis 4038 (1997).

709 A.a.O., Absatz 5.

710 A.a.O., Absatz 10.

711 *Vacco v. Quill*, Reply of Petitioners, WL 739259, Absatz 18 (1996); Brief of Petitioners, WL 348037, Absatz 15 ff. (1996).

712 A.a.O.

713 *Vacco v. Quill*, U.S., No. 95 – 1858, Lexis 4038, Absatz 10 (1997).

714 A.a.O.

715 A.a.O.

716 A.a.O., Absatz 12.

ität und des Vorsatzes.[717] Im Fall der passiven Sterbehilfe versterbe der Patient an seiner tödlichen Krankheit (*letting die*); hingegen werde der Patient im Falle der Beteiligung an einer Selbsttötung durch die gegebenen künstlichen Medikamente getötet (*killing*).[718] Neben dem Kausalverlauf seien aber auch die zugrundeliegende Motivation und der Vorsatz des Arztes in beiden Fällen unterschiedlich und rechtfertigten eine gesetzliche Differenzierung.[719] So respektiere der Arzt im Fall einer passiven Sterbehilfe lediglich den Wunsch des Patienten und nehme Abstand von unnützen, überflüssigen oder entwürdigenden Behandlungen, wenn der Patient nicht länger von diesen profitiere. Insbesondere im Fall der Medikamentierung mit Doppelwirkung sei die primäre Absicht des Arztes darauf gerichtet, die Schmerzen des Patienten zu lindern, nicht aber seinen Tod zu beschleunigen. Bei der Hilfe zu einer Selbsttötung hingegen müsse der Arzt notwendigerweise und unzweifelhaft den Tod des Patienten beabsichtigen. Auch die Motivation des Patienten könne sich in beiden Fällen unterscheiden. So habe der Patient im Fall der passiven Sterbehilfe nicht notwendigerweise den Wunsch zu sterben, während er im Fall der Einnahme einer tödlichen Dosis an Medikamenten mit der Hilfe eines Arztes die direkte Absicht habe, sein Leben zu beenden.[720]

Richter Rehnquist wandte sich schließlich gegen die Argumentation der Beschwerdegegner, daß ein rationaler Grund schon deshalb nicht zu erkennen sei, weil in beiden Fällen der Tod des Patienten beschleunigt werde und mithin das Ergebnis der Handlung dasselbe sei.[721] Nach Ansicht des Gerichts zeigt die ständige Rechtspraxis, daß zwei Akte hinsichtlich Vorsatz und Absicht des Handelnden gesetzlich unterschieden werden dürften, auch wenn sie zum gleichen Ergebnis führen könnten.[722] Für eine Unterscheidung spreche zudem, daß sie nicht nur in der Rechtspraxis des Staates New York, sondern auch in allen übrigen Bundesstaaten zu finden sei.[723] Der Staat New York habe zudem die Differenzierung durch eine speziell einberufene *Task Force* im Jahr 1994 noch einmal ausdrücklich bestätigt.[724] Der Supreme Court selbst habe implizit in der Entscheidung *Cruzan v. Director, Missouri Department of Health*[725] die Unterscheidung zwischen der passiven Sterbehilfe und der Hilfe zur Selbsttötung anerkannt.[726] So beruhe *Cruzan v. Director, Missouri Department of Health*[727] nicht auf einem generellen und ab-

---

717 A.a.O., Absatz 13.

718 A.a.O.

719 A.a.O., Absätze 13 f.

720 A.a.O., Absatz 14.

721 *Vacco v. Quill*, Brief of Respondents, WL 708912, Absätze 44 ff. (1996).

722 *Vacco v. Quill*, U.S., No. 95 – 1858, Lexis 4038, Absatz 15 (1997).

723 A.a.O., Absatz 19.

724 A.a.O., Absatz 20.

725 *Cruzan v. Director, Dept. of Health*, 497 U.S. 261, 278 (1990).

726 *Vacco v. Quill*, U.S., No. 95 – 1858, Lexis 4038, Absätze 21 f. (1997).

727 *Cruzan v. Director, Missouri Department of Health*, 497 U.S. 261 (1990).

strakten Recht des Patienten, das Eintreten seines Todes zu beschleunigen, sondern auf dem etablierten traditionellen (Abwehr-)Recht auf körperliche Unversehrtheit und der Freiheit vor ungewollter Berührung. Diese Abwehrrechte seien aber kategoriell verschieden von einem Recht auf aktive Vornahme einer Selbsttötung.

Schließlich verwies Richter Rehnquist auf die schon in *Washington v. Glucksberg*[728] aufgeführten Interessen des Staates, welche zumindest rationale Gründe des Gesetzgebers seien: das Verbot der vorsätzlichen Tötung und der Schutz des Lebens; die Verhinderung von Selbsttötungen; die Erhaltung der Rolle des Arztes als Heiler; der Schutz betroffener Personen vor Gleichgültigkeit, Vorurteilen und psychologischem sowie vor finanziellem Druck, ihr Leben zu beenden; die Vermeidung eines möglichen Dammbruchs hin zur aktiven Sterbehilfe.[729] Der gesetzlichen Regelung des Staates New York lägen damit zumindest rationale Gründe für eine Ungleichbehandlung vor.

Gegen Ende der Entscheidung machte das Gericht jedoch in einer Fußnote die interessante Anmerkung, daß zumindest in Einzelfällen die Anwendung des Gesetzes verfassungswidrig sein könnte.[730] Jedoch waren im konkreten Fall die vorgelegten Argumente nach Ansicht des Gerichts nicht ausreichend, einen solchen Verfassungsverstoß nachzuweisen.[731]

3. Analyse und Kritik

In *Vacco v. Quill*[732] hat der Supreme Court bezüglich der gesetzlichen Differenzierung zwischen passiver Sterbehilfe und der Beteiligung an einer Selbsttötung das Vorliegen eines Verstoßes gegen das Gleichheitsgebot abgelehnt.

Hierbei hat das Gericht schon im ersten Prüfungsschritt das Erfordernis einer Ungleichbehandlung abgelehnt, weil das Gesetz auf alle Bürger des Staates New York gleichermaßen anwendbar sei. Diese Wahl der Vergleichsgruppen und die diesbezügliche Argumentation des Supreme Court vermag jedoch nicht zu überzeugen. So wiederholt das Gericht hier nur die allgemeine strafprozessuale Aussage, daß eine strafrechtliche Regelung wie das Verbot der Beteiligung an der Selbsttötung auf alle Personen innerhalb des jeweiligen Geltungsgebietes der Norm anwendbar ist. Dieses reduzierte Verständnis des Gleichheitsgebotes als bloße Rechtsanwendungsgleichheit wurde aber immer vom Supreme Court selbst als nicht ausreichend angesehen und unter Hinweis auf die weitergehende historische Absicht des 14. Zusatzartikels abgelehnt.[733]

---

728 *Washington v. Glucksberg*, U.S., No. 96–110, WL 348094 (1997).

729 *Vacco v. Quill*, U.S., No. 95–1858, Lexis 4038, Absätze 24 f. (1997).

730 A.a.O., Absatz 25, Fn. 13.

731 Die abweichenden Voten der Richter O'Connor, Breyer, Stevens und Souter stimmen mit denen im Fall *Washington v. Glucksberg* überein. A.a.O., Absätze 2–59.

732 *Vacco v. Quill*, U.S., No. 95–1858, Lexis 4038 (1997).

Die entscheidende Frage muß deshalb sein, ob sich aus der Anwendung des Gesetzes eine rechtliche Benachteiligung einer bestimmten Personengruppe ergibt.[734] Das Gesetz des Bundesstaates New York unterscheidet innerhalb der Klasse aller entscheidungsfähigen terminal erkrankten Patienten dahingehend, auf welche Art und Weise sie das Eintreten ihres Todes beschleunigen wollen. Dies stellt zumindest eine relevante Klassifizierung im Sinne des Gleichheitsgebotes dar. Damit wäre es notwendig gewesen zu überprüfen, ob die im Gesetz des Staates New York getroffene Unterscheidung in ein fundamentales Recht eingreift und durch sachliche Gründe gerechtfertigt ist.

Der Supreme Court hat dann überprüft, ob rationale Gründe für die gesetzliche Unterscheidung vorliegen. Die Validität der Gründe für die Unterscheidung zwischen der passiven Sterbehilfe und der Beteiligung an der Selbsttötung ist in der Literatur heftig umstritten.[735] Die vom Supreme Court angeführten Gründe des unterschiedlichen Kausalitätsverlaufs und der Intention des Arztes werden von Teilen der Lehre als nicht hinreichend qualifiziert.[736]

So wird argumentiert, daß der Tod auch im Fall der passiven Sterbehilfe keineswegs immer aufgrund der „natürlichen" Krankheit des Patienten eintrete, sondern oft künstlich herbeigeführt werde.[737] So führe die Unterbrechung der künstlichen Nahrungszufuhr zum Verhungern des Patienten, die Unterbrechung der künstlichen Flüssigkeitszufuhr zum Verdursten und der Abbruch künstlicher Beatmung zum Atemstillstand.[738] Der Tod des Patienten beruhe in diesen Fällen deshalb gerade nicht auf der unterliegenden Krankheit, sondern basiere direkt auf der künstlichen Unterbrechung der Behandlungsmaßnahmen.[739] Auch der Vorsatz der Beteiligten sei in beiden Fällen gleich. Er richte sich im Ergebnis darauf, dem Patienten einen einfachen und humanen Tod zu ermöglichen.[740]

Kernargument dieser Ansicht ist aber, daß kein moralischer Unterschied zwischen der passiven Sterbehilfe und der Beteiligung an einer Selbsttötung zu erkennen sei.[741] So sei der Sinn der Sterbehilfe, schwer leidenden Patienten zu einem Ende ihrer Leiden und Schmerzen zu verhelfen und sie in Frieden aus dem Leben scheiden zu lassen. In vielen Fällen führe die Beteiligung an der Selbsttötung zu einem schnelleren und weniger schmerzhaften Tod als die passive Sterbehilfe,

---

733 Vgl. Brugger, Einführung in das öffentliche Recht, S. 116.

734 A.a.O.

735 Schanker, 68 Ind. L.J. 977, 984 (1993); Martyn/Bourguignon, 85 Cal. L. Rev. 371, 385 (1997).

736 A.a.O.; vgl. Meisel, 24 Fordham U. L.J. 817, 832 ff. (1997).

737 *Vacco v. Quill*, Brief of Respondents, WL 708912, Absatz 46 (1996).

738 A.a.O.

739 A.a.O., Absätze 44–48.

740 A.a.O., Absatz 45.

741 Rachels, Active and Passive Euthanasia, Beauchamp/Veatch, Ethical Issues, S. 106, 108 ff.; ders., The End of Life, S. 108.

weshalb es schon deshalb moralisch und rechtlich verfehlt sei, zwischen beiden Formen der Sterbehilfe zu unterscheiden.[742]

Die entgegengesetzte Ansicht in der Literatur weist darauf hin, daß die Unterscheidung beider Fallgruppen in der öffentlichen Diskussion sowie von den meisten Medizinern in den USA anerkannt und Bestandteil der amerikanischen Standesregeln für Ärzte ist.[743] Die Unterscheidung beruhe auf dem unterschiedlichen Kausalverlauf und der abweichenden Intention des Arztes.[744] Zudem existiere auch ein erheblicher moralischer Unterschied. Das Verbot der aktiven und vorsätzlichen Tötung eines Menschen sei eine feste moralische und soziale Norm, die auch weiterhin Bestand haben müsse. Durch eine Freigabe der Hilfe bei der Selbsttötung würde es Ärzten dagegen erlaubt, vorsätzlich den Tod eines Patienten herbeizuführen und damit die feste moralische Norm des Fremdtötungsverbotes zu unterlaufen.

Schon ein Blick auf die deutsche Rechtslage, in der das entscheidende Kriterium für eine Strafbarkeit die Ausführung des Finalaktes ist, verdeutlicht, daß die amerikanische Wertung nicht zwingend ist. Zuzustimmen ist dem Supreme Court darin, daß mit den Kriterien des Kausalverlaufes und des Vorsatzes zumindest zwei Gründe vorliegen, welche nicht als irrational beurteilt werden können. Damit stellt sich aber parallel zu der oben dargelegten Problematik auch hier die grundlegende Frage, ob eine rechtliche Differenzierung der Fallgruppen und damit die rechtliche Ausgestaltung der Beteiligung an einer Selbsttötung von der Judikative oder der Legislative entschieden werden soll. Denn eine Verwerfung der gesetzlichen Regelungen wäre nur unter Anwendung des *strict scrutiny test* und damit unter Annahme eines fundamentalen *right to die* möglich gewesen. Ein solches fundamentales Recht kann aber allein aus dem Gleichheitsgebot nicht abgeleitet werden, sondern muß sich aus anderen verfassungsrechtlichen Normen ergeben. Da der Supreme Court die Existenz eines *right to die* im Recht auf medizinische Selbstbestimmung generell nicht anerkannt hat, konnte er im Fall des Gleichheitsgebotes auch den *strict scrutiny test* nicht anwenden. Die grundsätzliche rechtliche Ausgestaltung bleibt somit im Rahmen einer richterlichen Überprüfung nach dem *rational basis test* dem Gesetzgeber vorbehalten.

---

742 A.a.O.

743 „The intentional termination of the life of one human being by another – mercy killing – is contrary to that for which the medical profession stands and is contrary to the policy of the American Medical Association. The cessation of the employment of extraordinary means to prolong the life of the body when there is irrefutable evidence that biological death is imminent is the decision of the patient and / or his immediate family. The advice and judgement of the physician should be freely available to the patient and / or his immediate family."- Statement adopted by the House of Delegates of the American Medical Association on December 4, 1973; New Eng. J. of Med., 292 (1975), zit. nach Gabel, 22 Fla. St. U.L. Rev. 369, 404 (1994).

744 *Vacco v. Quill*, Brief of Petitioners, WL 656345, Absätze 16 – 18 (1996); vgl. auch die Nachweise bei Meisel, The Right to Die, § 18.7.

Damit ist der Entscheidung des Supreme Court darin zuzustimmen, daß das Gesetz des Bundesstaates New York nicht gegen das Gleichheitsgebot des 14. Zusatzartikels verstößt. Der Begründung, daß keine Ungleichbehandlung innerhalb der Gruppe der terminal erkrankten Patienten vorliege, kann nicht zugestimmt werden. Jedoch liegen mit den Aspekten des abweichenden Kausalverlaufes und der Intention rational hinreichende Gründe für die Unterscheidung durch den Gesetzgeber des Staates New York vor, so daß die gesetzliche Regelung mithin nicht verfassungswidrig ist.

III. Ergebnis und Ausblick

Mit der Entscheidung *Lee v. Oregon*[745] des Federal District Court im Staat Oregon und der Entscheidung *Vacco v. Quill*[746] des U.S. Supreme Court wurden erstmals zwei Aspekte des Gleichheitsgrundsatzes hinsichtlich der Problematik einer gesetzlichen Regelung der Sterbehilfe gerichtlich behandelt.

Der Supreme Court hat im Ergebnis zutreffend in der Grundsatzentscheidung *Vacco v. Quill* einen Verstoß des gesetzlichen Verbotes der Beteiligung an einer Selbsttötung gegen das Gleichheitsgebot abgelehnt. Zugleich hat er seine in *Washington v. Glucksberg*[747] bereits dargelegte restriktive Haltung in der Frage eines *right to die* unterstrichen. Beide Entscheidungen des Supreme Court aus dem Jahr 1997 lassen erkennen, daß das höchste Gericht der USA die Frage einer grundsätzlichen Regelung der Sterbehilfe dem Gesetzgeber vorbehält und lediglich eine Überprüfung im Einzelfall vornehmen wird. Auch in *Lee v. Oregon*[748] hat das untere Bundesgericht im Staat Oregon die konkrete Fassung eines Gesetzesentwurfes auf seine Vereinbarkeit mit dem Gleichheitsgebot überprüft, ohne eine generelle Aussage über die Strafbarkeit der Beteiligung an der Selbsttötung zu treffen.

Bislang hat sich der Supreme Court aber noch nicht zu der Frage geäußert, ob ein *right to die* aus dem Recht auf Religionsfreiheit des 1. Zusatzartikels abgeleitet werden kann. Diese Ansicht wird von Teilen der Lehre vertreten und hätte vom Supreme Court durchaus in den Entscheidungen aus dem Jahr 1997 aufgegriffen werden können.

---

745 *Lee v. Oregon*, 891 F. Supp. 1429 (D. Or. 1995).

746 *Vacco v. Quill*, U.S., No. 95 – 1858, Lexis 4038 (1997).

747 *Washington v. Glucksberg*, U.S., No. 96 – 110, WL 348094 (1997).

748 *Lee v. Oregon*, 891 F. Supp. 1429 (D. Or. 1995).

F. Das Recht auf Religionsfreiheit des 1. Zusatzartikels

Als Rechtsquelle für ein *right to die* kommt nach Ansicht einiger Autoren[749] auch der Schutz der Religionsfreiheit des 1. Zusatzartikels in Betracht, welcher über die *due process clause* des 14. Zusatzartikels auch für die Bundesstaaten verbindlich ist. Dieser lautet: „Der Kongreß darf kein Gesetz erlassen, das die Einführung einer Religion zum Gegenstand hat; das die freie Religionsausübung beschränkt; ...".

Der 1. Zusatzartikel enthält damit zwei Klauseln, die Einrichtungsklausel und die Ausübungsklausel. Die Einrichtungsklausel soll vor allem die Trennung von Staat und Kirche und die staatliche Neutralitätspflicht gegenüber den einzelnen Religionen verankern.[750] Die Ausübungsklausel gewährleistet die Glaubens- und Bekenntnisfreiheit gegenüber staatlichen Beeinträchtigungen.[751]

Argumentiert wird nunmehr, daß dem gesetzlichen Verbot der Sterbehilfe und damit dem Verfügungsverbot über das eigene Leben dem Grunde nach religiöse Fragen zugrunde lägen. Insofern werde die Ansicht jedes entscheidungsfähigen Individuums zu dieser Frage durch den 1. Zusatzartikel geschützt. So beruhe das Verbot der Beteiligung an der Selbsttötung (und der aktiven Sterbehilfe) auf dem jüdisch-christlichen Prinzip der Unverfügbarkeit bzw. Heiligkeit des Lebens, welches zunächst im englischen *Common Law,* später dann auch in den amerikanischen Kolonien im Verbot der Selbsttötung und einer Beteiligung an derselben seinen Niederschlag gefunden habe.

Das Prinzip der Unverfügbarkeit des Lebens werde aber nicht in allen religiösen Lehren und Religionen durchgängig vertreten. Deshalb greife der 1. Zusatzartikel, welcher die staatliche Neutralität in religiösen Fragen verlange und damit auch die religiöse Grundüberzeugung und die Entscheidungen eines Patienten über die Herbeiführung seines Todes schütze. Einem entscheidungsfähigen Patienten stehe deshalb aus dem 1. Zusatzartikel das Recht auf eine freie Entscheidung bezüglich einer Selbsttötung, der Hilfe bei einer solchen und sogar einer aktiven Sterbehilfe zu.[752]

---

749 Previn, Geo. L.J. 589 (1996); Dworkin argumentiert, daß die moralischen Diskussionen über Schwangerschaftsabbruch und Sterbehilfe ihren Grund in religiösen Grundüberzeugungen haben. Er behandelt die verfassungsrechtlichen Implikationen jedoch nur hinsichtlich der Problematik des Schwangerschaftsabbruchs und verzichtet auf eine Diskussion der Sterbehilfe. (Dworkin, Life's Dominion, S. 179–241); Gifford, UCLA L. Rev. 1545 (1993).

750 Brugger, Einführung in das öffentliche Recht, S. 149; ders., Grundrechte, S. 291.

751 A.a.O.

752 Previn, 84 Geo. L.J. 589, 590 (1996).

I. Die religiöse Grundüberzeugung

Beide Religionsklauseln des 1. Zusatzartikels setzen zunächst voraus, daß es sich bei der Verfügbarkeit bzw. Unverfügbarkeit des Lebens um eine religiöse Grundüberzeugung handelt.

1. Die Definition von religiöser Grundüberzeugung

Der Supreme Court hat bis heute keine genaue und umfassende Definition einer religiösen Grundüberzeugung gegeben, sondern lediglich einzelne Kriterien genannt, an denen eine religiöse Grundüberzeugung gemessen werden müsse. Bis Mitte dieses Jahrhunderts setzte der Supreme Court zunächst eine theistische Vorstellung als Hauptkriterium einer Religion voraus.[753] Hiervon rückte der Supreme Court in der Entscheidung *United States v. Seeger*[754] aus dem Jahr 1965 dann ausdrücklich ab und erklärte, daß ein religiöser Glaube nicht notwendigerweise den Glaube an ein höheres Wesen umfassen müsse.[755] Ein Glaube sei bereits dann religiöser Natur, wenn er einen Platz im Leben des Gläubigen einnehme, der dem eines orthodoxen Glaubens an Gott vergleichbar sei.[756] Typische religiöse Fragen seien solche, bei denen die Menschen von verschiedenen Religionen Antworten zu Geheimnissen des menschlichen Daseins erwarteten.[757] In der Entscheidung *Welsh v. United States*[758] bestätigte der Supreme Court dann seine Entscheidung *United States v. Seeger*[759] und erklärte, daß religiöse Fragen moralische und ethische Überzeugungen hinsichtlich des Richtigen und des Falschen enthalten müssen und diese in ihrer Wirkung mit traditionellen religiösen Grundüberzeugungen gleichzustellen seien.[760] Zu unterscheiden sei hiervon, ob jemand aus politischen Gründen bestimmte staatlichen Forderungen für illegitim halte.[761]

2. Die Unverfügbarkeit des Lebens als religiöse Grundüberzeugung

Zunächst ist zu prüfen, ob das Prinzip der Unverfügbarkeit des Lebens auf einer religiösen Grundüberzeugung beruht und mithin der 1. Zusatzartikel überhaupt anwendbar ist.

---

753 Brugger, Grundrechte, S. 298.

754 *United States v. Seeger*, 380 U.S. 163 (1965).

755 A.a.O., 165 f.

756 A.a.O., 166.

757 A.a.O., 182.

758 *Welsh v. United States*, 398 U.S. 333 (1970).

759 *United States v. Seeger*, 380 U.S. 163 (1965).

760 *Welsh v. United States*, 398 U.S. 333, 339 f. (1970).

761 A.a.O., 340.

Das Problem der Selbsttötung und der Sterbehilfe existiert bereits seit dem 5. Jahrhundert v. Chr. und wird seither kontrovers diskutiert.[762] Abgeleitet aus dem Griechischen „eu“ (gut) und „thanatos“ (Tod) wurde mit „Euthanasie“ zur Zeit der Wortentstehung neben dem tatsächlich leichten, schmerzlosen Tod in erster Linie die Beziehung des Sterbenden zu seinem Tod beschrieben.[763] In der Geschichte wurden rechtliche und moralische Legitimität der Selbsttötung und die Beteiligung an einer Selbsttötung sehr unterschiedlich beurteilt.[764]

Wie zuvor bereits gezeigt, verurteilten jüdische und christliche Tradition seit dem 6. Jahrhundert n. Chr. Selbsttötung und Sterbehilfe als moralisches Unrecht. Mit diesem Standpunkt hatten sie einen entscheidenden Einfluß auf die Entwicklung der rechtlichen und moralischen Beurteilung der Sterbehilfe in den USA.[765] Auch heute beteiligen sich die katholische und verschiedene andere christliche Kirchen in den USA aktiv am politischen Prozeß gegen eine gesetzliche Freigabe der aktiven Sterbehilfe und der Beteiligung an der Selbsttötung.[766] So kamen im Jahr 1996 bei der Kampagne gegen *Proposition 161*, welche im Staat Kalifornien die Beteiligung an der Selbsttötung unter bestimmten Umständen legalisiert hätte, mehr als 80 Prozent der Geldmittel von christlichen Organisationen.[767] Die jüdischen und christlichen Kirchen wie auch die Lehre des Islams halten nach wie vor am Verfügungsverbot des Menschen über sein Leben fest.[768] So steht im Koran geschrieben, daß jeder Selbstmörder für immer aus dem Himmel ausgeschlossen wird.[769]

Andere Kulturen und Religionen erkennen jedoch die Selbsttötung und die Sterbehilfe unter gewissen Umständen an. Die Lehren des Hinduismus und des Konfuzianismus stellen es beispielsweise im Falle einer unheilbaren Krankheit ihren Anhängern frei, Suizid zu begehen.[770] Auch der Buddhismus und der japanische Shintoismus tolerieren den Suizid bei physischen Schmerzen und Krankheiten.[771]

---

762 Tsarouhas, 20 Ohio N.U. L. Rev. 793, 794 (1994).

763 Vgl. Bade, Der Arzt an den Grenzen von Leben und Recht, S. 37.

764 Im antiken Griechenland wurde die Selbsttötung grundsätzlich ethisch geächtet und rechtlich unter Strafe gestellt. Diese Ansicht war jedoch auch zu dieser Zeit nicht unumstritten. Philosophen wie z. B. Platon sahen unter bestimmten Umständen die Selbsttötung als ethisch gerechtfertigt an. Für die griechische Stoa wie auch später die Stoa in Rom waren ein unerträgliches Leben und eine unheilbare Krankheit stichhaltige Gründe, Selbstmord zu begehen, wenn es dem Einzelnen durch Krankheit und Schmerz unmöglich geworden sei, seinen Lebensplan, seinen „logos“ zu befolgen. (A.a.O.).

765 Vgl. Teil 3 (A); hierzu auch Beckert, Strafrechtliche Probleme um Suizidbeteiligung und Sterbehilfe, S. 45.

766 Gifford, 40 UCLA L. Rev. 1545, 1552 Fn. 29 (1993).

767 A.a.O.

768 Adil Al Aseer, An Islamic Perspective on Terminating Life-Sustaining Measures, in Berger / Berger: To Die or not to Die: Cross Disciplinary, Cultural and Legal Perspectives on the Right to Choose Death, S. 59–65 (1990); Gifford, UCLA L. Rev. 1545, 1552 Fn. 33 (1993).

769 Vgl. Rachels, The End of Life, S. 17.

Die Anhänger der Ansicht, daß ein Verbot der Selbsttötung und Sterbehilfe gegen die Religionsfreiheit des 1. Zusatzartikels verstößt, führen an, daß das Leben eines Menschen einen personalen, einen instrumentalen und einen intrinsischen Wert enthalte.[772] Der persönliche Wert sei der Wert, welche eine Person ihrem eigenen Leben zumesse.[773] Der instrumentale Wert bezeichne den Wert des Lebens, den Dritte dem Leben eines anderen einräumten.[774] Der intrinsische Wert bezeichne schließlich einen objektiven Wert, welcher unabhängig von der Beurteilung anderer sei.[775] Dieser intrinsische Wert unterteile sich zum einen in das biologische *Investment of Life* und zum anderen in die menschlichen Investitionen in die eigene Biographie bzw. das eigene Leben.[776] Letzterer sei aber in der Frage der Legitimität der Sterbehilfe entscheidend. Während Konservative dem biologischen Leben einen so hohen Stellenwert zuordnen, daß ein Recht auf Sterben unter allen Umständen ausgeschlossen sei, messen Liberale dem Wert des eigenen Lebensplanes eine so große Bedeutung zu, daß unter bestimmten Umständen die Sterbehilfe erlaubt werden müsse.[777] Die Fragen nach Sinn und Zweck des Lebens sowie nach dem Tod seien in jedem Fall religiöser Natur.[778]

Die etablierten Religionen vertreten zur Frage eines Verfügungsrechtes über das eigene Leben unterschiedliche Ansichten, und nach der Entscheidung des Supreme Court im Fall *United States v. Seeger*[779] handelt es sich um Kernfragen der Religion, d. h. um Fragen über den Sinn und Zweck des Lebens und der Art des Todes. Historisch kann als gesichert angesehen werden, daß die Verbote der Sterbehilfe auf der Übernahme der jüdisch-christlichen Position beruhen. Damit reflektieren gesetzliche Regelungen der Verfügung über das eigene Leben religiöse Grundüberzeugungen, so daß sie unter die verfassungsrechtliche Kontrolle des 1. Zusatzartikels fallen.

II. Die Einrichtungsklausel und das *right to die*

Die Einrichtungsklausel des 1. Zusatzartikels sichert die Trennung von Staat und Kirche und die staatliche Neutralitätspflicht gegenüber den Religionsgemein-

770 Vgl. MacBride, 68 Temple L. Rev. 755, 758 (1995); Previn, 84 Geo. L J. 589, 596 f. (1997).

771 A.a.O.

772 Dworkin, Life's Dominion, S. 72 f.

773 A.a.O., 73.

774 A.a.O., 71 f.

775 A.a.O., 67.

776 A.a.O., 83.

777 A.a.O., 91.

778 Vgl. hierzu Stacy, 63 Geo. Wash. L. Rev. 1 (1994) m. w. Nachw.

779 *United States v. Seeger*, 380 U.S. 163 (1965).

schaften.[780] Die Klausel verbietet insbesondere die Inkraftsetzung von staatlichen Gesetzen, welche eine Religion etablieren oder eine Religion gegenüber einer anderen bevorzugen. In welchen Fällen allerdings eine solche Bevorzugung vorliegt, ist oftmals schwierig zu bestimmen, denn nicht jedes Gesetz, welches mit den Überzeugungen einer bestimmten Religion übereinstimmt, ist automatisch verfassungswidrig. Zur Bestimmung wird seitens der Rechtsprechung meist ein dreistufiger Test angewandt, welcher zuerst in der Entscheidung *Lemon v. Kurtzman*[781] entworfen wurde. Danach liegt keine Verletzung der Einrichtungsklausel vor, wenn ein Gesetz die folgenden drei Kriterien erfüllt: (1) Es dient der Verfolgung eines säkularen Zieles, (2) es hat keinen hauptsächlichen oder primären Effekt der Förderung oder Beeinträchtigung einer Religion, und (3) es ruft kein extensives Engagement des Staates für eine oder mehrere Religionen hervor.[782] Obwohl der sogenannte *Lemon Test* auch innerhalb des Supreme Court nicht unumstritten ist, stellt er geltendes Recht dar.[783]

Die entscheidende Frage im Zusammenhang mit dem *Lemon Test* ist zunächst, ob das Verbot der Sterbehilfe einen säkularen Zweck verfolgt. Dies wird von den Befürwortern der Sterbehilfe verneint.[784] Ihrer Ansicht nach hat der Staat zwar ein legitimes Interesse daran, das Leben seiner Bürger zu schützen. So dürfe ein Staat gesetzlich zum Schutz der Bürger ein Strafgesetz wegen Mordes erlassen, da dies den weltlichen Zweck der Förderung des Wohlergehens der Bürger verfolge. Im Fall des Verbotes der Sterbehilfe fördere der Staat aber gerade nicht das Wohlergehen des einzelnen Bürgers, da er einen zum Tod entschlossenen, entscheidungsfähigen und terminal erkrankten Patienten dazu zwinge, gegen seinen Willen und unter Umständen unter Schmerzen am Leben zu bleiben.[785] An diesem Punkt diene der Patient somit nur noch dem religiösen Prinzip der Unverfügbarkeit des Lebens und werde damit als bloßes Mittel und nicht mehr als Zweck behandelt.[786]

Gegen diese Argumentation können drei Einwände vorgebracht werden. Zunächst ist fraglich, ob der Staat bei der gesetzlichen Regelung oder Freigabe der Sterbehilfe nicht notwendigerweise eine bestimmte unter Umständen religiöse Grundüberzeugung favorisieren muß. Schließlich könnte auch die gesetzliche Freigabe der Sterbehilfe auf einer religiösen Grundüberzeugung beruhen und insofern eine unzulässige Bevorzugung einer Religion darstellen. Dieser Einwand überzeugt jedoch nicht, denn eine Legalisierung der Sterbehilfe legt die Entscheidung

---

780 Previn, 84 Geo. L.J. 589, 604 (1996).

781 *Lemon v. Kurtzman*, 403 U.S. 602 (1971).

782 A.a.O., 612 f.; vgl. Brugger, Grundrechte, S. 292.

783 Previn, 84 Geo. L.J. 589, 604 (1996) mit Hinweis auf die Entscheidung *Texas Monthly, Inc. v. Bullock*, 489 U.S. 1, 8 (1989); vgl. auch Brugger, Einführung in das öffentliche Recht, S. 150.

784 Previn, 84 Geo. L.J. 589, 606 (1996); Brugger, Grundrechte, S. 291.

785 Previn, 84 Geo. L.J. 589, 605 (1996).

786 A.a.O.

in die Hand des einzelnen Bürgers, welcher individuell seiner eigenen religiösen Ansicht folgen kann. Eine Freigabe der Sterbehilfe würde somit gerade nicht eine bestimmte Handlungsweise von Individuen oder eine Erlaubnis des Staates erfordern, sondern nur die angedrohte Bestrafung aufheben. Insofern verfolgt die Aufhebung gerade keinen religiösen, sondern einen säkularen Zweck.[787]

Ein zweiter Einwand ist, daß das Verbot der Sterbehilfe so fest in der amerikanischen Tradition und Geschichte verankert sei, daß es seinen ursprünglich religiösen Hintergrund nicht (mehr) reflektiere und somit kein Verstoß gegen die Einrichtungsklausel vorliege.[788] Mit ähnlicher Begründung hatte der Supreme Court in der Entscheidung *Harris v. McRae*[789] einen angeblichen Verstoß gegen die Einrichtungsklausel abgelehnt. In *Harris v. McRae* hatte das Gericht darüber zu entscheiden, ob im Fall eines Schwangerschaftsabbruchs die gesetzliche Einschränkung einer Kostenübernahme der Krankenkassen verfassungsgemäß war. Die Verfassungsmäßigkeit des Gesetzes wurde vom Supreme Court damit begründet, daß die Einschränkung eher eine Reflexion der traditionellen Ansichten über einen Schwangerschaftsabbruch als eine religiöse Grundüberzeugung widerspiegelte, insofern also kein Verstoß gegen die Einrichtungsklausel vorliege.[790] Dieser Einwand ist auch im Fall der Sterbehilfe von Bedeutung. Wie oben bereits dargelegt worden ist, wurde die Sterbehilfe schon im traditionellen englischen und amerikanischen *Common Law* unter Strafe gestellt.[791] Der Supreme Court weist in der Entscheidung *Washington v. Glucksberg*[792] auf die lange Tradition und Geschichte eines Verbotes der Beteiligung an der Selbsttötung hin. Deshalb ist es nicht unwahrscheinlich, daß der Supreme Court unter Hinweis auf die lange Tradition im Verbot der Sterbehilfe keinen Verstoß gegen die Einrichtungsklausel sehen wird.[793] Hiergegen kann zwar nochmals eingewandt werden, daß die Übernahme einer religiösen Position in das säkulare Recht auch nach langer Zeit keine Säkularisierung der religiösen Position bedeute. Diese Kritik ist aber wenig überzeugend, weil jeder Gesellschaft traditionell geprägte Werte zugrunde liegen und eine lange Tradition bilden.[794]

Schließlich spreche gegen einen Verstoß der Gesetze gegen die Einrichtungsklausel auch, daß der Staat mit diesen Gesetzen neben dem Schutz des Lebens auch noch andere eindeutig säkulare Interessen verfolge. Solche staatlichen Interessen seien der Schutz von unbeteiligten Dritten und der Schutz der medizinischen Ethik.[795] Insofern verfolge der Staat mit den gesetzlichen Verboten der Sterbehilfe nicht ausschließlich religiöse, sondern zumindest auch säkulare Ziele.

---

787 A.a.O., 607.

788 Gifford, 40 UCLA L. Rev. 1545, 1553 (1993).

789 *Harris v. McRae,* 448 U.S. 297, 319 (1980).

790 A.a.O.

791 Siehe hierzu Teil 3 (A).

792 *Washington v. Glucksberg,* U.S., No. 96 – 110, WL 348094 (1997).

793 Previn, 84 Geo. L.J. 589, 608 (1996).

794 A.a.O.

Mit dem strafrechtlichen Verbot der Sterbehilfe liegt damit kein Verstoß gegen die Einrichtungsklausel vor, und eine Klage vor dem Supreme Court gegen ein solches Gesetz hätte wahrscheinlich keine Aussicht auf Erfolg.[796]

III. Die Ausübungsklausel und das *right to die*

Die Ausübungsklausel verbietet es, durch staatliche Maßnahmen in die Religionsausübung von Individuen einzugreifen. So verankert die Ausübungsklausel „die Freiheit eines jeden zu glauben, seinen Glauben zu bekennen und gemäß den Geboten seines Glaubens zu leben".[797] Der Supreme Court kann im Fall einer erfolgreichen verfassungsrechtlichen Klage allerdings ein bundesstaatliches Gesetz nicht generell aufheben, sondern lediglich die Anwendung dieses Gesetzes im vorgelegten Einzelfall gerichtlich untersagen.[798]

Eine erfolgreiche Klage muß drei Voraussetzungen erfüllen. Der Kläger muß geltend machen, (1) daß er eine feste religiöse Grundüberzeugung hat, (2) daß er durch das Gesetz in der Ausübung dieser religiösen Grundüberzeugung schwer beeinträchtigt ist und (3) daß der Staat keine zwingenden Interessen angeben kann, ihn nicht von dem Gesetz freizustellen.[799]

Für eine erfolgreiche Klage müßte also das Verbot der Sterbehilfe eine schwere Beeinträchtigung des Klägers in Fragen einer religiösen Grundüberzeugung sein. Bis Mitte der 80er Jahre hatte es die Rechtsprechung noch abgelehnt, die Erlaubnis zu einer passiven Sterbehilfe aufgrund des 1. Zusatzartikels zu erteilen.[800] Diese richterliche Haltung wird für Minderjährige und entscheidungsunfähige Patienten beibehalten, in denen die Gerichte regelmäßig den Beginn einer ärztlichen Behandlung bzw. eine Weiterbehandlung anordnen.[801] In allen anderen Fällen gehen die Gerichte aber mehr und mehr dazu über, ein Recht auf passive Sterbehilfe zumindest für entscheidungsfähige Erwachsene aus den 1. Zusatzartikel abzuleiten und insofern Ärzte und Pflegepersonal von allen zivil- und strafrechtlichen Haftungen freizustellen.[802]

---

795 Vgl. hierzu Teil 3 (G).

796 a.A. Previn, 84 Geo. L.J. 589, 591 (1996); Williams, The Sanctity of Life, S. 312.

797 Vgl. Brugger, Grundrechte, S. 296.

798 Previn, 84 Geo. L.J. 589, 608 – 609 (1996).

799 Vgl. *Wisconsin v. Yoder,* 406 U.S. 205 (1972).

800 *John F. Kennedy Memorial Hosp. v. Heston,* 58 N.J. 576, 279 A.2d 670 (1971); *United States v. Georges,* 239 F. Supp. 752 (D.Conn.1965); *Ex arte President and Directors of Georgetown College, Inc.,* 331 F.2d 1000 (D.C. Cir.), cert. denied 377 U.S. 978 (1964).

801 Meisel, The Right to Die, § 2.9.

802 *In the Matter of Dubreuil,* 629 So.2d 819 (Fla. 1993); *In the Matter of Brown,* 478 So.2d 1033 (Miss. 1985); *Wons v. Public Health Trust,* 541 So.2d 96 (Fla. 1989); vgl. auch die umfangreichen Nachweise bei Oddi, 75 Geo. L.J. 625 Fn. 4 (1986).

Meist handelt es sich in diesem Zusammenhang um Zeugen Jehovas, welche aufgrund ihres Glaubens die Erlaubnis zu einer lebensrettenden Bluttransfusion verweigern.[803] In manchen Gerichtsentscheidungen wird das Recht auf eine solche Ablehnung zumindest auch auf das Recht auf Religionsfreiheit gestützt,[804] während andere Entscheidungen ein Recht auf Ablehnung ausschließlich mit dem aus dem *Common Law* entlehnten Recht auf körperliche Unversehrtheit begründen.[805]

Gegen die Ableitung eines *right to die* aus dem 1. Zusatzartikel sind zwei Einwände vorgebracht worden. Zum einen handele es sich bei den genannten Fällen schon deshalb nicht um Fragen der Sterbehilfe, weil Sinn und Zweck der Ablehnung einer medizinischen Behandlung von herkömmlichen Fällen der Sterbehilfe zu unterscheiden seien.[806] In den typischen Fällen der passiven Sterbehilfe äußerten die Patienten den Wunsch auf Beschleunigung ihres Todes allein aufgrund ihres hoffnungslosen physischen Zustandes. Patienten, welche aus Gründen der Religion eine Behandlungsmaßnahmen ablehnten, wollten meist aber gerade nicht sterben und hätten bei einer Behandlung oftmals sehr gute Aussichten auf eine völlige Genesung.[807] Die dargelegte Argumentation überzeugt aber nicht. Es kommt hier nicht auf die konkreten Umstände des Einzelfalles und auf die Motive des Patienten an, sondern darauf, daß ein staatliches Verbot der Sterbehilfe schon als solches auf einer bestimmten Weltanschauung beruht und damit dem staatlichen Neutralitätsgebot bei der Ausübung religiöser Fragen widerspricht.

Zum anderen wird vorgebracht, daß in den klassischen Fällen einer Anwendung der Ausübungsklausel eine Religion ein bestimmtes Vorgehen von ihren Anhängern fordere. In den Fällen der Sterbehilfe gebiete aber keine Religion einem Individuum, den eigenen Tod zu beschleunigen. Schon deshalb sei der 1. Zusatzartikel nicht anwendbar. Hiergegen ist jedoch zu Recht argumentiert worden, daß die Ausübungsklausel das Individuum auch gegen solche staatlichen Eingriffe schütze, welche seine Wahlfreiheit in Fragen der Religion beeinträchtigten. Denn auch in den Fällen, in denen eine Mehrheit aus religiösen Gründen eine mögliche Handlungsalternative ausschließe, werde dem Sinn und Zweck der Ausübungsklausel widersprochen, das eigene Handeln nach seinem Glauben, Werten und Traditionen zu gestalten.[808]

Im Verbot der Beteiligung an einer Selbsttötung kann daher eine staatliche Maßnahme gesehen werden, welche im Einzelfall einen Patienten an der Ausübung sei-

803 *In the Matter of Dubreuil,* 629 So.2d 819 (Fla. 1993); *Fosmire v. Nicoleau,* 551 N.E.2d 77 (N.Y. 1990); *Wons v. Public Health Trust,* 541 So.2d 96 (Fla. 1989); hierzu Oddi, 75 Geo. L.J. 625, 630 Fn. 30 (1986).

804 *In the Matter of Dubreuil,* 629 So.2d 819 (Fla. 1993); *In the Matter of Brown,* 478 So.2d 1033 (Miss. 1985).

805 *Fosmire v. Nicoleau,* 551 N.E.2d 77 (N.Y. 1990).

806 Vgl. Meisel, The Right to Die, § 2.9.

807 A.a.O.

808 Stacy, 63 Geo. Wash. L. Rev. 1, 58–59 (1994).

ner religiösen Grundüberzeugung hindert und insofern in die Ausübungsklausel des 1. Zusatzartikels eingreift. Eine Klage auf ein Verbot der Anwendung eines entsprechenden bundesstaatlichen Gesetzes hätte also im Einzelfall durchaus eine reale Aussicht auf Erfolg.

IV. Ergebnis

Das Verfügungsrecht über das eigene Leben stellt eine religiöse Grundüberzeugung dar, so daß der 1. Zusatzartikel auf die Problematik eines *right to die* anwendbar ist. Während sich aus der Einrichtungsklausel des 1. Zusatzartikels jedoch kein generelles *right to die* ableiten läßt, könnte in Einzelfällen die Ausübungsklausel dazu führen, daß der Einzelne in diesem Recht verletzt ist und daß das Verbot der Sterbehilfe nicht angewandt werden darf. Die Prüfung umfaßt jedoch noch einen weiteren Schritt. Wie in vielen grundrechtlichen Fragen wird hinsichtlich der Rechte auf Religionsfreiheit des 1. Zusatzartikels wie auch eines *right of privacy and liberty* des 14. Zusatzartikels geprüft, ob diese nicht durch entgegenstehende Interessen des Staates aufgewogen werden. Im *balancing test* wird geprüft, ob bestimmte staatliche Interessen ein solches Gewicht haben, daß sie den Eingriff in das Recht des Einzelnen rechtfertigen können. Fraglich ist jedoch, ob die Interessen des Staates so stark sind, daß sich aus ihnen ein generelles Verbot für die Bundesstaaten ergibt, die Hilfe zum Suizid von Strafe freizustellen.

G. Die entgegenstehenden Interessen des Staates

In der Leitentscheidung *In the Matter of Quinlan*[809] wandte der Supreme Court des Staates New Jersey den *balancing test* erstmals im Bereich des *right to die* an.[810] Er lehnte damit die Annahme eines absoluten Rechtes auf passive Sterbehilfe ab und überprüfte, ob das Interesse der Patientin auf passive Sterbehilfe nicht durch entgegenstehende Interessen des Staates aufgewogen werden kann. Diese Methode der Interessenabwägung hat sich seitdem für den Bereich des *right to die* fest etabliert und wird auch in der Literatur ganz überwiegend anerkannt.[811]

Als entgegenstehende Interessen des Staates haben sich die folgenden fünf Aspekte herausgebildet:

---

809 *In the Matter of Quinlan*, 355 A.2d, 647 (1976).

810 Meisel, The Right to Die, § 8.14.

811 MacBride, 68 Temple L. Rev. 755, 806 (1995); Oddi, 75 Geo. L.J. 625, 632 (1986); Meisel, The Right to Die, § 8.14 ff., hierzu auch Bernat, in Bernat, Recht und Ethik, S. 149 ff.; Baumgarten, The Right to Die?, S. 226 ff.; Brunner, Die vorsätzliche Tötung im Strafrecht der Vereinigten Staaten, S. 73 ff.

1. Der Schutz des Lebens;
2. Die Verhinderung von Selbsttötungen;
3. Der Schutz von Dritten;
4. Der Schutz der medizinischen Ethik;
5. Der Schutz vor unerwünschten sozialen Konsequenzen.

Hierbei ergibt sich nicht nur für die Legislative das Problem, die staatlichen Interessen bei der Fassung von Gesetzen angemessen zu berücksichtigen. Auch die Gerichte müssen in jedem Einzelfall prüfen, inwieweit die entgegengesetzten Interessen des Staates und des Individuums betroffen und eventuell verletzt sind. Entscheidend ist zudem, ob die Interessen des Staates so stark sind, daß sie einer gesetzlichen Freigabe der Beteiligung an der Selbsttötung generell entgegenstehen und sie verhindern.

I. Der Schutz des Lebens

Das meistgenannte und auch wichtigste entgegenstehende staatliche Interesse ist der Schutz des Lebens.[812] Dieses staatliche Interesse umfaßt zwei miteinander verflochtene Aspekte: Zum einen ein Interesse des Staates, den generellen Wert des Lebens in der Gesellschaft zu schützen, und zum anderen den Schutz des konkreten Lebens einer individuellen Person.[813]

Es ist allgemein anerkannt, daß der Staat ein grundlegendes Interesse daran hat, das Leben als grundlegenden Wert innerhalb der Gesellschaft möglichst umfassend zu schützen. Dieser Schutz soll u. a. sicherstellen, daß das Leben als Höchstwert im allgemeinen Bewußtsein der Bevölkerung verwurzelt ist und bleibt.[814] Eine generelle Strafbarkeit jeder Tötungshandlung folgt hieraus aber nicht.[815] Denn das amerikanische Recht läßt Ausnahmen von diesem Fremdtötungsverbot zu, z. B. in den Fällen der Notwehr, der Todesstrafe oder auch der des Schwangerschaftsabbruchs in einem späten Schwangerschaftsstadium.[816] Somit kann der Staat prinzipiell in einzelnen Fallgruppen anderen wichtigen Interessen Priorität vor dem generellen Fremdtötungsverbot einräumen.

---

812 Vgl. *Superintendent of Belchertown State Sch. v. Saikewicz,* 370 N.E.2d 417, 425 (Mass. 1977); *In the Matter of Conroy,* 486 A.2d 1209,1223 (N.J. 1985); Previn, 84 Geo. L.J. 589, 591 (1996) m. w. Nachw.

813 Meisel, The Right to Die, § 8.15; MacBride, 68 Temple L. Rev. 755, 806 (1995); Previn, 84 Geo. L.J. 589, 591 (1996).

814 So auch Möllering, Von der „Privatheit" des eigenen Todes, in Eser, Suizid und Euthanasie, S. 347 (357).

815 Vgl. Previn, 84 Geo. L.J. 589, 592 (1996).

816 *Vacco v. Quill,* 80 F.3d 716, 740 (2d Cir. 1996) (zust. Votum von Richter Calabresi).

Die entscheidende Frage ist damit, welche Bedeutung dem Lebensschutzinteresse im Bereich der Selbsttötung und der Sterbehilfe zugeordnet werden muß. Im Bereich der passiven Sterbehilfe liegt zu dieser Frage eine umfangreiche Rechtsprechung vor, die im wesentlichen die in der Leitentscheidung *In the Matter of Quinlan*[817] ausgeführten Grundsätze bestätigt.[818] Hier war ausgeführt worden, daß das staatliche Interesse am Schutz des Lebens in Fällen der passiven Sterbehilfe stark vermindert sei. Je unheilbarer die Krankheit und je ungünstiger die Prognose, desto weniger Gewicht habe das staatliche Interesse, eine medizinische Behandlung zu erzwingen. So sei das Gewicht des staatlichen Interesses an einer medizinischen Behandlung des Patienten relativ gering, wenn die erforderliche Behandlung lediglich dazu führe, daß das Leben des Patienten durch starke Schmerzen belastet oder selbst bei schweren Eingriffen nur kurzfristig verlängert werde.[819]

Hiergegen ist in der Literatur jedoch eingewandt worden, daß das staatliche Interesse auf Schutz des Lebens gerade solche Patienten nicht ausschließen dürfe, für welche eine ungünstige medizinische Prognose bestehe und die sich deshalb in einer besonders schwierigen Situation befänden. Gerade diese Patienten seien besonders schutzwürdig.[820] Die Grenzen eines staatlichen Eingriffs zum Schutz eines Individuums sollten aber generell da gezogen werden, wo sich der Einzelne in bestimmten Situationen nicht selber zu helfen vermöge und insofern auf staatliche Hilfe angewiesen sei.[821] Im Fall einer passiven Sterbehilfe entscheide sich der Patient oder sein Stellvertreter aber gerade gegen den absoluten Schutz des Lebens. Ein paternalistisches Interesse des Staates bestehe somit dann nicht, wenn die Entscheidung selbstverantwortlich erfolge. In der amerikanischen Rechtsprechung wird sogar die Ansicht vertreten, daß der Wert des Lebens nicht durch die Entscheidung, lebensverlängernde Maßnahmen abzulehnen, gemindert werde, sondern durch die Untersagung, einem entscheidungsfähigen Patienten diese Entscheidung einzuräumen.[822] Unterstützt wird diese Wertung indirekt auch durch zahlreiche gesetzliche Regelungen der Bundesstaaten, welche die sogenannten Patiententestamente und mithin also die Möglichkeit der passiven Sterbehilfe anerkennen.[823]

Diese Grundsätze sind auch auf die Fallgruppe der Beteiligung an einer Selbsttötung zu übertragen. Auch hier liegt der Wunsch eines entscheidungsfähigen Pa-

---

817 *In the Matter of Quinlan,* 355 A.2d, 647 (1976).

818 Vgl. die umfangreichen Nachweise bei Meisel, The Right to Die, § 8.15; auch *Vacco v. Quill,* 80 F.3d 716, 817 (2d Cir. 1996).

819 Füllmich, Der Tod im Krankenhaus, S. 17, unter Hinweis auf *Satz v. Perlmutter,* 362 So.2d 160 (Fla. 1980); MacBride, 68 Temple L. Rev. 755, 806 (1995).

820 Vgl. Peters, 50 Ohio St. L.J. 891, 896 (1991).

821 Note, 105 Harv. L. Rev. 2021, 2033 (1992); MacBride, 68 Temple L. Rev. 755, 807 (1995).

822 *Superintendent of Belchertown State School v. Saikewicz,* 370 N.E.2d, 417, 426 (Mass. 1977); siehe auch *In the Matter of Conroy,* 486 A.2d, 1223, 1229 (N.J. 1985).

823 *Compassion in Dying v. Washington,* 79 F.3d 790, 820 (1996).

tienten vor, sein Leben vorzeitig zu beenden.[824] Zudem nimmt der Patient den Finalakt eigenhändig vor, und mithin ist nicht davon auszugehen, daß das generelle Ansehen des Fremdtötungsverbotes durch einen solchen Akt großen Schaden nimmt. Für eine Übertragung der Grundsätze der passiven Sterbehilfe auf die Fallgruppe der Beteiligung an einer Selbsttötung haben sich auch Rechtsprechung und überwiegende Literatur ausgesprochen.[825] So ging der Supreme Court in den Entscheidungen *Washington v. Glucksberg*[826] und *Vacco v. Quill*[827] zumindest nicht von einem unantastbaren Verbot aus. Obwohl Richter Rehnquist für das Gericht auf die Wichtigkeit des Lebensschutzes hingewiesen hatte, führte er ausdrücklich aus, daß in Einzelfällen das individuelle Interesse des Einzelnen auf Hilfe zum Suizid vorrangig sein könne und es auf eine Abwägung im Einzelfall ankomme.[828]

II. Die Verhinderung von Selbsttötungen

Als zweites entgegenstehendes Interesse wird von den Gerichten und der Lehre angeführt, daß der Staat ein Interesse daran habe, Selbsttötungen zu verhindern.[829] Der Staat dürfe deshalb weder die passive Sterbehilfe noch die Beteiligung an der Selbsttötung erlauben.

Zu Recht ist jedoch darauf hingewiesen worden, daß es sich in vielen Fällen der passiven Sterbehilfe nicht um einen Entschluß zur Selbsttötung handelt.[830] So sind hier in der überwiegenden Mehrzahl Patienten betroffen, deren Tod unmittelbar bevorsteht, so daß hier keine Entscheidung zwischen Leben und Tod, sondern zwischen dem Tod und einer künstlich verlängerten und oft qualvollen Existenz zu treffen ist.[831] Diese Entscheidung ist damit deutlich abgrenzbar von dem Entschluß eines Selbstmörders und liegt außerhalb des staatlichen Interesses, Leben zu schützen oder Suizide zu verhindern.[832]

Damit verbleiben die Fälle der Beteiligung an der Selbsttötung, in denen der Patient einen Suizid im herkömmlichen Sinne vornimmt. Absolute Zahl und relativer Anteil der Selbsttötungen sind in den USA in den letzten fünfundzwanzig Jahren ansteigend:[833]

---

824 A.a.O.

825 Note, 105 Harv. L. Rev. 2021, 2034 (1992); Pugliese, 44 Hastings L.J. 1291, 1311 (1993).

826 *Washington v. Glucksberg*, U.S., No. 96–110, WL 348094 (1997).

827 *Vacco v. Quill*, U.S., No. 95–1858, Lexis 4038 (1997).

828 *Washington v. Glucksberg*, U.S., No. 96–110, WL 348094, Absätze 13 ff. (1997).

829 *In the Matter of Conroy*, 486 A.2d 1209,1224 (N.J. 1985).

830 Vgl. Füllmich, Der Tod im Krankenhaus, S. 19; Meisel, The Right to Die, § 8.17; vgl. auch *Compassion in Dying v. Washington*, 79 F.3d 790, 824 (1996).

831 A.a.O.

832 A.a.O.

Übersicht 1

Selbsttötungen und Selbsttötungsrate: 1970 bis 1994

Jahr	Anzahl der Tode durch Selbsttötung (in Tausend)	Anzahl der Tode durch Selbsttötung pro 100 000 Einwohner
1970	23,5	11,6
1980	26,9	11,9
1990	30,9	12,4
1993	31,1	12,1
1994	32,4	12,4

Im Jahr 1994 war die Selbsttötung damit in den USA die achthäufigste Todesursache.[834] Der prozentuale Anteil der Selbsttötungen unterscheidet sich im Hinblick auf Geschlecht, Hautfarbe und Alter deutlich:

Übersicht 2

Selbsttötungsrate, unterschieden nach Geschlecht, Hautfarbe und Alter im Zeitraum von 1980 bis 1993 (Tode pro 100.000 Einwohner)[835]

Altersgruppe (Jahre)	Gesamt			Männer						Frauen					
				Weiße			Schwarze			Weiße			Schwarze		
	1980	1990	1993	1980	1990	1993	1980	1990	1993	1980	1990	1993	1980	1990	1993
Alle	11,9	12,4	12,1	19,9	22,0	21,4	10,3	12,0	12,5	5,9	5,3	5,0	2,2	2,3	2,1
10–14	0,8	1,5	1,7	1,4	2,3	2,4	0,5	1,6	2,3	0,3	0,9	1,0	0,1	o.A.	o.A.
15–19	8,5	11,8	10,9	15,0	19,3	18,5	5,6	11,5	14,4	3,3	4,0	4,2	1,6	1,9	o.A.
20–24	16,1	15,1	15,8	27,8	26,8	27,4	20,0	19,0	25,9	5,9	4,4	4,4	3,1	2,6	3,9
25–34	16,0	15,2	15,1	25,6	25,6	25,9	21,8	21,9	21,5	7,5	6,0	5,5	4,1	3,7	3,1
35–44	15,4	14,5	15,1	23,5	25,3	25,5	15,6	16,9	16,2	9,1	7,4	7,1	4,6	4,0	3,0
45–54	15,9	14,6	14,5	24,2	24,8	23,9	12,0	14,8	14,1	10,2	7,5	7,8	2,8	3,2	2.2
55–64	15,9	16,0	14,6	25,8	27,5	25,7	11,7	10,8	9,7	9,1	8,0	6,8	2,3	2,6	2,6
65–74	16,9	17,9	16,3	32,5	34,2	31,4	11,1	14,7	11,7	7,0	7,2	6,2	1,7	2,6	2,2
75–84	19,1	24,9	22,3	45,5	60,2	52,1	10,5	14,4	16,3	5,7	6,7	6,1	1,4	o.A.	o.A.
ü. 85	19,2	22,2	22,8	52,8	70,3	73,6	18,9	o.A.	o.A.	5,8	5,4	5,4	0,1	o.A.	o.A.

Die relative Selbsttötungsrate nimmt bei Menschen über 65 Jahre deutlich zu.[836] In der Rechtsprechung wird nunmehr darauf verwiesen, daß gerade ältere Men-

833 U.S. Bureau of the Census, Übersicht Nummer 129, (1996).

834 The New York Task Force on Life and the Law, When Death is Sought, S. 9.

835 U.S. Bureau of the Census, Übersicht Nummer 140 (1996).

836 Vgl. The New York Task Force on Life and the Law, When Death is Sought, S. 30 ff. Heute leben mehr als 31 Millionen Menschen über 65 Jahre in den USA (Hall, 74 Wash. U.

schen des staatlichen Schutzes bedürften, da sie oftmals nicht aus freiem Willen aus dem Leben schieden, sondern aus Einsamkeit oder Druck der Verwandten den Entschluß zur Selbsttötung faßten.[837] Auch von Befürwortern der Freigabe der Beteiligung an der Selbsttötung wird eingeräumt, daß die Verhinderung von Selbsttötungen, welche nicht auf dem freien Willen des Patienten beruhen, ein dringendes Anliegen des Staates sein müsse.[838] Hierbei sei jedoch nicht generell jede Selbsttötung zu untersagen, sondern das staatliche Interesse darauf zu richten, irrationale und nicht selbstbestimmte Suizide zu verhindern.[839] In der Rechtsprechung hat sich die Ansicht durchgesetzt, daß dieses Interesse durch entsprechende Regulierungen und Sicherheitsvorkehrungen befriedigt werden kann.[840] So müßten Gesetzgeber und Rechtsprechung das Risiko einer nicht selbstbestimmten Selbsttötung so vermindern, daß sowohl den Rechten eines entscheidungsfähigen terminal erkrankten Patienten als auch dem notwendigen Schutz der psychisch erkrankten und damit entscheidungsunfähigen Patienten Genüge getan werde.[841] Ein generelles Verbot der Freigabe der Beteiligung an einer Selbsttötung folgt damit auch aus diesem staatlichen Interesse nicht.

III. Der Schutz von Dritten

Als drittes staatliches Interesse wird in Einzelfällen die Pflicht des Staates angeführt, unbeteiligte Dritte (*innocent third parties*) zu schützen. Von den Gerichten wird hier meist das Interesse von Kindern genannt, nicht einen Elternteil oder Erziehungsberechtigten zu verlieren.[842] Zur Begründung wird angeführt, daß durch den Tod eines Elternteils das Leben und Wohlergehen eines Kindes stark beeinträchtigt werde und der Staat nicht zulassen könne, daß die Kosten und die Pflege des Kindes der Gesellschaft übertragen werden.[843]

Dieses staatliche Interesse kann aber nur in ganz besonderen Ausnahmefällen das Recht des Patienten auf Selbstbestimmung einschränken. Ein Beispiel hierfür ist die Entscheidung *In the Matter of President and Directors of Georgetown College.*[844] Hier hatte eine 25jährige Anhängerin der Zeugen Jehovas und Mutter

L. Q. S. 803, 806 (1996)) und es wird geschätzt, daß sich diese Anzahl in den nächten 20 Jahren auf 60 Millionen verdoppelt. (Osgood, 10 Issues in L. and Med. 415, 417 f. (1995)).

837 *Compassion in Dying v. Washington,* 79 F.3d 790, 825 ff. (1995).

838 Vgl. Baron et al., 33 Harv. J. on Legis. 1, 7 (1996).

839 *Compassion in Dying v. Washington,* 79 F.3d 790, 820 (1995).

840 A.a.O., 827.

841 *Compassion in Dying v. Washington,* 850 F. Supp 1454, 1465 (1994).

842 Kleinberg / Mochizuki, 32 Harv. C.R.- C.L. L. Rev. 197, 215 (1997).

843 Oddi, 75 Geo. L.J. 625, 633 (1986).

844 *In the Matter of President and Directors of Georgetown College,* 331 F.2d 1000 (D.C. Cir.), cert. denied 377 U.S. 978 (1964).

eines sieben Monate alten Kindes sich aus religiösen Gründen geweigert, die Erlaubnis zu einer für sie lebensrettenden Bluttransfusion zu erteilen. Das Gericht entschied jedoch auf Antrag der Krankenhausleitung, daß der Patientin eine lebensnotwendige Bluttransfusion auch entgegen ihrem Willen gegeben werden könne.[845] Zur Begründung führte das Gericht aus, daß es der Staat in seiner Funktion als *parens patriae* nicht zulassen könne, daß ein Kind vernachlässigt bzw. verlassen werde.[846] Deshalb dürfe er erst recht nicht diese Form freiwilligen Im-Stich-Lassens eines Kindes gestatten. Die Patientin habe gegenüber der Gesellschaft eine Verantwortung, für ihr Kleinkind zu sorgen. Deshalb habe die Gesellschaft ein Interesse daran, das Leben der Mutter zu erhalten.[847]

Diese Rechtsprechung ist jedoch schon zwischen den Gerichten nicht unumstritten.[848] So entschied ein Gericht im Fall einer 38jährigen Zeugin Jehovas und Mutter von zwei minderjährigen Kindern, daß das Interesse der Kinder das Recht der Patientin auf Ablehnung einer Bluttransfusion nicht überwiege, und verweigerte deshalb, eine lebensrettende Bluttransfusion anzuordnen.[849] Das Gericht begründete die Entscheidung u. a. damit, daß die Zukunft der Kinder durch weitere Familienangehörige gesichert sei und der Staat kein Recht habe, eine „Zwei-Elternteile-Familie“ vorzuschreiben. Das Gesetz kenne andere Situationen wie z. B. die Scheidung, in denen Eltern oftmals den Kindern emotionalen Schaden zufügten, ohne daß dies bereits einen staatlichen Eingriff rechtfertigen würde.[850]

Weiterhin wird von den Gerichten angeführt, daß das Interesse des Staates vor allem bei einem terminal erkrankten Patienten, dessen Tod unmittelbar bevorstehe, nur geringe Bedeutung habe.[851] Diese Patienten zu einem verlängerten, aber schmerzhafteren Leben zu zwingen, helfe weder dem Patienten noch einem Dritten. So könne eine erzwungene Lebensverlängerung den Angehörigen mehr Schaden und Schmerzen zufügen als Hilfe gewähren.[852]

Wegen der Seltenheit und der außergewöhnlichen Umstände der Fälle wird ein generelles Verbot der Sterbehilfe aufgrund dieses staatlichen Interesses nicht gefordert, sondern eine Prüfung im jeweiligen Einzelfall verlangt.[853]

---

845 A.a.O., 1002.

846 A.a.O.

847 A.a.O.

848 Matthews, 75 Cal. L. Rev. 707, 733 (Cal.1987).

849 *Wons v. Public Health Trust,* 541 So.2d 96 (Fla. 1989).

850 A.a.O.

851 *Compassion in Dying v. Washington,* 79 F.3d S. 827 (1995).

852 A.a.O.

853 Oddi, 75 Geo. L.J. 625, 635 f. (1986).

IV. Der Schutz der medizinischen Ethik

Die medizinische Ethik beruht auch in den USA auf der grundlegenden ärztlichen Pflicht, Leben zu erhalten, und auf dem Eid des Hippokrates, der die aktive Sterbehilfe sowie die Beteiligung an der Selbsttötung ablehnt.[854] Die Diskussion richtet sich nunmehr darauf, ob an diesen ärztlichen Pflichten unverändert festgehalten werden sollte.

Zur Begründung wird meist auf das Vertrauensverhältnis zwischen Arzt und Patienten verwiesen, welches nach Ansicht der Gegner der Sterbehilfe ausgehöhlt würde, wenn es Ärzten rechtlich erlaubt sei, den Tod ihrer Patienten künstlich herbeizuführen.[855] So werde im Fall der Beteiligung an der Selbsttötung die wichtige Trennlinie zwischen Heilen und Schädigen überschritten.[856] Hiergegen wird jedoch vorgebracht, daß eine Freigabe der Sterbehilfe ganz im Gegenteil das Vertrauensverhältnis zwischen Arzt und Patienten vertiefen und besser gestalten könne, da eine offene Diskussion und Betrachtungsweise über das Ende des Lebens stattfinden könne.[857] Kein Arzt werde gezwungen, entgegen seiner Überzeugung Hilfe bei der Selbsttötung zu leisten.[858] Hervorgehoben wird auch, daß bereits viele Ärzte heimlich Hilfe bei der Selbsttötung leisteten, indem sie unter dem Deckmantel der Medikamentierung mit Doppelwirkung eine tödliche Dosis an Medikamenten verschrieben.[859] Diese Verhaltensweise füge der medizinischen Ethik einen weit höheren Schaden zu als eine offene Diskussion des Problems.[860]

Die Rechtsprechung hat in Urteilen sowohl zur passiven Sterbehilfe als auch zur Beteiligung an der Selbsttötung tendenziell die Ansicht vertreten, daß zumindest im konkreten Einzelfall die ethische Integrität des Arztberufes durch Abbruch lebenserhaltender Maßnahmen oder die Verschreibung einer tödlichen Dosis von Medikamenten nicht beeinträchtigt bzw. von dem individuellen Interesse des Einzelnen auf Selbstbestimmung überwogen werden kann.[861] Ein zwingendes Verbot der Beteiligung an der Selbsttötung kann auch aus dem staatlichen Interesse am Schutz der medizinischen Ethik nicht gezogen werden.

---

854 So lautet der Eid: „... Auch werde ich niemand ein tödliches Mittel geben, auch nicht, wenn ich darum gebeten werde, und auch niemanden dabei beraten...". Hinzuweisen ist aber darauf, daß der Hippokratische Eid in einer Zeit enstand, in der Sterbehilfe von Ärzten praktiziert wurde. (Thomasma, 24 J. L., Med. & Ethics, 24, 190 (1996)).

855 A.a.O.,193.

856 Hall, 74 Wash. U. L. Q. 803, 809 (1996).

857 Newman, 53 U. Pitt. L. Rev. 153, 171 f. (1991).

858 A.a.O., 172.

859 Pugliese, 44 Hastings L.J. 1291, 1305 f. (1993); Manning, 9 Harv. J.L. & Tec. 513 (1996).

860 Vgl. *Compassion in Dying v. Washington,* 79 F.3d, 790, 830 (1996).

861 A.a.O., 827 ff.

V. Der Schutz vor unerwünschten sozialen Konsequenzen

In der politischen Diskussion wie in den Gerichtsentscheidungen wird oftmals die Frage aufgegriffen, ob und inwieweit eine Freigabe der Sterbehilfe nicht unabsehbare negative soziale Konsequenzen für die Gesellschaft und für den Einzelnen haben könnte. Hierbei werden im wesentlichen die folgenden drei Punkte genannt.

Zum einen wird in der amerikanischen Diskussion das Dammbruchargument (*slippery slope*) vorgebracht, welches besagt, daß die Freigabe weiterer Fallgruppen eines *right to die* der Beginn einer Verschiebung von der freiwilligen zur unfreiwilligen Sterbehilfe sein könne. Amerikanische Gerichte haben dem Dammbruchargument im Rahmen der Beteiligung an der Selbsttötung jedoch keine durchgreifende Wirkung zugesprochen. Zunächst sei *slippery slope* ein Argument, welches im Rahmen des *balancing test* gegen fast alle verfassungsrechtlich geschützten Rechte vorgebracht werden könne und insofern nicht ausreichend sei, die Anerkennung eines substantiellen Rechtes des Einzelnen zu verhindern.[862] Zudem sei das Risiko des *slippery slope* hinsichtlich der Beteiligung an der Selbsttötung nicht größer als bei der passiven Sterbehilfe, welche bereits rechtlich anerkannt sei.[863] Es sei damit Aufgabe des Gesetzgebers, die Risiken durch entsprechende Sicherungsmaßnahmen einzudämmen. Aus dem staatlichen Interesse auf Schutz vor dem „Dammbruch" lasse sich weder ein generelles Verbot der Beteiligung an der Selbsttötung noch ein Verbot im Einzelfall rechtfertigen.[864]

Zum anderen wird auf die Gefahr von ärztlichen Fehldiagnosen hingewiesen.[865] So zeigte sich in einer Studie, daß in den USA etwa 10 Prozent aller Patienten, welche zur Sterbebegleitung in ein Hospiz verlegt werden, später nach Hause zurückkehren können, weil sich ihr Zustand erheblich verbessert hat, oder weil eine falsche Diagnose gestellt worden ist.[866] Schließlich wird auf das staatliche Interesse am Schutz des Patienten vor Mißbrauch hingewiesen. Patienten könnten durch Ärzte oder Angehörige aufgrund der außerordentlichen finanziellen und emotionalen Belastung für alle Beteiligten gedrängt werden, ihrem Leben ein Ende zu setzen.[867] Diese Gefahr muß vor allem vor dem Hintergrund des amerikanischen Gesundheitswesens und seiner finanziellen Lage sehr ernst genommen werden.[868]

---

862 A.a.O., 830 f.

863 Sloss, 48 Stan. L. Rev. 937, 966 (1996).

864 A.a.O.

865 Lyon, 58 U. Cin L. Rev. 1367, 1391 f. (1990).

866 Gabel, 22 Fla. St. U.L. Rev. 369, 404 (1994).

867 So äußerten in einer Umfrage aus dem Jahr 1992 immerhin 47 Prozent der Befürworter der Sterbehilfe, daß sie im Falle einer terminalen Erkrankung eine vorzeitige Beendigung ihres Lebens in Betracht ziehen würden, „weil sie fürchteten, der Familie zur Last zu fallen". Lediglich 20 Prozent gaben als Grund an, „nicht in Schmerzen leben zu wollen", und 19 Prozent wollten nicht „von Maschinen abhängig sein". (Kreimer, 44 The Am. U. L. Rev. 803, 828 Fn. 76 (1995); vgl. hierzu auch Goldberg, The New York Times, 15. December 1995, B1 und B5).

In den USA sind bereits heute circa 40 Millionen Amerikaner (15 Prozent der Bevölkerung) nicht krankenversichert.[869] Diese Zahl der Nichtversicherten wächst pro Jahr um circa eine Million an.[870] Die Kosten der Behandlung von unversicherten Personen tragen die jeweiligen Krankenhäuser, Ärzte und Angehörigen oftmals selbst. Im Jahr 1989 entstanden den Krankenhäusern unversicherte Behandlungskosten in Höhe von US$ 11,1 Milliarden.[871] Viele Krankenhäuser sind deshalb bemüht, teure Behandlungsmaßnahmen für unversicherte Personen möglichst zu vermeiden. Der Schritt zu einer Beeinflussung eines Patienten erscheint vor diesem Hintergrund zumindest nicht undenkbar.

Zudem befindet sich das amerikanische Gesundheitssystem in einer schweren Finanzkrise.[872] Circa 26 Millionen Amerikaner sind zur Zeit durch das staatliche Krankenversicherungsprogramm Medicaid,[873] weitere circa 28 Millionen durch Medicare[874] versichert.[875] Diese beiden staatlichen Krankenversicherungsprogramme stehen aber kurz vor dem finanziellen Zusammenbruch, der maßgeblich auf die mit dem Fortschritt der Medizintechnik rapide ansteigenden Behandlungskosten zurückzuführen ist.[876] Als Beispiel seien hier nur die Behandlungskosten der Krankenhäuser für die mehr als 10 000 irreversibel komatösen Patienten genannt, welche circa US$ 350 Millionen im Jahr betragen.[877] Angesicht dieser rasant steigenden Kosten wird heute die ursprüngliche Ansicht, daß Kosten bei der Behandlung von Patienten keine Rolle spielen sollten, in der öffentlichen Diskussion nicht mehr uneingeschränkt vertreten.[878] So bezeichneten einige Senatoren die Regelungen der Patiententestamente öffentlich als „Maßnahmen der Kostenbeschneidung".[879]

---

868 Martyn / Bourguinon, 85 Cal. L. Rev. 371, 422 (1997).

869 Tsarouhas, 20 Ohio N.U. L. Rev. 793, 810 (1994).

870 Schanker, 68 Ind. L.J. 977, 1005 (1993).

871 A.a.O.

872 Vgl. hierzu Benton, 20 N.Y.U. L. Rev. 787, 784–785 (1994).

873 Medicaid dient der Versorgung der einkommensschwächsten Bürger mit medizinischen Leistungen. Anspruchsberechtigt ist der Personenkreis, der finanzielle Wohlfahrtsleistungen empfängt. Für Patienten ist die medizinische Versorgung kostenlos. (Weigend, Landesbericht Vereinigte Staaten von Amerika, in Eser / Koch, Schwangerschaftsabbruch, S. 976 f.).

874 Medicare wird aus zweckgebundenen Lohnsummensteuern finanziert, die zu gleichen Teilen vom Arbeitgeber und vom Arbeitnehmer aufzubringen sind. Medicare erstattet dem Versicherten nach Abzug eines Eigenbetrages alle „vertretbaren" Krankenhaus-, Arzt- und Behandlungskosten. (Weigend, Landesbericht Vereinigte Staaten von Amerika, in Eser / Koch, Schwangerschaftsabbruch, S. 975.).

875 Schanker, 68 Ind. L.J. 977, 1005 (1993).

876 Tsarouhas, 20 Ohio N.U. L. Rev. 793, 811 (1994).

877 Schanker, 68 Ind. L.J. 977, 1006 f. (1993).

878 A.a.O.

879 Tsarouhas, 20 Ohio N.U. L. Rev. 793, 811 (1994).

Das staatliche Interesse am Schutz vor unerwünschten sozialen Konsequenzen nimmt in der rechtlichen und politischen Diskussion um ein *right to die* folglich eine große Rolle ein. Dies hat dazu geführt, daß in den USA die Freigabe der Beteiligung an der Sterbehilfe nur unter der Voraussetzung bestimmter Sicherungsmaßnahmen befürwortet wird. So wird allgemein gefordert, (1) daß alle Gesuche auf einem freiwilligen Entschluß des Patienten beruhen müssen, (2) daß eine vollständige Aufklärung über alle Alternativen stattgefunden hat und (3) daß ein verläßliches System der nachträglichen Meldung aller Fälle existieren muß, damit die Praxis der Sterbehilfe überschaubar bleibt und Fälle von Mißbrauch aufgedeckt werden können.[880] Ein generelles Verbot der Beteiligung an einer Selbsttötung kann damit aber der Verfassung nicht allgemein entnommen werden.

VI. Ergebnis

Im Bereich der passiven Sterbehilfe wiegt in den USA das Grundrecht des Patienten auf Selbstbestimmung grundsätzlich schwerer als entgegenstehende Interessen des Staates.[881] Nur unter außergewöhnlichen Umständen, etwa wenn der Patient seine Einwilligung zu lebensrettenden medizinischen Maßnahmen verweigert hat, obwohl gute Chancen zur Wiederherstellung seiner Gesundheit bestanden, haben die Gerichte gegen den Willen des Patienten entschieden.[882]

Im Bereich der Beteiligung an der Selbsttötung kann eine verbindliche allgemeingültige Lösung der Interessenabwägung zwischen Staat und Individuum nicht der Verfassung entnommen werden. Vielmehr bleibt die grundsätzliche Abwägung und Regelung den bundesstaatlichen Gesetzgebern vorbehalten. Hierbei läßt die Bundesverfassung die Möglichkeit einer Freigabe der Beteiligung an der Selbsttötung grundsätzlich zu, wenn der Patient entscheidungsfähig ist und seinen Entschluß zu sterben freiverantwortlich getroffen hat. Die entgegenstehenden Interessen des Staates haben hier allerdings ein stärkeres Gewicht als im Bereich der passiven Sterbehilfe und erfordern gesetzliche Maßgaben zur Sicherung der Freiwilligkeit des Entschlusses. Die Ausgestaltung dieser Maßnahmen ist den Gesetzgebern vorbehalten. Aufgabe der Judikative ist es, die staatlichen Maßnahmen im Einzelfall auf ihre Verfassungsmäßigkeit zu überprüfen.

---

880 Arras, 13 J. Contemp. Health L. & Pol'y 361, 371 (1997).

881 Füllmich, Der Tod im Krankenhaus, S. 23.

882 A.a.O.

H. Ausblick zur weiteren Entwicklung in den USA

Die rechtspolitische Diskussion ist in den USA auch nach den neuesten Entscheidungen des Supreme Court bezüglich eines *right to die* noch lange nicht abgeschlossen. Nachdem ein Recht auf passive Sterbehilfe nunmehr durch zahlreiche Entscheidungen fest etabliert ist und weitgehende Zustimmung in der Bevölkerung findet, hat sich die öffentliche Diskussion auf die Problematik der Beteiligung an der Selbsttötung verlagert.

Die Entscheidungen des Supreme Court in den Fällen *Washington v. Glucksberg*[883] und *Vacco v. Quill*[884] aus dem Jahr 1997 haben insoweit zur Klärung beigetragen, als der Supreme Court eine Aufhebung der bundesstaatlichen Strafgesetze durch Etablierung eines unbenannten verfassungsrechtlichen *right to die* im 14. Zusatzartikel oder aus dem Gleichheitsgebot mit eindeutiger Mehrheit abgelehnt hat. Beide Entscheidungen lassen für die Zukunft aber auch wichtige Gesichtspunkte für eine gesetzliche bzw. richterliche Klärung offen.

Bereits in den abweichenden Voten wurde deutlich, daß in Einzelfällen einem entscheidungsfähigen Patienten durchaus ein Recht auf Beteiligung an einer Selbsttötung zustehen kann. Ob dies aus dem Recht auf Privatsphäre des 14. Zusatzartikels oder dem Recht auf freie Religionsausübung des 1. Zusatzartikels abgeleitet werden kann, wurde vom Supreme Court nicht entschieden; eine Herleitung ist aber im Einzelfall aus beiden Zusatzartikeln möglich.

Offen ist die Frage, inwieweit ein Recht auf Beteiligung an einer Selbsttötung von den Gerichten aus den jeweiligen Landesverfassungen abgeleitet werden kann. Im Juli 1997 hatte der Supreme Court des Staates Florida in der Entscheidung *Krischer v. McIver*[885] zu beurteilen, ob ein solches *right to die* aus dem Recht auf Privatsphäre der Verfassung Floridas abgeleitet werden kann. Der Entscheidung lag ein Gesetz des Staates Florida zugrunde, welches die Beteiligung an der Selbsttötung unter Strafe stellte. Der an AIDS im Endstadium erkrankte entscheidungsfähige Patient Charles E. Hall und sein behandelnder Arzt Cecil McIver hatten sich an das Gericht mit dem Antrag gewandt, der Staatsanwaltschaft die Anklageerhebung zu untersagen, falls der Arzt seinem Patienten Hilfe beim Suizid leisten würde. Während die Vorinstanz dem Antrag stattgegeben hatte[886], wies das Oberste Gericht des Staates Florida die Klage ab[887].

Nach Ansicht des Gerichtes ergab sich ein entsprechendes Recht weder aus der Bundesverfassung noch aus dem Recht auf Privatsphäre der Landesverfassung. Eine Verankerung in der Bundesverfassung lehnte das Gericht unter Bezug auf die

---

883 *Washington v. Glucksberg*, U.S., No. 96-110, WL 348094 (1997).

884 *Vacco v. Quill*, U.S., No. 95-1858, Lexis 4038 (1997).

885 *Krischer v. McIver*, 697 So. 2d 97 (Fla. 1997).

886 *McIver v. Krischer*, 679 So. 2d 786 (Fla. Dist. Ct. App. 1996).

887 *Krischer v. McIver*, 697 So. 2d 97 (Fla. 1997).

US Supreme Court Entscheidungen *Washington v. Glucksberg*[888] und *Vacco v. Quill*[889] ab. Ein Recht auf Beteiligung an einer Selbsttötung ergebe sich aber auch nicht aus dem Recht auf Privatsphäre der Verfassung Floridas. Der Staat Florida habe ein legitimes Interesse auf Schutz des Lebens, der Verhinderung von Selbsttötungen und Schutz der ärztlichen Ethik, welches die Interessen des Patienten aufwögen. Dies bedeute jedoch nicht, daß die Freigabe der Beteiligung an einer Selbsttötung durch ein sorgfältig ausgearbeitetes Gesetz verfassungswidrig sei. Vielmehr sei es Aufgabe des Gesetzgebers und nicht des Gerichts, die Abwägung der moralischen Argumente vorzunehmen; denn von den drei Gewalten sei die Judikative am wenigsten fähig, die öffentliche Meinung zu berücksichtigen und umfassende politische Fragen von allgemeinen öffentlichen Interesse in einem gesellschaftlichen Konsens zu lösen.[890] Damit hatte auch der Supreme Court des Staates Florida seine Rolle restriktiv gefaßt und die generelle Entscheidung über die Behandlung der Beteiligung an der Selbsttötung dem Gesetzgeber überlassen. Trotz dieser Entscheidung wird erwartet, daß auch Patienten in anderen Bundesstaaten sich an die Gerichte wenden werden, um ein Recht auf Beteiligung an der Selbsttötung aus den jeweiligen Landesverfassung ableiten zu lassen.[891]

In verschiedenen Bundesstaaten gibt es mittlerweile verstärkte gesetzgeberische Bemühungen, die Beteiligung an einer Selbsttötung unter genau definierten Umständen von Strafe freizustellen.[892] Im Staat Oregon ist eine entsprechende Regelung bereits in Kraft. Die Entscheidungen *Washington v. Glucksberg*[893] und *Vacco v. Quill*[894] des Supreme Court lassen aufgrund des restriktiven richterlichen Kompetenzverständnisses den Schluß zu, daß das höchste Gericht zumindest in seiner derzeitigen Besetzung an der Lehre von der richterlichen Zurückhaltung (*judicial restraint*) im Bereich des *right to die* festhält und nicht zu einem richterlichen Aktivismus zurückkehrt. Da sich aus der Verfassung weder ein generelles Gebot noch ein Verbot der Legalisierung der Beteiligung an einer Selbsttötung ergeben, bleiben die grundsätzlichen politischen Entscheidungen und die Abwägung der widerstreitenden Interessen den Gesetzgebern überlassen. Diese Verteilung der Kompetenzen zwischen Legislative und Judikative wird hinsichtlich eines *right to die* durch die wichtigsten verfassungsrechtlichen Theorien gestützt.

Das Spannungsverhältnis zwischen dem Recht auf Selbstbestimmung des Patienten und den entgegenstehenden staatlichen Interessen erfordert von den Gesetzgebern eine genaue Abwägung der Interessen und die Festlegung bestimmter Si-

---

888 *Washington v. Glucksberg*, U.S., No. 96–110, WL 348094 (1997).

889 *Vacco v. Quill*, U.S., No. 95–1858, Lexis 4038 (1997).

890 *Krischer v. McIver*, 697 So. 2d 97 (Fla. 1997).

891 Vgl. Meisel, Fordham U. L.J. 817, 820 (1997).

892 Daar, 28 U. Mich. J.L. Rev. 799, 820 (1995); McKee, The Recorder, 27. June 1997, S. 1 ff.

893 *Washington v. Glucksberg*, U.S., No. 96–110, WL 348094 (1997).

894 *Vacco v. Quill*, U.S., No. 95–1858, Lexis 4038 (1997).

cherheitsmaßnahmen. Aufgabe der Rechtsprechung wird es sein, die Gesetze im Hinblick auf das Erfordernis bestimmter Sicherungsmaßnahmen und deren konkrete Anwendung verfassungsrechtlich zu überprüfen.

Die Entscheidungen des Supreme Court zu einem *right to die* dürfen bezüglich der grundsätzlichen Methodik der Verfassungsinterpretation über den Bereich des Rechtes auf Privatsphäre und den des Freiheitskonzeptes sowie über den Bereich des Gleichheitsgrundsatzes des 14. Zusatzartikels hinaus nicht überbewertet werden. Der Supreme Court erließ in derselben Woche wie *Washington v. Glucksberg*[895] und *Vacco v. Quill*[896] zwei Entscheidungen *Printz v. United States*[897] und *City of Boerne v. Flores*[898], in denen er gegenüber dem Bundesgesetzgeber eine aktive Rolle einnahm und zwei gesetzliche Regelung für (teilweise) verfassungswidrig erklärte. Damit hatte der Supreme Court zugleich inzident klargestellt, daß er auch in Zukunft nicht in allen verfassungsrechtlichen Fragen eine restriktive Auslegungsmethode anwenden, sondern durchaus eine aktive Rolle gegenüber dem Gesetzgeber einnehmen wird.

Die Entscheidungen zur Sterbehilfe stellen damit wichtige Präzedenzfälle im Bereich des *right to die* und darüber hinaus für die Frage einer Ausweitung des *right of privacy and liberty* dar. Eine generelle Entscheidung des Supreme Court für eine restriktive interpretatorische Verfassungsmethodik kann hieraus aber nicht abgeleitet werden.

---

895 *Washington v. Glucksberg,* U.S., No. 96 – 110, WL 348094 (1997).

896 *Vacco v. Quill,* U.S., No. 95 – 1858, Lexis 4038 (1997).

897 In *Printz v. United States* erklärte der Supreme Court einen Teil des Bundesgesetzes *Brady Handgun Violence Prevention Act* als unvereinbar mit dem ungeschriebenen Verfassungsprinzip des Föderalismus, weil der amerikanische Kongreß, ohne von der Verfassung ermächtigt zu sein, bestimmte Bedienstete (*chief law enforcement officers*) der Einzelstaaten zu staatlichen Kontrollen beim Erwerb von Handfeuerwaffen verpflichtet hatte. (*Printz v. United States,* U.S., No. 95 – 1478 (1997), http://laws.findlaw.com.).

898 In *City of Boerne v. Flores* hielt der Supreme Court das Bundesgesetz *Religious Freedom Restoration Act of 1993* nicht mit dem Prinzip des Föderalismus vereinbar, weil der amerikanische Kongreß ein Gebiet geregelt habe, welches in die Legislativkompetenz der Einzelstaaten fiel (*City of Boerne v. Flores,* U.S., No. 95- 2074 (1997), http://laws.findlaw.com.).

4. Teil

Vergleich der Rechtslagen in Deutschland und den USA und Schlußbetrachtung

Die Analyse der Rechtslagen in Deutschland und in den USA hat gezeigt, daß viele Rechtsprobleme in beiden Staaten parallel auftreten.

A. Vergleich der Rechtslagen beider Länder

Mit der Arbeit kann zunächst der weitverbreiteten Ansicht entgegengetreten werden, daß die strafrechtliche Behandlung der Sterbehilfe in den USA wesentlich liberaler sei. Vom gesetzlichen Wortlaut her erscheint es auf den ersten Blick vielmehr so, daß die amerikanischen Regelungen dem Patienten weniger Freiraum belassen, weil nur sie die Fallgruppe der Beteiligung an der Selbsttötung unter Strafe stellen. In der Praxis zeigt sich aber, daß den amerikanischen Gerichten eine wesentlich flexiblere Lösung der Problematik zur Verfügung steht und die Richter gerade im Bereich der passiven Sterbehilfe dem Patienten ein hohes Maß an Selbstbestimmung einräumen.

I. Die passive Sterbehilfe

In beiden Staaten ist die passive Sterbehilfe vom Gesetz her straffrei, wenn sie auf einem freien und ärztlich aufgeklärten Willensentschluß eines entscheidungsfähigen Patienten beruht. Bei einem entscheidungsunfähigen Patienten ist auf dessen mutmaßliche Einwilligung abzustellen. In Deutschland sind die dogmatische Herleitung und der Umfang eines entsprechenden Rechtes bisher jedoch nicht vollständig geklärt. In widersprüchlicher Weise hat die deutsche Rechtsprechung ein solches Recht nicht immer allein dem Selbstbestimmungsrecht des Patienten zugewiesen, sondern zumindest im Fall *Wittig*[1] einer abschließenden ärztlichen Ermessensentscheidung unterstellt. Bisher waren es vor allem die deutschen Strafgerichte, welche sich im Fall einer passiven Sterbehilfe mit der Frage der Strafbarkeit

1 BGHSt 32, 367 (1984).

der Beteiligten beschäftigt haben. Eine Entscheidung über ein Grundrecht auf passive Sterbehilfe eines Patienten fehlt ganz.

Hingegen hat die amerikanische Rechtsprechung ein Recht auf passive Sterbehilfe dogmatisch konsequent auf das Selbstbestimmungsrecht des Patienten gestützt und rechtlich immer weiter ausdifferenziert. Die Gerichte leiten ein Recht auf passive Sterbehilfe sowohl des entscheidungsfähigen als auch des entscheidungsunfähigen Patienten aus dem Recht auf Privatsphäre der Verfassung der USA und der jeweiligen Bundesstaaten sowie aus dem *Common Law* anhand des Grundsatzes des *informed consent* her. Durch diese Verankerung wird ein Recht auf passive Sterbehilfe für den Patienten bzw. seinen Vertreter auch subjektiv einklagbar. Dies wurde in einer mittlerweile großen Anzahl an untergerichtlichen Entscheidungen durchgängig anerkannt. Obwohl hierzu eine definitive Entscheidung des Supreme Court aussteht, liegt zumindest ein starkes Indiz für eine grundsätzliche Billigung dieses *right to die* vor. So ließ der Supreme Court in seiner bisher einzigen Entscheidung über ein Recht auf passive Sterbehilfe im Fall *Cruzan v. Director, Missouri Department of Health*[2] die verfassungsrechtliche Frage bewußt offen und damit die entsprechenden untergerichtlichen Entscheidungen in Kraft. Zudem sprachen sich in der Entscheidung insgesamt fünf Richter für ein entsprechendes verfassungsrechtliches *right to die* aus.

Der Umfang eines subjektiven Rechtes auf Vornahme der passiven Sterbehilfe ist durch die amerikanische Rechtsprechung weitreichend ausgestaltet worden. Das Recht auf passive Sterbehilfe darf nicht auf bestimmte Fallgruppen beschränkt werden. So ist anerkannt, daß ein Recht des Patienten unabhängig von der Prognose (terminal erkrankt oder nicht), der Bewußtseinsform (entscheidungsfähig oder nicht-entscheidungsfähig), des Ortes (im Krankenhaus oder zu Hause) und der Behandlungsmaßnahmen (gewöhnliche oder außergewöhnliche Maßnahmen) besteht. Dieses *right to die* kann im Einzelfall soweit gehen, daß die Leitung eines Krankenhauses zur passiven Sterbehilfe verpflichtet wird, obwohl dies der religiösen Grundüberzeugung des Hauses widerspricht. Trotzdem ist das Recht des Patienten auf passive Sterbehilfe nicht absolut, sondern muß im Einzelfall gegenüber fünf staatlichen Interessen (Schutz des Lebens, Verhinderung von Selbsttötungen, Schutz von Dritten, Schutz der ärztlichen Ethik und Schutz vor unerwünschten sozialen Konsequenzen) abgewogen werden. Hierbei zeigt sich, daß die amerikanischen Gerichte das Recht auf Selbstbestimmung jedenfalls immer dann höher bewertet, wenn ein freiverantwortlicher Entschluß eines ärztlich aufgeklärten und entscheidungsfähigen Patienten vorliegt.

Die passive Sterbehilfe bleibt in beiden Rechtsordnungen auch im Fall eines entscheidungsunfähigen Patienten straffrei, wenn sie dem mutmaßlichen Willen des Patienten entspricht. In Deutschland wird bisher nur wenig über die Anerkennung und den Umfang eines solchen Rechtes diskutiert, während in den USA ein solches *right to die* richterlich bereits fest etabliert ist. Probleme treten in beiden Staaten

---

2 *Cruzan v. Director, Missouri Department of Health,* 497 U.S. 261 (1990).

vor allem bei der Ermittlung des mutmaßlichen Willens auf. Während in Deutschland richterliche Grundsätze für die Ermittlung des mutmaßlichen Willens eines Patienten und insbesondere für die Rolle eines Patiententestamentes bisher nur vorsichtig formuliert wurden, existiert in den USA gerade zu diesen Aspekten eine umfangreiche Rechtsprechung.

In Deutschland werden hierbei zunächst frühere Äußerungen des Patienten einbezogen sowie auf seine religiöse Überzeugung, seine sonstigen persönlichen Wertvorstellungen, seine altersbedingte Lebenserwartung oder das Erleiden von Schmerzen abgestellt. Erst wenn auch nach sorgfältiger Prüfung der mutmaßliche Wille nicht zu ermitteln ist, darf vorsichtig auf allgemeine Wertvorstellungen zurückgegriffen werden. Diese Vorgehensweise stimmt im wesentlichen mit der Rechtspraxis in vielen amerikanischen Bundesstaaten überein. So existieren auch in den USA drei Entscheidungsmaßstäbe. In den Bundesstaaten wird aber unterschiedlich beurteilt, ob bei der Ermittlung des mutmaßlichen Willens allein ein rein subjektiver Maßstab angelegt wird oder ob darüber hinaus auch auf einen Maßstab der Entscheidungsstellvertretung bzw. einen objektiven Maßstab abgestellt werden darf. In den Staaten New York und Missouri gilt allein der subjektive Maßstab; damit darf der mutmaßliche Wille nur aufgrund früherer mündlicher oder schriftlicher Äußerungen des Patienten selbst bestimmt werden. Dementsprechend erlangt die Bedeutung eines Patiententestamentes in diesen Staaten eine besonders große Bedeutung. In allen übrigen Bundesstaaten darf der mutmaßliche Wille auch mittels des Maßstabes der Entscheidungsstellvertretung ermittelt werden und damit auch anhand von Kriterien, welche nicht direkt auf Äußerungen von Patienten beruhen, jedoch auf seinen Willen schließen lassen. Als Entscheidungshilfen werden die Person des Patienten, sein persönliches Umfeld und die Behandlungsmöglichkeiten der Krankheit herangezogen. Manche Staaten lassen darüber hinaus in Einzelfällen eine passive Sterbehilfe dann zu, wenn sie dem objektiv besten Interesse des Patienten entspricht.

Besondere Schwierigkeiten bereiten in Deutschland und den USA die rechtliche Behandlung der passiven Sterbehilfe für Patienten, welche zu keinem Zeitpunkt ihres Lebens entscheidungsfähig waren. In Deutschland ist diese Problematik noch weithin ungeklärt. Insbesondere liegt zu Fragen der Früheuthanasie noch keine gerichtliche Entscheidung vor. In den USA wurde hingegen in zahlreichen Entscheidungen bereits festgelegt, daß auch solchen Patienten unabhängig von Alter, Krankheitsbild und Geisteszustand, ein Recht auf passive Sterbehilfe zusteht. Hierbei ist jedoch gerade im Fall der Früheuthanasie noch ungeklärt, anhand welcher Kriterien eine medizinische Entscheidung gefällt werden sollte. Diskutiert wird zudem, ob eine Entscheidung für eine passive Sterbehilfe allein den Eltern obliegt oder ob diese nur im Einvernehmen mit Ärzten und Gerichten getroffen werden darf.

II. Die Selbsttötung

Die Selbsttötung und ihr Versuch ist weder in Deutschland noch in den USA unter Strafe gestellt. Nach überwiegender rechtspolitischer Ansicht in beiden Ländern ist das Strafrecht kein geeignetes Mittel, um eine Person von der Vornahme eines Suizidversuches abzuhalten, und eine Pönalisierung mithin abzulehnen.

III. Die Beteiligung an einer Selbsttötung

Die rechtliche Situation in Deutschland und den USA unterscheidet sich hinsichtlich der Beteiligung an einer Selbsttötung auf den ersten Blick am deutlichsten. Während in den USA mit Ausnahme des Staates Oregon die Beteiligung an einer Selbsttötung gesetzlich strafbewehrt ist, bleibt sie in Deutschland aus Gründen der Akzessorietät und mangels entsprechender spezieller Strafbewehrung straflos. Entscheidendes Kriterium für eine Abgrenzung der Strafbarkeit ist damit nach der gesetzlichen Lage in Deutschland, ob der Suizident den Finalakt selbst und freiwillig ausübt, oder ob ein Dritter die letzte Handlung ausgeführt hat. Hingegen wird in den USA vom Gesetz her darauf abgestellt, ob der Patient an seiner „natürlichen" Krankheit oder aufgrund „künstlicher" Ursachen wie der Einnahme von Medikamenten verstirbt.

In der rechtlichen Praxis weisen beide Rechtssysteme aber diametrale Tendenzen auf. In der deutschen Rechtsprechung wird oftmals eine Strafbarkeit der Beteiligung an einer Selbsttötung aus einer wenig überzeugenden Unterlassenskonstruktion hergeleitet. In den USA besteht dagegen die Tendenz, trotz eines eindeutigen gesetzlichen Wortlautes, seitens der Staatsanwaltschaft von einer Anklageerhebung abzusehen oder später im Gerichtsverfahren seitens der Geschworenen oder der Richter zu einer Straflosigkeit der Beteiligten zu kommen. Die hierbei im Einzelfall von den Gerichten gegebenen Begründungen für einen Freispruch können jedoch rechtsdogmatisch nicht überzeugen. Vielmehr versuchen die Gerichte der Tatsache Rechnung zu tragen, daß die überwiegende Mehrheit der Bevölkerung die Beteiligung an einer Selbsttötung nicht (mehr) als strafwürdiges Unrecht ansieht. Verschärft wird die Situation noch dadurch, daß in einigen Bundesstaaten eine strafrechtliche Freigabe der Beteiligung an einer Selbsttötung erwogen wurde, in anderen jedoch diese Fallgruppe noch in den letzten Jahren ausdrücklich gesetzlich unter Strafe gestellt wurde. In beiden Rechtssystemen wird damit die derzeitige gesetzliche Lage und Praxis zumeist als unbefriedigend und nicht der Sache angemessen empfunden. Diskutiert wird deshalb, ob eine Veränderung dieser unbefriedigenden Lage durch die Legislative herbeigeführt werden soll oder ob die Verfassung bereits eine verbindliche Regelung dieser Thematik sowie darüber hinaus der aktiven Sterbehilfe enthält und damit der Judikative eine Korrektur und Systematisierung der derzeitigen einfach-gesetzlichen Lage obliegt. Dieses Problem tritt auch bei der aktiven Sterbehilfe auf.

IV. Die aktive Sterbehilfe

Sowohl in Deutschland als auch den USA muß nach übereinstimmender allgemeiner Ansicht die aktive indirekte Sterbehilfe im Ergebnis straflos bleiben. Die rechtsdogmatische Begründung dieses Ergebnisses fällt aber in beiden Staaten schwer. In Deutschland liegen in der Literatur zwar umfangreiche, aber zumeist wenig überzeugende Versuche einer rechtsdogmatischen Einordnung vor. In den USA fehlt es hingegen an einer vertieften und weitreichenden rechtsdogmatischen Diskussion. Die Entscheidung wird vielmehr dem Richter überlassen, der im Einzelfall zu einer sachgerechten Entscheidung kommen soll. Diese pragmatische, aber wenig auf einheitliche Begründung gerichtete Einstellung wird jedoch nicht als Nachteil gesehen. Das amerikanische Rechtssystem kann damit flexibler auf die Umstände des Einzelfalles eingehen und dem Patientenwohl dienen.

Die aktive direkte Sterbehilfe ist dagegen unabhängig vom Einverständnis des Patienten sowohl in Deutschland wie in den USA strafbewehrt. Hier läßt sich in beiden Staaten jedoch die Tendenz feststellen, hinsichtlich der einvernehmlichen aktiven Sterbehilfe in Fällen von Mitleidstötungen durch Angehörige und Ärzte mit Hilfe juristisch gewagter Konstruktionen zu einer Straflosigkeit oder zumindest deutlichen Strafminderung im Einzelfall zu gelangen und so als ungerecht oder zu rigide empfundene Strafurteile zu vermeiden. Die deutsche Regelung des § 216 StGB in Verbindung mit den Grundsätzen der Strafprozeßordnung, insbesondere dem Legalitätsprinzip der Staatsanwaltschaft, ist allerdings wenig geeignet, diesem Anliegen widerspruchsfrei Rechnung zu tragen. Obwohl auch das amerikanische Strafrecht gewisse dogmatische Schwierigkeiten hat, erweist sich das dortige System des Strafprozesses als wesentlich flexibler. Als Gründe seien hier nur der weite staatsanwaltliche Ermessensspielraum bei der Anklageerhebung sowie die direkte Beteiligung der Bevölkerung als Geschworene am Strafprozeß genannt. Damit kann in der Rechtspraxis sogar ein Freispruch des Angeklagten erreicht werden, obwohl bei einer reinen Subsumtion der Tatsachen unter den Wortlaut des Gesetzes eine Verurteilung erforderlich gewesen wäre. Nachteil dieser Flexibilität ist die Entstehung einer Dichotomie zwischen der gesetzlichen Lage und deren Durchsetzung, welche zu Rechtsunsicherheiten führt und den Ruf nach legislativen Reformen verstärkt.

Eine gesetzliche Entkriminalisierung, wie dies in den Niederlanden durch ein Absehen von Strafverfolgung der aktiven direkten Sterbehilfe unter gewissen Umständen geschehen ist, erscheint zur Zeit weder in Deutschland noch in den USA politisch konsensfähig. Obwohl in den USA – historisch unbelastet – durchaus über diese Thematik diskutiert wird, liegt politisch zur Zeit eine klare Mehrheit für eine Ablehnung einer Freigabe der aktiven direkten Sterbehilfe vor. In Deutschland kommt es bisher nach den Erfahrungen des Nationalsozialismus zu keiner weitgreifenden Diskussion über eine Legalisierung der aktiven Sterbehilfe. Die Bundesärztekammern beider Länder sprechen sich zudem klar gegen eine Legalisierung der aktiven direkten Sterbehilfe aus. Eine gesetzliche Neuregelung und Liberalisierung erscheint damit in beiden Staaten in naher Zukunft wenig wahrscheinlich. In der amerikanischen Diskussion wird jedoch diskutiert, ob die Judikative ein entsprechendes *right to die* aus der amerikanischen Bundesverfassung entnehmen kann.

V. Das *right to die* im Licht der Verfassungen

Beide Verfassungen erwähnen ein Recht auf Selbsttötung oder auf Sterbehilfe nicht; dagegen existieren in beiden Verfassungen allgemeine Garantien zum Schutz des Lebens, der Freiheit und der Religion. Als verfassungsrechtliche Ansatzpunkte für ein *right to die* werden in beiden Ländern das Recht auf (medizinische) Selbstbestimmung und das Recht auf Gewissens- und Glaubensfreiheit diskutiert. In den USA findet darüber hinaus auch eine Überprüfung der entsprechenden Strafgesetze anhand des Gleichheitsgrundsatzes statt.

In Deutschland existiert zu den verfassungsrechtlichen Problemen noch kein Urteil des Bundesverfassungsgerichtes. So scheiterte die bisher einzige Verfassungsbeschwerde bereits an der Zulässigkeit. In den USA wurden vom Supreme Court hingegen bereits drei Entscheidungen erlassen, welche sich mit der verfassungsrechtlichen Etablierung eines *right to die* beschäftigen.

1. Das Recht auf medizinische Selbstbestimmung

Während der Supreme Court in der Entscheidung *Cruzan v. Director, Missouri Department of Health*[3] im Jahr 1990 die Frage der verfassungsrechtlichen Etablierung eines Rechtes auf passive Sterbehilfe ausdrücklich offenließ, ging er im Jahr 1997 in *Washington v. Glucksberg*[4] auf die Problematik ein, ob ein Recht auf Beteiligung an einer Selbsttötung im Recht auf medizinische Selbstbestimmung verankert ist. Ausgehend vom (weiten) Wortlaut des 14. Zusatzartikels wäre eine Verankerung eines solchen *right to die* ohne Schwierigkeiten möglich gewesen. Analog der deutschen Problematik in Art. 2 Abs. 1 GG hatte damit auch das höchste Gericht in den USA die schwierige Frage zu entscheiden, ob und mit welchen Interpretationsmethoden ein Verfassungsgericht zu der Anerkennung eines neuen

---

3 *Cruzan v. Director, Missouri Department of Health*, 497 U.S. 261 (1990).

4 *Washington v. Glucksberg*, U.S., No. 96–110, WL 348094 (1997).

Grundrechtes und damit der Konkretisierung der Verfassungsnorm überhaupt befugt ist. Verschärft wurde diese Problematik dadurch, daß gerade im Bereich des *right of privacy and liberty* des 14. Zusatzartikels keine einheitliche Rechtsprechung hinsichtlich dieser methodischen Frage vorlag. So gab es insbesondere mit der Entscheidung *Roe v. Wade*[5] und *Bowers v. Hardwick*[6] zwei mögliche Präzedenzfälle, welche sich methodisch völlig unterschieden.

Der Supreme Court entschied sich eindeutig für die Anwendung einer restriktiven und eng an die Geschichte und Tradition gebundenen Interpretationsmethode und kam damit einstimmig zu einer Ablehnung eines generellen Rechtes auf Selbsttötung und der Beteiligung an einer Selbsttötung aus dem Recht auf medizinische Selbstbestimmung. Die Ansicht des *judicial restraint* in der Frage eines *right to die* wird auch von den derzeit wichtigsten amerikanischen Verfassungstheorien bei einer konsequenten Anwendung unterstützt. Offen ließ der Supreme Court hingegen die Frage, ob sich in Einzelfällen ein *right to die* aus dem Recht auf medizinische Selbstbestimmung des 14. Zusatzartikels ergeben kann. Ein Recht des Einzelnen auf Selbstbestimmung muß von den Gesetzgebern bei der Fassung von Gesetzen sowie von den Gerichten im jeweiligen Einzelfall gegenüber den widerstreitenden Interessen des Staates abgewogen werden. Staatliche Interessen sind die Erhaltung des Lebens, Verhinderung von Selbsttötungen, Schutz der medizinischen Ethik, Schutz von unbeteiligten Dritten und der Schutz vor unerwünschten sozialen Konsequenzen.

Mit der Analyse wird zugleich die in Deutschland überwiegende Ansicht unterstützt, welche zunächst zwar ein Recht des Patienten auf Abbruch von Behandlungsmaßnahmen anerkennt, jedoch die grundsätzliche Regelung der übrigen Fallgruppen der Sterbehilfe dem politischen Prozeß überlassen möchte. Aufgabe der Judikative muß es hingegen bleiben, die derzeitige legislative Wertung konsequent umzusetzen und damit auch die grundsätzliche Straffreiheit der Beteiligung an der Selbsttötung nicht durch Unterlassenskonstruktionen zu unterlaufen. Schon durch eine konsistente Rechtsprechung können die Rechte der Patienten gestärkt und die derzeit bestehenden Rechtsunsicherheiten in der Bevölkerung und speziell bei Ärzten vermindert werden.

2. Der Gleichheitsgrundsatz

In Deutschland wurde bisher der Bedeutung des Gleichheitsgrundsatzes des Art. 3 GG im Hinblick auf die gesetzliche Fassung der Sterbehilfe wenig Bedeutung zugemessen. In der amerikanischen Diskussion nimmt hingegen die Überlegung, daß Patienten nicht durch eine willkürliche Entscheidung des Gesetzgebers an der beschleunigten Herbeiführung ihres Todes gehindert werden dürfen und da-

---

5 *Roe v. Wade*, 410 U.S. 113 (1973).

6 *Bowers v. Hardwick*, 478 U.S. 186 (1986).

her ein Verstoß gegen das Gleichheitsgebot vorliegen könnte, eine wichtige Rolle ein. Im Jahr 1997 entschied der Supreme Court in der Leitentscheidung *Vacco v. Quill,*[7] daß die Judikative nicht befugt sei, die strafrechtliche Bewehrung der Beteiligung an einer Selbsttötung oder der aktiven Sterbehilfe gemäß des Gleichheitsgebotes aufzuheben. Dem Ergebnis und der angewandten Methode der richterlichen Zurückhaltung (*judicial restraint*) ist zuzustimmen, wenngleich die Begründung, es liege keine Ungleichbehandlung vor, nicht überzeugt. So liegt in der strafrechtlich unterschiedlichen Bewertung der passiven Sterbehilfe und der Beteiligung am Suizid zwar eine Ungleichbehandlung; diese beruht aber auf den zumindest rational nachvollziehbaren Gründen des Vorsatzes und der Kausalität und wird durch die bereits oben genannten Interessen des Staates legitimiert. Die legislative Wertung stellt deshalb keine im Sinne des 14. Zusatzartikels willkürliche Ungleichbehandlung durch den Gesetzgeber dar. Das Gleichheitsgebot gibt allerdings den amerikanischen Gerichten die Möglichkeit, einzelne Sicherheitsbestimmungen der gesetzlichen Regelung auf ihre Bedeutung und Konsistenz zu überprüfen.

Die dargelegten staatlichen Interessen sind auch in Deutschland virulent und stark genug, die mit § 216 StGB getroffene Entscheidung des Gesetzgebers zumindest zu rechtfertigen. Die Unterscheidung zwischen der einvernehmlichen aktiven Sterbehilfe und den übrigen Formen der Sterbehilfe verstößt damit nicht gegen Art. 3 GG. Eine Überprüfung des § 216 StGB anhand des Gleichheitsgrundsatzes ist deshalb wenig fruchtbar. In Zukunft kann Art. 3 Abs. 1 GG jedoch ein wichtiger Aspekt in der Diskussion werden, ob und inwieweit der Bereich der Sterbehilfe legislativ ausgestaltet werden soll, und welche einzelnen Sicherheitsbestimmungen im Fall einer Legalisierung notwendig sind.

3. Das Recht auf Glaubens- und Gewissensfreiheit

Von untergeordneter Bedeutung ist in Deutschland bisher die verfassungsrechtliche Prüfung der Patientenrechte anhand des Art. 4 Abs. 1 GG geblieben, obgleich das BVerfG bereits entschieden hat, daß Art. 4 Abs. 1 GG zumindest im Rahmen des § 323c StGB anzuwenden und in Einzelfällen gegenüber dem Lebenserhaltungsinteresse vorrangig sein kann.[8]

Nicht überzeugen kann der Einwand gegen ein weitergehendes Recht auf Suizid, daß der Selbsttötungsentschluß generell nicht freiverantwortlich gefaßt werde und schon deshalb keine freie Gewissensentscheidung vorliege. Anerkanntermaßen muß es Anliegen des Staates sein, Selbsttötungen zu verhindern, welche nicht auf dem freien Willen des Patienten beruhen; dies impliziert aber keineswegs, daß jeder Entschluß zur Selbsttötung auf einem unfreien Willen des Patienten beruht.

---

7 *Vacco v. Quill,* U.S., No. 95 – 1858, Lexis 4038 (1997).

8 BVerfGE 32, 98, 106 (1971).

Das entscheidende Problem ist vielmehr, im Einzelfall den Willen des Patienten fehlerfrei zu ermitteln.

Ein Blick in die amerikanische Rechtspraxis zeigt, daß das Verbot der Sterbehilfe einen Eingriff in das Recht des Patienten auf Verfügung über sein Leben und mithin seiner Religion darstellen kann. Das Verfügungsverbot über das eigene Leben ist eine religiöse Grundüberzeugung, wie ein Blick in die Entstehungsgeschichte und die unterschiedlichen Einstellungen verschiedener Religionen erweist. Damit wird der Staat grundsätzlich durch den 1. Zusatzartikel zur Toleranz dieser religiösen Grundüberzeugung verpflichtet. Amerikanische Gerichte haben mit dieser Begründung in Einzelfällen bereits ein Recht auf passive Sterbehilfe aus dem Recht auf Religionsfreiheit des 1. Zusatzartikels bejaht. Umstritten ist allerdings, ob auch ein Recht auf Beteiligung an einer Selbsttötung und sogar auf aktive Sterbehilfe aus dem Gebot der staatlichen Religionstoleranz abgeleitet werden kann. Die Analyse hat gezeigt, daß einem Patienten aus der Ausübungsklausel des 1. Zusatzartikels in Einzelfällen ein weitreichendes *right to die* zustehen kann. Eine richterliche Aufhebung der strafrechtlichen Regelungen kann sich aber hieraus nicht ergeben, weil die Ausübungsklausel des 1. Zusatzartikels grundsätzlich nur zu einer Nichtanwendung der Strafrechtsnorm im Einzelfall führen kann.

Diese Überlegungen sind auch für die deutsche Diskussion um ein Recht auf Suizid und Sterbehilfe aus Art. 4 Abs. 1 GG von Bedeutung. Zunächst bestätigen sie die Ansicht des BVerfG, daß sich aus Art. 4 Abs. 1 GG in Einzelfällen eine weitergehende Pflicht des Staates zur strafrechtlichen Tolerierung der passiven Sterbehilfe ergeben kann. Dies kann jedoch nicht zu einer Aufhebung der gesetzlichen Regelung des § 216 StGB führen, weil auch hier auf die entgegenstehenden Interessen des Staates rekurriert werden kann, welche säkulare Interessen sind und die Regelung des § 216 StGB rechtfertigen.

VI. Der Kompetenzkonflikt zwischen Judikative und Legislative

Die Frage eines *right to die* führt sowohl in Deutschland als auch den USA zu der Problematik der kompetenzrechtlichen Entscheidungsbefugnis und damit der rechtlichen Abgrenzung von Judikative und Legislative. Entscheidend ist hierbei, welche der beiden Gewalten die Abwägung zwischen dem Recht des Einzelnen auf Selbstbestimmung und den Rechten der Gesellschaft auf Lebenserhaltung vornehmen und rechtsverbindlich regeln darf.

Sowohl in Deutschland als auch den USA stehen dem Individuum unveräußerliche Menschenrechte zu, welche auf eine westlich geprägte Werteordnung und ihrem Menschenbild beruhen und bei der Abwägung gegenüber konkurrierenden staatlichen Rechten und Interessen den Vorrang erhalten müssen. Diese Rechte sind von allen drei Gewalten als verbindlicher Handlungsmaßstab zu beachten.

Eine vordringliche Aufgabe der Rechtsprechung insbesondere der Verfassungsgerichte ist es, Einzelne sowie Minderheiten vor ungerechtfertigten staatlichen Eingriffen gerade in solche Rechte zu schützen.

In den USA stellt der 9. Zusatzartikel implizit klar, daß die Rechtsprechung nicht nur solche Rechte schützen darf, welche im Text der Verfassung ausdrücklich genannt sind. Der damit verfassungsrechtlich garantierte richterliche Freiraum bei der Schaffung und Ausgestaltung von unbenannten Verfassungsrechten und das Verständnis der Verfassung als *living constitution* haben einerseits zu einer hohen Anpassungsfähigkeit der Verfassung an gesellschaftliche Veränderungen geführt.[9] Andererseits besteht bei der Etablierung neuer Verfassungsrechte und der Aufhebung von Gesetzen durch die Judikative immer die Gefahr der übermäßigen Ausweitung und des Mißbrauchs dieses richterlichen Freiraumes. Anders als die Legislative ist die Judikative meist nicht durch direkte demokratische Wahl legitimiert. Richterliche und legislative Gewalt müssen sich im Sinne des Demokratieprinzips und der Gewaltenteilung gegenseitig begrenzen.

Im Fall der Sterbehilfe hat sich der U.S. Supreme Court für eine Begrenzung seiner Rolle ausgesprochen. Das höchste Gericht hat die generelle Regelung der Beteiligung an einer Selbsttötung den Gesetzgebern der Einzelstaaten überlassen, sich selbst allerdings den Weg zu einer richterlichen Überprüfung im Einzelfall offengelassen. Damit bleibt es der Judikative weiterhin möglich, eine hohe Flexibilität in Einzelfällen zu wahren, ohne jedoch ihre Rolle durch die Etablierung eines generellen Rechtes auf Beteiligung an der Selbsttötung oder auf aktive Sterbehilfe zu Lasten der Legislative (zu) weit auszudehnen. Diese pragmatische Haltung entspricht den Grundsätzen des *Common Law* und beläßt der Judikative die Möglichkeit, in den schwierigen Fragen am Ende eines Lebens auf die Situation und das Schicksal des Patienten, der Angehörigen und der Ärzte in jedem Einzelfall einzugehen. Gleichzeitig können solche gerichtlich behandelten Einzelfälle zu einer Verstärkung des politischen Diskurses beitragen.

Bei der Diskussion um die rechtliche Behandlung der Sterbehilfe in Deutschland können diese Überlegungen fruchtbar gemacht werden. Hierbei darf es nicht vorrangig oder gar ausschließlich darum gehen, eine rechtsdogmatisch zufriedenstellende Lösung zu finden und dabei den Patienten und sein Schicksal aus den Augen zu verlieren. Vielmehr zeigen die amerikanischen Erfahrungen, daß eine Berücksichtigung der Interessen des Patienten und der Gesellschaft im jeweiligen Einzelfall zu einer sachnäheren Abwägung der Fakten und deshalb zu einer angemesseneren Entscheidung führen kann. Der Judikative bleibt damit vorbehalten, im einzelnen das Recht des Individuums auf Selbstbestimmung gegenüber unverhältnismäßigen Eingriffen des Staates zu schützen. Die generelle Abwägung des Konfliktes und die rechtliche Fassung der Sterbehilfe muß jedoch analog den ame-

[9] Dies war ein entscheidender Grund, daß die amerikanische Verfassung seit ihrem Erlaß im Jahre 1791 lediglich zwölfmal durch insgesamt zweiundzwanzig Zusatzartikel abgeändert bzw. ergänzt werden mußte (vgl. Fraenkel, Das amerikanische Regierungssystem, S. 20).

rikanischen Erfahrungen der Legislative vorbehalten bleiben. Die schwierigen rechtlichen Fragen am Ende des Lebens sind im politischen Prozeß zu erörtern und von der Legislative zu entscheiden.

B. Schlußbetrachtung

In Deutschland und den USA weicht die zur Zeit geltende positivierte Rechtslage von deren tatsächlichen Durchsetzung erheblich ab und wird insofern von Befürwortern und Gegnern der Sterbehilfe als unbefriedigend empfunden. In beiden Rechtssystemen wird deshalb eine Reformierung der rechtlichen Situation gefordert, wobei hoch umstritten ist, ob und inwieweit eine gesetzliche Neufassung nötig ist oder es der Judikative obliegt, durch richterliche Ausgestaltung und der Verankerung eines *right to die* in der Verfassung die Problematik adäquat zu behandeln.

Ein Recht auf passive Sterbehilfe kann beiden Verfassungen entnommen werden. Die deutschen Gerichte haben sich dieser Thematik jedoch nur vorsichtig angenommen; hingegen wurde in den USA von zahlreichen amerikanischen Gerichten ein Recht auf passive Sterbehilfe als subjektiv einklagbares Recht fest etabliert und dem Patienten damit in konsistenter und überzeugender Weise ein weitgehendes Selbstbestimmungsrecht einräumt. Die amerikanischen Erfahrungen können auch in Deutschland in rechtliche Überlegungen einbezogen und damit von richtungsweisender Bedeutung für die weitere Entwicklung sein.

In den USA hat die Anerkennung eines *right to die* dazu geführt, daß das Recht des Patienten auf passive Sterbehilfe in weiten Teilen der Bevölkerung bekannt geworden ist und akzeptiert wird. Die konsequente richterliche Ausgestaltung verminderte Rechtsunsicherheiten und gab den Betroffenen klare Richtlinien. Entscheidungen über die Nichtaufnahme oder den Abbruch von Behandlungsmaßnahmen können deshalb heute meist im Konsens der Beteiligten, d. h. ohne Einschaltung der Gerichte getroffen werden. Die verfassungsrechtliche Anerkennung eines *right to die* hat also das Bemühen um eine Humanisierung des Sterbens unterstützt. Auch die deutsche Reformdiskussion zur passiven Sterbehilfe darf sich nicht in straf- und betreuungsrechtlichen Aspekten erschöpfen. Vielmehr können die US-amerikanischen Entscheidungen und Erfahrungen als argumentative Grundlage dienen, die Notwendigkeit der Verankerung eines Rechtes auf passive Sterbehilfe im deutschen Grundgesetz hervorzuheben und damit gleichermaßen dem Wohl des Patienten, der Integrität seiner Familie und der Rechtssicherheit der behandelnden Ärzte zu dienen.

Eine subjektive Rechtsgarantie für den Patienten auf freie Entscheidung über Selbsttötung und Sterbehilfe kann zunächst aus beiden Verfassungen gewonnen werden, doch ist eine solche Deutung keineswegs zwingend. Die verfassungsrechtliche Anerkennung dieses *right to die* ist deshalb in der deutschen und amerikanischen Diskussion sehr umstritten.

Für die richterliche Anerkennung eines *right to die* spricht zunächst, daß ein verfassungsrechtliches Recht auf Selbsttötung und auf Hilfe zur Selbsttötung in beiden Staaten zu einer Schließung der bestehenden Dichotomie zwischen gesetzgeberischer Wertung und Rechtspraxis beitragen kann. In Deutschland wären die Strafgerichte dazu angehalten, die Straffreiheit der Beteiligung an einer Selbsttötung nicht durch Unterlassenskonstruktionen zu unterlaufen. Zudem führt selbst eine dogmatisch konsistente Anwendung des deutschen Strafrechtes nicht zu einer verfassungsrechtlich geschützten subjektiven Rechtsgarantie und damit einklagbaren Rechtsposition. In den USA würde durch ein *right to die* der weit verbreiteten Ansicht und gerichtlichen Praxis Rechnung getragen, daß es sich bei der Beteiligung an der Selbsttötung nicht um strafwürdiges Unrecht handelt. Die entsprechenden Verbote der Einzelstaaten wären verfassungswidrig und damit aufzuheben.

Der U.S. Supreme Court hat sich jedoch in restriktiver Interpretation seiner Kompetenz ausdrücklich dafür ausgesprochen, die grundsätzliche Ausgestaltung dieser Thematik dem Gesetzgeber zu überlassen, sich aber eine Überprüfung von Einzelfällen vorbehalten. Die vorliegende Arbeit hat gezeigt, daß die Ablehnung einer generellen Verankerung eines Rechtes auf Hilfe zur Selbsttötung in der Verfassung aus zwei Gründen unterstützt werden muß. Zum einen wird dieses Ergebnis – wenngleich mit anderen Begründungen – auch bei Anwendung anderer, nicht restriktiver Methoden der Verfassungsinterpretation erzielt oder zumindest nicht eindeutig widerlegt. Zum anderen erscheint der politische Prozeß geeigneter, die Regelung eines moralisch und rechtlich hochsensiblen Bereichs wie der Sterbehilfe vorzunehmen.

Diese inhaltliche und methodische Ansicht zur verfassungsrechtlichen Verankerung eines *right to die* kann auch für die deutsche Reformdiskussion fruchtbar gemacht werden, da sich der grundlegende Konflikt zwischen dem Selbstbestimmungsrecht des Einzelnen und dem Recht des Staates auf Lebenserhaltung in beiden Staaten ähnlich stellt. Die vorliegende Arbeit hat gezeigt, daß sich auch durch Auslegung des deutschen Grundgesetzes nicht eindeutig ein *right to die* ableiten läßt und die Thematik der Sterbehilfe damit analog den amerikanischen Erfahrungen im politischen Diskurs gelöst werden sollte. Der Komplexität der Problematik kann nur ein politisches Forum mit einer gründlichen Abwägung der verschiedenartigen unterliegenden Interessen gerecht werden. Auch in Deutschland sollte die Problematik damit einer weitgehenden Prärogative der Legislative überlassen bleiben und die Judikative zu einer einzelfallbezogenen Prüfung anhalten. Aufgabe der Judikative ist zudem, die Mitwirkung relevanter Gruppen an dem politischen Verfahren sicherzustellen.

Medizinische, moralische und rechtspolitische Gesichtspunkte werden auch in Zukunft in der Diskussion der Problematik der Sterbehilfe und der Frage eines *right to die* eine wichtige Rolle spielen. Einen unumstrittenen Konsens wird es aufgrund der existentiellen Bedeutung der Problematik sicherlich nicht geben. Die in der Arbeit aufgezeigten rechtlichen Aspekte können zu einer Versachlichung der Diskussion beitragen und bieten dem Leser zugleich ein Fundament für eine eigene Entscheidungsfindung.

Literaturverzeichnis

Ad Hoc Committee of the Harvard Medical School to Examine the Definition of Brain Death, A Definition of Irreversible Coma. 205 Journal of the American Medical Association 1968, S. 337 ff.

Alternativentwurf eines Gesetzes über Sterbehilfe (AE-Sterbehilfe, 1986), Entwurf eines Arbeitskreises von Professoren des Strafrechts und der Medizin und ihrer Mitarbeiter, vorgelegt von Baumann, Jürgen u. a., Stuttgart / New York 1986.

Altman, Lawrence K., Jury Declines to Indict a Doctor Who Said he Aided in a Suicide, The New York Times, 27. July 1991, A 1.

American Law Institute, Model Penal Code and Commentaries, vol. 2, Philadelphia 1980.

American Medical Association, Report B of the Council on Ethical and Judicial Affairs of the American Medical Association 1991.

Annas, George J., The „Right to Die" in America: Sloganeering from Quinlan and Cruzan to Quill and Kevorkian, 34 Duquesne Law Review 1996, S. 875 ff.

Anonymous, „It's over Debbie" 259 Journal of the American Medical Association 1988, S. 272 ff.

Arras, John D., Physician-Assisted Suicide: A Tragic View, 13 Journal of Contemporary Health Law & Policy 1997, S. 361 ff.

Arzt, Günther / *Weber,* Ulrich, Strafrecht, Besonderer Teil, Delikte gegen die Person, 3. Aufl., Bielefeld 1988.

The Associated Press, Kevorkian Gets Prison Time, Gets 10 to 25 Years for Death of Lou Gehring's Disease Victim (April 1999) http://abcnews.go.com/sections/us/DailyNews/kevorkian_decision990413.html.

Bade, Ulf, Der Arzt an den Grenzen von Leben und Recht: Über die Erlaubtheit ärztlicher Sterbehilfe unter besonderer Berücksichtigung des § 216 StGB, Lübeck 1988.

Balzar, John, Right to Die Measure Trails in Washington, The Los Angeles Times, 6. November 1991, A 1, A 16.

Baron, Charles H. et al., Statute, A Model State Act to Authorise and Regulate Physician-Assisted Suicide, 33 Harvard Journal on Legislation 1996, S. 1 ff.

Barron, Jerome A. / *Dienes,* C. Thomas, Constitutional Law, St. Paul 1986.

Baumgarten, Mark-Oliver, The Right to Die?, Rechtliche Probleme um Sterben und Tod, Bern / Berlin / Frankfurt am Main / New York / Paris / Wien 1998.

Beauchamp, Tom L. / *Veatch,* Robert M., Ethical Issues in Death and Dying, 2nd ed., New Jersey 1996.

Beckert, Frauke, Strafrechtliche Probleme um Suizidbeteiligung und Sterbehilfe unter besonderer Berücksichtigung historischer und ethischer Aspekte, Aachen 1996.

Beleitis, Die Grundsätze der Bundesärztekammer zur ärztlichen Sterbebegleitung verabschiedet, http.//www.bundesaerztekammer.de

Benton, Andrew, Personal Autonomy and Physician-Assisted Suicide: The Appropriate Response to a Modern Ethical Dilemma, 20 New York University Law Review 1994, S. 767 ff.

Berger, Arthur S. / *Berger*, Joyce, To Die or not to Die?: Cross-Disciplinary, Cultural and Legal Perspectives on the Right to Choose Death, New York 1990.

Berger, Raoul, Legal Theory: Activist Censures of Robert Bork, 85 Northwestern University Law Review 1991, S. 993 ff.

– Mark Tushnet's Critique of Interpretivism, 51 George Washington Law Review 1993, S. 532 ff.

– New Theories of „Interpretation" The Activist Fight from the Constitution, 47 Ohio State Law Journal 1986, S. 1 ff.

– Some Reflections on Interpretivism, 55 George Washington Law Review 1986, S. 1 ff.

Berliner Zeitung, Haftbefehl, 26. November 1998, S. 10.

Bernat, Erwin, Das Recht an der Grenze zwischen Leben und Tod, Zum Stand der Diskussion in den Vereinigten Staaten von Amerika, in Bernat Erwin (Hrsg.), Ethik und Recht an der Grenze zwischen Leben und Tod, Graz 1993.

Bernsmann, Klaus, Der Umgang mit irreversibel bewußtlosen Personen und das Strafrecht, ZRP 1996, S. 87 ff.

Beschlüsse der strafrechtlichen Abteilung des 56. Deutschen Juristentages, in: Verhandlungen des 56. Deutschen Juristentages, Berlin 1986, Bd. II (Sitzungsberichte), München 1986, S. 191 ff.

Bienwald, Werner, Anmerkung zu OLG Frankfurt a. M., Beschluß vom 15. 7. 1998 – 20 W 224/98, FamRZ 1998, S. 1138 f.

Black, Henry Champell, Black's Law Dictionary, Fifth Edition, St. Paul 1979.

Bockelmann, Paul, Strafrecht des Arztes, Stuttgart 1968.

Bork, Robert, Neutral Principles and Some First Amendment Problems, 47 University of Indiana Law Journal 1971, S. 1 ff.

– The Tempting of America: The Political Seduction of the Law, New York 1990.

Bottke, Wilfried, Buchbesprechung zu Fink, U., Selbstbestimmung und Selbsttötung, JR 1994, S. 42 f.

– Das Recht auf Suizid und Suizidverhütung, GA 1982, S. 346 ff.

– Probleme der Suizidbeteiligung, GA 1983, S. 22 ff.

– Strafrechtliche Probleme am Lebensbeginn und am Lebensende. Bestimmungsrecht versus Lebenserhaltung?, in: Rechtsstaat in der Bewährung, Band 30, Lebensverlängerung aus medizinischer, ethischer und rechtlicher Sicht, hrsg. von Bottke, Wilfried / Fritsche, Paul / Huber, Wolfgang / Schreiber, Hans-Ludwig, Heidelberg 1995, S. 35 ff.

– Suizid und Strafrecht, Berlin 1982.

Bracton, Henry de, Treatise on the Laws and Customs of England, 1220–1260, (G. Woodbine ed., S. Thorne transl. 1965).

Brady, Kathleen, Putting Faith Back into Constitutional Scholarship: A Defense of Originalism, 36 Catholic Lawyer 1995, S. 137 ff.

Brändel, Oliver, Über das Recht, den Zeitpunkt des eigenen Todes selbst zu bestimmen, ZRP 1985, S. 85 ff.

Bringewat, Peter, Die Strafbarkeit der Beteiligung an fremder Selbsttötung als Grenzproblem der Strafrechtsdogmatik, ZStW 1987, S. 623 ff.

– Unbeachtlicher Selbsttötungswille und ernstliches Tötungsverlangen – Ein Widerspruch?, in: Suizid und Euthanasie als human- und sozialwissenschaftliches Problem, hrsg. von Eser, Albin, Stuttgart 1976, S. 368 ff.

Broock, D.W., Voluntary Active Euthanasia, 22 Hastings Center Report 1992, S. 19 ff.

Brugger, Winfried, Einführung in das öffentliche Recht der USA, München 1993.

– Grundrechte und Verfassungsgerichtsbarkeit in den Vereinigten Staaten von Amerika, Tübingen 1987.

– Persönlichkeitsentfaltung als Grundwert der amerikanischen Verfassung: Dargestellt am Beispiel des Streits um den Schutz von Abtreibung und Homosexualität, Heidelberg 1994.

– Verfassungsgerichtspolitik à la USA, ZRP 1987, S. 53 ff.

Bruni, Frank, A Fight over Baby's Dignity and Death, The New York Times, 9. March 1996, S. 6.

Brunner, Bernhard, Die vorsätzliche Tötung im Strafrecht der Vereinigten Staaten, insbesondere des Staates Kalifornien, im Vergleich zum deutschen Recht unter Hervorhebung der Euthanasie-Problematik, Regensburg 1998.

Bundesärztekammer, Grundsätze der Bundesärztekammer zur ärztlichen Sterbebegleitung vom 11. September 1998, NJW 1998, S. 3407 ff.

– Kriterien des Hirntodes mit Entscheidungshilfen zur Feststellung des Hirntodes, DÄBl. 1986, S. 2940 ff.

Burgess-Jackson, The Legal Status of Suicide in Early America: A Comparison with the English Experience, 29 Wayne Law Review 1982, S. 57 ff.

Coeppicus, Rolf, Behandlungsabbruch, mutmaßlicher Wille und Betreuungsrecht, NJW 1998, S. 3381 ff.

Clark, Nina, The Politics of Physician Assisted Suicide 1997.

Coppiers, Kris, Way Cleared for Oregon Assisted-Suicide Law (May 1998) http://www.oricom.ca/~rcantin/DDNews/USA14-10-97.html.

Daar, Judith F., Direct Democracy and Bioethical Choices: Voting Life and Death at the Ballot Box, 28 Michigan University Journal of Law 1995, S. 799 ff.

Dellinghausen, Ulrike Baronin von, Sterbehilfe und Grenzen der Lebenserhaltungspflicht des Arztes, Düsseldorf 1981.

Deutsch, Erwin, Der Zeitpunkt der ärztlichen Aufklärung und die antizipierte Einwilligung des Patienten, NJW 1979, S. 1905 ff.

Dölling, Dieter, Zulässigkeit und Grenzen der Sterbehilfe, MedR 1987, S. 6 ff.

Dworkin, Ronald, Bork's Jurisprudence, 57 University of Chicago Law Review 1990, S. 657 ff.

– Life's Dominion. An Argument About Abortion, Euthanasia, and Individual Freedom, New York 1993.

– Taking Rights Seriously, Cambridge 1977.

Dylan Lowe, Alexandra, Facing the Final Exit, ABA Journal, September 1997, S. 48 ff.

Ely, John H., Constitutional Interpretivism: Its Allure and Impossibility, 53 University of Indiana Law Journal 1978, S. 399 ff.

– Democracy and Distrust: A Theory of Judicial Review, Harvard 1980.

Emmanuel, Ezekiel / *Emmanuel,* Linda, Assisted Suicide? Not in My State, The New York Times, 24. July 1997, A 21.

Eser, Albin, Lebenserhaltungspflicht und Behandlungsabbruch aus rechtlicher Sicht, in: Zwischen Heilauftrag und Sterbehilfe – Zum Behandlungsabbruch aus ethischer, medizinischer und rechtlicher Sicht, hrsg. von Auer, A. / Menzel, H. / Eser, A., Köln 1977.

– Sterbewille und ärztliche Verantwortung, MedR 1985, S. 6 ff.

– Freiheit zum Sterben – Kein Recht auf Tötung, JZ 1986, S. 786 ff.

Eser, Albin / *Koch,* Hans-Georg (Hrsg.), Materialien zur Sterbehilfe: Eine internationale Dokumentation, Freiburg 1991.

– Schwangerschaftsabbruch im internationalen Vergleich: Rechtliche Regelungen – Soziale Rahmenbedingungen – Empirische Grunddaten, Teil 1 und 2, Baden-Baden 1988.

Fink, Udo, Selbstbestimmung und Selbsttötung: Verfassungsrechtliche Fragestellungen im Zusammenhang mit Selbsttötungen, Köln / Berlin / Bonn / München 1992.

Fraenkel, Ernst, Das amerikanische Regierungssystem, Köln / Opladen 1960.

Frankfurter Allgemeine Zeitung, Prioritäten, 27. November 1996, S. 1.

– Seehofer lobt Richtlinien zur Sterbehilfe, 18. September 1998, S. 1.

– Sterbehilfe-Arzt des Mordes angeklagt, 27. November 1998, S. 13.

Friedman, Barry, Defining Democracy for the Next Century: Neutral Principles: A Retrospective, 50 Vanderbuilt Law Review 1997, S. 503 ff.

Fritsche, Paul, Ärztlich-ethische Aspekte zur Ambivalenz der Lebensverlängerung, in: Rechtsstaat in der Bewährung, Band 30, Lebensverlängerung aus medizinischer, ethischer und rechtlicher Sicht, hrsg. von Bottke, Wilfried / Fritsche, Paul / Huber, Wolfgang / Schreiber, Hans-Ludwig, Heidelberg 1995, S. 3 ff.

Füllmich, Reiner, Der Tod im Krankenhaus und das Selbstbestimmungsrecht des Patienten: Über das Recht des nicht-entscheidungsfähigen Patienten künstlich lebensverlängernde Maßnahmen abzulehnen, Frankfurt a.M. / Bern / New York / Paris 1990.

Funck, Jan-Robert, Der Todeszeitpunkt als Rechtsbegriff, MedR 1992, S. 182 ff.

Gabel, Jody B., Release from Terminal Suffering?: The Impact of Aids on Medically Assisted Suicide Legislation, 22 Florida State University Law Review 1994, S. 369 ff.

Gardner, James A., The Positivist Formulations of Originalism: An Account and Critique, 71 Boston University Law Review 1991, S. 1 ff.

Gaylin, W / *Kass*, L. R. / *Pellegrino*, E. D. / *Siegler*, M., Doctors Must not Kill, in: Baird, Robert M. / Rosenbaum, Stuart E.: Euthanasia: The Moral Issues, New York 1989.

Geilen, Gerd, Suizid und Mitverantwortung, JZ 1984, S. 145 ff.

Giegerich, Thomas, Privatwirkung der Grundrechte in den USA: die State Action Doctrine des US Supreme Court und die Bürgerrechtsgesetzgebung des Bundes, Berlin / Heidelberg / New York / London / Paris / Tokyo / Hong Kong / Barcelona / Budapest 1992.

Gifford, Eugenie Anne, Artes Moriendi: Active Euthanasia and the Art of Dying, 40 UCLA Law Review 1993, S. 1545 ff.

Glick, H., The Right to Die: Policy Innovation and Its Consequences, New York 1992.

Götz, Volkmar, Allgemeines Polizei- und Ordnungsrecht, 12. neub. Aufl., Göttingen 1995.

Goldberg, Carey, Oregon Braces for New Right-to-Die Fight, The New York Times, 17. June 1997, A12.

– Suicide's Husband is Indicted; Diary Records Pain of 2 Lives, The New York Times, 15. December 1995, B1, B5.

Grant, Edward, Legal / Legislative Issues in Euthanasia and Physician-Assisted Suicide, 36 The Catholic Lawyer 1996, S. 357 ff.

Großfeld, Bernhardt / *Roth*, Herbert, Verfassungsrichter: Rechtsfindung am U.S. Supreme Court und am Bundesverfassungsgericht, Münster / Heidelberg 1995.

Hall, Alison C., To Die with Dignity: Comparing Physician Assisted Suicide in the United States, Japan and the Netherlands, 74 Washington University Law Quarterly 1996, S. 803 ff.

Hamann, Andreas / *Lenz*, Helmut, Das Grundgesetz für die Bundesrepublik Deutschland vom 23. Mai 1949, Kommentar, 3. neub. Aufl., Neuwied / Berlin 1970.

Harvard Program on Public Opinion and Health Care, Should Physicians Aid their Patients in Dying? 267 Journal of the American Medical Association 1992, S. 2658 f.

Helgerth, Roland, Anmerkung zu BGH JR 1995 S. 338, JR 1995, S. 338 ff.

Herrmann, Joachim, Der amerikanische Strafprozeß, in: Der Strafprozeß im Spiegel ausländischer Verfahrensordnungen: Frankreich, Österreich, Schweiz, UdSSR, USA, hrsg. von Jung, Heike, Berlin / New York 1990, S. 133 ff.

– Die Reform der deutschen Hauptverhandlung nach dem Vorbild des anglo-amerikanischen Strafverfahrens, Bonn 1991.

– Models for the Reform of the Criminal Trial in the People's Republic of China Comparative Remarks from a German Prespective, in: Festschrift für Koichi Miyazawa, Dem Wegbereiter des japanisch-deutschen Strafrechtsdiskurses, hrsg. von Kühne, Hans Heiner, 1. Aufl., Baden-Baden 1995, S. 611 ff.

– Neuere Entwicklungen in der amerikanischen Strafrechtspflege, JZ 1985, S. 602 ff.

Herzberg, Rolf-Dietrich, Beteiligung an einer Selbsttötung oder tödliche Selbstgefährdung als Tötungsdelikt, JA 1985, S. 336 ff.

– Der Fall Hackethal: Strafbare Tötung auf Verlangen?, NJW 1986, S. 1635 ff.

– Straffreie Beteiligung am Suizid und gerechtfertigte Tötung auf Verlangen. Zugleich eine Besprechung der Entscheidung OLG München vom 31. 9. 1987, JZ 1988, S. 182 ff.

– Sterbehilfe als gerechtfertigte Tötung im Notstand?, NJW 1996, S. 3043 ff.

Hirsch, Hans Joachim, Behandlungsabbruch und Sterbehilfe, in Festschrift für Karl Lackner zum 70. Geburtstag, hrsg. von Küper, Wilfried i.V.m. Puppe, Ingeborg / Tenckhoff, Jörg, Berlin / New York 1987, S. 597 ff.

Hoerster, Norbert, Rechtsethische Überlegungen zur Freigabe der Sterbehilfe, NJW 1986, S. 1786 ff.

– Sterbehilfe im säkularen Staat, Frankfurt am Main 1998.

– Warum keine aktive Sterbehilfe? ZRP 1988, S. 1 ff.

Hohloch, Gerhard, Sterbehilfe und Betreuung bei irreversibel hirngeschädigter Person, JuS 1998, S. 1062 f.

Hohmann, Ralf / *König*, Pia, Zur Begründung der strafrechtlichen Verantwortlichkeit in den Fällen der aktiven Suizidteilnahme, NStZ 1989, S. 304 ff.

Humphrey, Derek, The Limits of Freedom for Helping in Dying, 1993.

Humphrey, Derek / *Wickett*, Ann, The Right to Die, Eugene 1986.

Jakobs, Günther, Tötung auf Verlangen, Euthanasie und Strafrechtssystem, Bayerische Akademie der Wissenschaften, Sitzungsberichte, Heft 2, München 1998.

– Zum Unrecht der Selbsttötung und der Tötung auf Verlangen. Zugleich zum Verhältnis von Rechtlichkeit und Sittlichkeit, in: Festschrift für Arthur Kaufmann zum 70. Geburtstag, Strafgerechtigkeit, hrsg. von Hassemer, Winfried u. a., Heidelberg 1993, S. 459 ff.

Kadish, Sanford H., Letting Patients Die: Legal and Moral Reflections, 80 California Law Review 1992, S. 857 ff.

Kamisar, Yale, Against Assisted Suicide – Even in a Very Limited Form, 72 University of Detroit Mercy Law Review 1995, S. 735 ff.

– Are Laws Against Assisted Suicide Unconstitutional? 23 Hastings Center Report 1993, S. 32 ff.

– Some Non-Religious Views Against Proposed „Mercy-Killing" Legislation, 42 Minnesota Law Review 1958, S. 969 ff.

– Physician-Assisted Suicide: The Last Bridge to Active Euthanasia, in: Keown, J. ed., Euthanasia Examined, Ethical, Clinical and Legal Perspectives 1995, S. 225 ff.

Kaufmann, Arthur, Euthanasie – Selbsttötung – Tötung auf Verlangen, MedR 1983, S. 121 ff.

Keyserlingh, Edward W., Die Strafbarkeit der Nichtbehandlung von Neugeborenen und Kindern in Kanada und in den Vereinigten Staaten von Amerika, ZStW 97 (1985), S. 178 ff.

Kleinberg, Rachel D. / *Mochizuki*, Toshiro M., Recent Development: The Final Freedom: Maintaining and Valueing Life in Physician-Assisted Suicide Cases, 32 Harvard Civil Rights – Civil Liberties Law Review 1997, S. 197 ff.

Klette, Christian Manfred, Zur Einführung: Verfassungsrecht der Vereinigten Staaten, JuS 1976, S. 8 ff.

Kneihs, Benjamin, Grundrechte und Sterbehilfe, Wien 1998.

Knieper, Judith, Vormundschaftliche Genehmigung des Abbruchs lebenserhaltender Maßnahmen, NJW 1998, S. 2720 f.

Knox, Richard A., Poll: Americans Favor Mercy Killing, The Boston Globe, 3. November 1991, Section National / Foreign, S. 1.

Kreimer, Seth F., Does Pro-Choice Mean Pro-Kevorkian? An Essay on Roe, Casey and the Right to Die, 44 The American University Law Review 1995, S. 803 ff.

Krey, Volker, Strafrecht, Studienbuch, Band 1: Besonderer Teil ohne Vermögensdelikte, 10. neub. Aufl., Stuttgart / Berlin / Köln 1996.

Krodel, Beth, Kevorkian has shot on appeal, some say (März 1999) http://www.freep.com/news/extra2/qkevo29.htm.

Kutzer, Klaus, Strafrechtliche Grenzen der Sterbehilfe, NStZ 1994, S. 110 ff.

Labor, Jörg, Der Schutz des Lebens im Strafrecht, Frankfurt a.M. / Berlin / Bern / New York / Paris / Wien 1997.

Lackner, Karl / *Kühl*, Kristian, Strafgesetzbuch mit Erläuterungen, 23. neub. Aufl., München 1999.

Larson, Edward L., Seeking Compassion in Dying: The Washington State Law Against Assisted Suicide, 18 Seattle University Law Review 1995, S. 509 ff.

Laufs, Adolf, Arztrecht, 5. Aufl., München 1993.

– Entwicklungslinien im Medizinrecht, NJW 1997, S. 1609 ff.

– Zivilrichter über Leben und Tod? NJW 1998, S. 3399 ff.

Leipziger Kommentar zum Strafgesetzbuch, hrsg. von Jescheck, Hans-Heinrich / Ruß, Wolfgang / Willms, Günther, 10. Aufl., 1978.

Leonardy, Helmut, Sterbehilfe, DRiZ 1986, S. 281 ff.

Lessenberry, Jack, Jury Acquits Kevorkian in Common-Law Case, The New York Times, 15. May 1996, A 14.

Lueken, Verena, Drama in acht Akten, Frankfurter Allgemeine Zeitung, 7. Dezember 1998, S. 53.

Luhmann, Niklas, Die Gewissensfreiheit und das Gewissen, AöR 90 (1956), S. 257 ff.

Lynch, Gerard E., Constitutional Law as Moral Philosophy, 84 Columbia Law Review 1984, S. 537 ff.

Lyon, Edward A., The Right to Die: An Exercise of Informed Consent, Not an Extension of the Constitutional Right to Privacy, 58 University of Cincinnati Law Review 1990, S. 1367 ff.

Maack, Martina, Judge Robert H. Bork, in Verfassungsrichter: Rechtsfindung am U.S. Supreme Court und am Bundesverfassungsgericht, hrsg. von Großfeld, Bernhardt / Roth, Herbert, Münster / Heidelberg 1995.

MacBride, Jonathan R., A Death Without Dignity: How the Lower Courts Have Refused to Recognise that the Right to Privacy and the Fourteenth Amendment Liberty Interest Protect an Individual's Choice of Physician-Assisted Suicide, 68 Temple University Law Review 1995, S. 755 ff.

Macedo, Stephen, Originalism and the Inescapability of Politics, 84 Northwestern University Law Review 1990, S. 1203 ff.

McKee, Assisted Suicide isn't Dead Yet, The Recorder, 27. June 1997, S. 1.

Magnusson, Roger S., The Sanctity of Life and the Right to Die: Social and Jurisprudential Aspects of the Euthanasia Debate in Australia and the United States, 6 Pacific Rim Law & Policy Journal 1997, S. 1 ff.

Manning, Christopher N., Live and Let Die?: Physician-Assisted Suicide and the Right to Die, 9 Harvard Journal of Law & Technology 1996, S. 513 ff.

v. Mangoldt, Hermann / *Klein,* Friedrich / *Starck,* Christian, Das Bonner Grundgesetz, Kommentar, 3. neub. Aufl., München 1985.

Martino, Marina, Deciding for Others: New York Law and the Rights of Incompetent Persons to Withhold or Withdraw Life-Sustaining Medical Treatment, 41 New York Law School Law Review 1996, S. 285 ff.

Martyn, Susan R. / *Bourguignon,* Henry J., Physician-Assisted Suicide: the Lethal Flaws of the Ninth and Second Circuit Decisions, 85 California Law Review 1997, S. 371 ff.

Marzen, Thomas J., et al., Suicide: A Constitutional Right?, 24 Duquesne Law Review 1985, S. 1 ff.

Matthews, Martha A., Suicidal Competence and the Patient's Right to Refuse Life Saving Treatment, 75 California Law Review 1987, S. 707 ff.

Maunz, Theodor / *Dürig,* Günter / *Herzog,* Roman / *Scholz,* Rupert, Kommentar zum Grundgesetz, Band 1, München 1996.

Maurach, Reinhart / *Schroeder,* Friedrich-Christian / *Maiwald,* Manfred, Strafrecht, Besonderer Teil, Lehrbuch, Teilband I: Straftaten gegen Persönlichkeits- und Vermögenswerte, 8. Aufl., Heidelberg 1995.

Mayo, Thomas W. M., Constitutionalizing the „Right to Die", 49 Maryland Law Review 1990, S. 103 ff.

Meisel, Alan, The Right to Die, 2nd ed., New York / Chichester / Brisbane / Toronto / Singapore 1995.

– Physician-Assisted Suicide: A Common Law Roadmap For State Courts, 24 Fordham Urban Law Journal, S. 817 ff.

Merkel, Reinhard, Teilnahme am Suizid – Tötung auf Verlangen – Euthanasie. Fragen an die Strafrechtsdogmatik, in Hegselmann, Rainer / Merkel, Reinhard, Zur Debatte über Euthansie, Beiträge und Stellungnahmen, Frankfurt a. Main 1991, S. 71 ff.

– Tödlicher Behandlungsabbruch und mutmaßliche Einwilligung beim Patienten im apallischen Syndrom. Zugleich eine Besprechung von BGH, NJW 1995, 204 – ZStW 107 (1995), S. 545 ff.

Meyer, Joachim-Ernst, Zur ärztlichen Verantwortung bei der Verhinderung eines Suizids aus psychiatrischer Sicht, MedR 1995, S. 210 ff.

Möllering, Jürgen, Schutz des Lebens, Recht auf Sterben; Zur rechtlichen Problematik der Euthanasie, Stuttgart 1977.

– Von der „Privatheit" des eigenen Todes. Zugleich eine Darstellung der rechtlichen Grundlagen der Suizid- und Euthanasieproblematik in den USA, in Suizid und Euthanasie als human- und sozialwissenschaftiches Problem, hrsg. von Eser, Albin, Stuttgart 1976, S. 347 ff.

Moore, Michael S., A Natural Law Theory of Interpretation, 58 California Law Review 1985, S. 277 ff.

– Do We Have an Unwritten Constitution?, 63 Southern California Law Review 1989, S. 107 ff.

Moors, Christiane, Die Rolle von Verfassung und Verfassungsgerichtsbarkeit in der politischen Auseinandersetzung in den USA und Kanada am Beispiel des Schwangerschaftsabbruchs, Berlin 1997.

Müller-Freienfels, Wolfram, Anmerkung zu OLG Frankfurt a. M., Beschluß vom 15. 7. 1998 – 20 W 224/98, JZ 1998, S. 1123 ff.

v. Münch, Ingo/*Kunig,* Philip, Grundgesetz-Kommentar, Band 1, Präambel bis Art. 20 GG, 4. neub. Aufl., München 1992.

Murphy, Brian, Kevorkian backs off his threat to starve (April 1999) http://www.freep.com/news/extra2/qkevo16x.html.

– Kevorkian has number, cell (April 1999) http.//www.freep.com/news/extra2/qkevo15.html.

Muschke, Astrid, Gesetzliche Regelung der Sterbehilfe?, Gießen 1988.

Nagel, Robert F., Meeting the Enemy, 57 University of Chicago Law Review 1990, S. 633 ff.

Neeley, G. Steven, The Constitutional Right to Suicide: A Legal and Philosophical Examination, New York/Berlin 1994.

– The Constitutional Right to Suicide, the Quality of Life, and the „Slippery-Slope": An Explicit Reply to Lingering Concerns, 28 Akron Law Review 1994, S. 53 ff.

Neu/Kjellstrand, Stopping Long-Term Dialysis, 314 New England Journal of Medicine 1986, S. 14 f.

The New York Task Force on Life and the Law, When Death is Sought, Assisted Suicide and Euthanasia in the Medical Context, Albany 1994 und Supplement to Report, 1997.

Newman, Stephan A., Euthanasia: Orchestrating „The Last Syllable of ...Time", 53 University of Pittsburgh Law Review 1991, S. 153 ff.

Nickel, Lars Christoph, Anmerkung zu OLG Frankfurt a. M. , Beschluß vom 15. 7. 1998 – 20 W 224/98, MedR 1998, S. 520 ff.

Niestroj, Christa, Die rechtliche Bewertung der Selbsttötung und die Strafbarkeit der Suizidbeteiligung, Dissertation, Göttingen, 1983.

Note, Physician-Assisted Suicide and the Right to Die with Assistance, 105 Harvard Law Review 1992, S. 2021 ff.

Oddi, A. Samuel, The Tort of Interference with the Right to Die: The Wrongful Living Cause of Action, 75 Georgetown Law Journal 1986, S. 625 ff.

Opderdecke, Hans Wolfgang / *Weißauer*, Walther, Ein Vorschlag für Leitlinien – Grenzen der intensivmedizinischen Behandlungspflicht, MedR 1998, 395 ff.

Osgood, Nancy J., Assisted Suicide and Older People – A Deadly Combination: Ethical Problems in Permitting Assisted Suicide, 10 Issues in Law and Medicine 1995, S. 415 ff.

Ostendorf, Heribert, Das Recht zum Hungerstreik, GA 1984, S. 308 ff.

Otto, Harro, Gutachten D für den 56. DJT, Recht auf den eigenen Tod? Strafrecht im Spannungsverhältnis zwischen Lebenserhaltungspflicht und Selbstbestimmung, München 1986.

Palstra, Jeaninne, Chief Justice John Marshall, in Verfassungsrichter: Rechtsfindung am U.S. Supreme Court und am Bundesverfassungsgericht, hrsg. von Großfeld, Bernhardt / Roth, Herbert, Münster / Heidelberg 1995.

Pelzl, Stephan, An der Grenze von Leben und Tod, Euthanasie und Strafrecht, Kritische Justiz 1994, S. 179 ff.

Perry, Michael J., The Authority of Text, Tradition, and Reason: A Theory of Constitutional Interpretation, 58 Southern California Law Review 1985, S. 551 ff.

– The Constitution, the Courts, and Human Rights, New Haven 1982.

– The Legitimacy of Particular Conceptions of Constitutional Interpretation, 77 Virginia Law Review 1991, S. 669 ff.

Peters, Philip G., The State's Interest in the Preservation of Life: From Quinlan to Cruzan, 50 Ohio State Law Journal 1989, S. 891 ff.

President's Commission for the Study of Ethical Problems in Medicine & Biomedical & Behaviorial Research, Defining Death: A Report on the Medical, Legal and Ethical Issues in the Determination of Death 1981, S. 160 ff.

Previn, Matthew P., Assisted Suicide and Religion: Conflicting Conceptions of the Sanctity of Human Life, 84 Georgetown Law Journal 1996, S. 589 ff.

The Pro-Life Infonet, Oregon Assisted Suicide Law Back in Court (Mai 1998) http://www.euthanasia.com/oreg98.html.

Pugliese, Julia, Don't Ask – Don't Tell: The Secret Practice of Physician-Assisted Suicide, 44 Hastings Law Journal 1993, S. 1291 ff.

Quill, Timothy E., Death and Dignity: A Case of Individualised Decision Making, 324 New England Medicine 1991, S. 691 ff.

– Doctor I Want to Die. Will You Help Me? 270 Journal of the American Medical Association 1993, S. 870 ff.

Rachels, James, The End of Life, 1986.

Rademacher, Horst, Ein Fanatiker für die Sterbehilfe, Frankfurter Allgemeine Zeitung, 30. November 1998, S. 13.

Rieger, Gregor, Die mutmaßliche Einwilligung in den Behandlungsabbruch, Frankfurt am Main / Berlin / Bern / New York / Paris / Wien 1998.

Risley, Robert L., Ethical and Legal Issues in the Individual's Right to Die, 20 Ohio Northern University Law Review 1994, S. 597 ff.

Roach, Cathleen A., Paradox and Pandora's Box: The Tragedy of Current Right-to-Die Jurisprudence, 25 University of Michigan Law Review 1991, S. 133 ff.

Robinson, Bruce A., Euthanasia and Physician Assisted Suicide: All Sides of the Issues (March 1999); http://www.religioustolerance.org/euthanas.htm.

Robinson, Bryan / *Stevenson,* Mary Jane, Youk's former nurse says he didn't want to die (März 1999) http://www.courttv.com/trials/kevorkian/032699_am_ctv.html

Roellecke, Gerd, Gibt es ein „Recht auf Tod"?, in: Suizid und Euthanasie als human- und sozialwissenschaftliches Problem, hrsg. von Eser, Albin, Stuttgart 1976, S. 336 ff.

Rosenbaum, David E., The Nation; Americans Want a Right to Die or so They Think, The New York Times, 8. June 1997, D3.

Roxin, Claus, Anmerkung zu BGH, Urteil vom 5. 7. 1983, NStZ 1994, S. 70 ff.

– Die Sterbehilfe im Spannungsfeld von Suizidteilnahme, erlaubtem Behandlungsabbruch und Tötung auf Verlangen, Zugleich eine Besprechung von BGH, NStZ 1987, 365 und LG Ravensburg NStZ 1987, 229, in NStZ 1987, S. 345 ff.

Russell, O. Ruth, Freedom to Die, 1977.

Samson, Erich, in Systematischer Kommentar zum Strafgetzbuch, Band I; Allgemeiner Teil, hrsg. von Rudolphi, Hans-Joachim, 6. neub. Aufl., Neuwied / Kriftel 1995.

Schanker, David R., Of Suicide Machines, Euthanasia Legislation, and the Health Care Crisis, 68 Indiana Law Journal 1993, S. 977 ff.

Schilling, Georg, Abschied vom Teilnahmeargument bei der Mitwirkung zur Selbsttötung, JZ 1979, S. 159 ff.

Schmalz, Dieter, Grundrechte, 3. Aufl., Baden-Baden 1997.

Schmid, Niklaus, Strafverfahren in den Vereinigten Staaten: Eine Einführung, 2. überarb. und erw. Aufl., Heidelberg 1993.

Schmidhäuser, Eberhard, Selbstmord und Beteiligung am Selbstmord in strafrechtlicher Sicht, in: Festschrift für Welzel, hrsg. von Stratenwerth, Günter u. a., Berlin / New York 1974, S. 801 ff.

Schmidt, Peter / *Madea,* Burkhard, Grenzen ärztlicher Behandlungspflicht am Ende des Lebens, MedR 1998, S. 406 ff.

Schmitt, Rudolf, Der Arzt und sein lebensmüder Patient, JZ 1984, S. 866 ff.

– Euthanasie aus der Sicht des Juristen, JZ 1979, S. 462 ff.

Schneider, Christian, Tun und Unterlassen beim Abbruch lebenserhaltender medizinischer Behandlung, Berlin 1997.

Schneider, Hilka, Die Entwicklung des Supreme Courts in den USA, in Verfassungsrichter: Rechtsfindung am U.S. Supreme Court und am Bundesverfassungsgericht, hrsg. von Großfeld, Bernhardt / Roth, Herbert, Münster / Heidelberg 1995.

Schöch, Heinz, Beendigung lebenserhaltender Maßnahmen – Zugleich eine Besprechung der Sterbehilfeentscheidung des BGH vom 13. 9. 1994, NStZ 1995, S. 153 ff.

– Menschenwürdiges Sterben und Strafrecht, ZRP 1986, S. 236 ff.

Schönke, Adolf / *Schröder,* Horst, Strafgesetzbuch, Kommentar, 25. Aufl., München 1997.

Schreiber, Hans-Ludwig, Das Recht auf den eigenen Tod – Zur gesetzlichen Neuregelung der Sterbehilfe, NStZ 1986, 337 ff.

Schroeder, Friedrich-Christian, Beihilfe zum Selbstmord und Tötung auf Verlangen, ZStW 106 (1994), S. 565 ff.

Schwalm, Georg, Juristische Aspekte der Sterbehilfe, BayÄBl. 1975, S. 565 ff.

Scofield, Giles R., Exposing Some Myths About Physician-Assisted Suicide, 18 Puget Sound Law Review 1995, S. 473 ff.

Scott, Lisa, Providers Applaud Suicide Ruling, Modern Healthcare, 30. June 1997, S. 3.

Seitz, Walter, Das OLG Frankfurt a.M. und die Sterbehilfe, ZRP 1998, S. 417 ff.

Shih, Willard C., Assisted Suicide, the Due Process Clause and „Fidelity in Translation" 63 Fordham Law Review 1995, S. 1245 ff.

Sloss, David L., The Right to Choose How to Die: A Constitutional Analysis of State Laws Prohibiting Physician-Assisted Suicide, 48 Stanford Law Review 1996, S. 937 ff.

Smith, Cheryl K., What About Legalised Assisted Suicide?, 8 Issues Law & Medicine 1993, S. 503 ff.

Smith, David Randolph, Legal Recognition of Neocortical Death, 71 Cornell Law Review 1986, S. 850 ff.

Smolin, David M., The Jurisprudence of Privacy in a Splintered Supreme Court, 75 Marquette Law Review 1992, S. 975 ff.

Sowada, Christoph, Strafbares Unterlassen des behandenden Arztes, der seinen Patienten nach einem Selbstmordversuch bewußtlos auffindet?, – BGH, Urteil vom 4.7. 1984 – 3 Str 96 / 84 = BGHSt 32, 367, Jura 1985, S. 75 ff.

Spann, Wolfgang, Das „Patiententestament", MedR 1983, S. 13 ff.

Der Spiegel, Sterbehilfe, Tödliche Rezeptur, Heft 9 / 1999, S. 211.

Stacy, Tom, Reconciling Reason and Religion: On Dworkin and Religious Freedom, 63 George Washington University Law Review 1994, S. 1 ff.

Steinbock, Bonnie / *Norcross,* Alastair, Killing and Letting Die, 2nd ed., Fordham University Press 1994.

St. John-Stevas, Norman, Life, Death and the Law, Bloomington 1961.

Stephen, James F., A History of the Criminal Law of England, London 1983.

Stürmer, Matthias Walter, Sterbehilfe: Verfügung über das eigene Leben zwischen Lebensrecht und Tötungsverbot, München 1989.

Sunstein, Cass R., The Right to Die, 106 Yale Law Journal 1997, S. 1123 ff.

Swift, Z., A System of the Laws of the State of Connecticut 1796.

Tarnow, William J., Recognising a Fundamental Liberty Interest Protecting the Right to Die: An Analysis of Statutes which Criminalize or Legalise Physician-Assisted Suicide, 4 Elder Law Journal 1996, S. 407 ff.

Taylor, Wayne, Suicide Watch (Mai 1998) http://www.abcnews.com/dispatches/bureaus/euthanasia032298/suicide_profile2.html.

Thomasma, Davis C.,When Physicians Choose to Participate in the Death of Their Patients: Ethics and Physician-Assisted Suicide, 24 Journal of Law, Medicine & Ethics 1996, S. 24 ff.

Tribe, Laurence H., Abortion: The Clash of Absolutes 1990.

Tröndle, Herbert / *Fischer*, Thomas, Strafgesetzbuch und Nebengesetze, Kommentar, 49. neub. Aufl., München 1999.

– Strafrechtlicher Lebensschutz und Selbstbestimmungsrecht des Patienten. Betrachtungen zum „Ravensburger Fall", in Festschrift für Hans Göppinger, Kriminalität, hrsg. von Kerner, Hans Jürgen / Kaiser, Günther, Berlin / Heidelberg 1990, S. 595 ff.

Tsarouhas, Antonios P., The Case Against Legal Assisted Suicide, 20 Ohio Northern University Law Review 1994, S. 793 ff.

Tucker, Kathryn L. / *Buman*, David J., Physician Aid in Dying: A Humane Option, A Constitutionally Protected Choice, 18 Seattle University Law Review 1995, S. 485 ff.

Uhlenbruck, Wilhelm, Der Patientenbrief – Die privatautonome Gestaltung des Rechts auf einen menschenwürdigen Tod, NJW 1978, S. 566 ff.

– Zur Rechtsverbindlichkeit des Patiententestaments, MedR 1983, S. 16 ff.

U.S. Bureau of the Census, Statistical Abstract of the United States: 1996, Washington D.C., 1996.

Veatch, Robert M., The Impending Collapse of the Whole-Brain Definition of Death, 23 Hastings Center Report 1993, S. 18 ff.

Verrel, Thorsten, Richter über Leben und Tod? – Zur Sterbehilfeentscheidung des OLG Frankfurt vom 15. 7. 1998 – 20 W 224 / 98, JR 1999, S. 5 ff.

Vogel, Joachim, Die versuchte „passive Sterbehilfe" nach BGH MDR 1995, 80, MDR 1995, S. 337 ff.

Wagner, Joachim, Selbstmord und Selbstmordverhinderung, Karlsruhe 1975.

Wagner, William Joseph, The Role of Basic Values in the Contemporary Constitutional Hermeneutics of Germany and the United States, ZAÖR 56 (1996), S. 178 ff.

Wassermann, Rudolf, Das Recht auf den eigenen Tod, DRiZ 1986, S. 291 ff.

Weathersby, Trudy, The Trail of Dr. Kevorkian – Death and Dying (Mai 1999) http://dying.miningco.com/library/weekly/aa040199.htm.

Wechsler, Herbert, Toward Neutral Principles of Constitutional Law, 73 Harvard Law Review 1959, S. 1 ff.

Wessels, Johannes, Strafrecht, Besonderer Teil, Band. 1: Straftaten gegen Persönlichkeits- und Gemeinschaftswerte, 21. neub. Aufl., Heidelberg 1997.

White House Press Office, Clinton Statement on Assisted Suicide, U.S. Newswire, Washington, D.C., 30. April 1997.

Williams, Glanville, The Sanctity of Life and the Criminal Law, New York 1966.

Wilms, Heiner / *Jäger*, York, Menschenwürde und Tötung auf Verlangen, ZRP 1988, S. 41 ff.

Wilson, Jerry B., Death by Decision. The Medical, Moral, and Legal Dilemmas of Euthanasia, Philadelphia 1975.

Wimmer, August, Kein Recht auf den eigenen Tod?, FamRZ 1975, S. 438 ff.

Zippelius, Reinhold, Forum: An der Grenze des Rechts auf Leben, JuS 1983, S. 657 ff.

Sachregister

FSC
www.fsc.org
MIX
Papier | Fördert gute Waldnutzung
FSC® C083411

Kolibri 360 GmbH
Ferdinand-Jühlke-Straße 7
99095 Erfurt, Deutschland
produktsicherheit@kolibri360.de

Druck:
CPI Druckdienstleistungen GmbH
im Auftrag der
Kolibri 360 GmbH
Ferdinand-Jühlke-Str. 7
99095 Erfurt